天津市重点出版扶持项目

津沽名家文库(第一辑)

中国货币金融史略

石毓符 著

南開大學 出版社

天 津

图书在版编目(CIP)数据

中国货币金融史略 / 石毓符著. —天津：南开大
学出版社，2019.7
(津沽名家文库. 第一辑)
ISBN 978-7-310-05818-1

Ⅰ. ①中… Ⅱ. ①石… Ⅲ. ①货币史－中国 Ⅳ.
①F822.9

中国版本图书馆 CIP 数据核字(2019)第 143469 号

南开大学出版社出版发行
出版人：刘运峰
地址：天津市南开区卫津路 94 号　　邮政编码：300071
营销部电话：(022)23508339　23500755
营销部传真：(022)23508542　　邮购部电话：(022)23502200

＊

天津丰富彩艺印刷有限公司印刷
全国各地新华书店经销

＊

2019 年 7 月第 1 版　　2019 年 7 月第 1 次印刷
210×148 毫米　32 开本　12.25 印张　6 插页　297 千字
定价：78.00 元

如遇图书印装质量问题，请与本社营销部联系调换，电话：(022)23507125

石毓符先生（1908—1982）

从上表中可以看出下面几点：

1、金银比价变动的长期趋势是差距越来越大，即金愈贵而银愈贱，中国所用对美比价也随之上升，折换美元较收缩减。

2、1840—1880前的四十年间金银比价相当稳定，这与鸦片以来一百多年的情况相似，比价维持在十五换上下。

3、从十九世纪七十年代（1875年）以后，比率有明显的上升趋势，进入二十世纪更发生剧烈变化，与三十年前的比价相差一倍以上。

4、1917年至1920年间比价缩短了差距，这是因为第一次世界大战的影响，当时产金各位国家的币制破坏，银之需求反而增加，且产银的墨西哥国发生内乱，产量缩减，印度又进出为金本位各位，也因战乱需用需求向银，故以致银价腾贵，致金银比价大幅度地缩小差距，1920年达到最低点，几乎有恢复到百年前之势。但此后银价又复回落衰落，比价又上升，这几年的特殊变动并未影响长期趋势。

5、二十年代的十年间，比价差距又复扩

石毓符先生手迹

出版说明

津沽大地，物华天宝，人才辈出，人文称盛。

津沽有独特之历史，优良之学风。自近代以来，中西交流，古今融合，天津开风气之先，学术亦渐成规模。中华人民共和国成立后，高校院系调整，学科重组，南北学人汇聚天津，成一时之盛。诸多学人以学术为生命，孜孜矻矻，埋首著述，成果丰硕，蔚为大观。

为全面反映中华人民共和国成立以来天津学术发展的面貌及成果，我们决定编辑出版"津沽名家文库"。文库的作者均为某个领域具有代表性的人物，在学术界具有广泛的影响，所收录的著作或集大成，或开先河，或启新篇，至今仍葆有强大的生命力。尤其是随着时间的推移，这些论著的价值已经从单纯的学术层面生发出新的内涵，其中蕴含的创新思想、治学精神，比学术本身意义更为丰富，也更具普遍性，因而更值得研究与纪念。就学术本身而论，这些人文社科领域常研常新的题目，这些可以回答当今社会大众所关注话题的观点，又何尝不具有永恒的价值，为人类认识世界的道路点亮了一盏盏明灯。

这些著作首版主要集中在 20 世纪 50 年代至 90 年代，出版后在学界引起了强烈反响，然而由于多种原因，近几十年来多未曾再版，既为学林憾事，亦有薪火难传之虞。在当前坚定文化自信、倡导学术创新、建设学习强国的背景下，对经典学术著作的回顾与整理就显得尤为迫切。

本次出版的"津沽名家文库（第一辑）"包含哲学、语言学、文学、历史学、经济学五个学科的名家著作，既有鲜明的学科特征，又体现出学科之间的交叉互通，同时具有向社会大众传播的可读性。具体书目包括温公颐《中国古代逻辑史》、马汉麟《古代汉语读本》、刘叔新《词汇学和词典学问题研究》、顾随《顾随文集》、朱维之《中国文艺思潮史稿》、雷石榆《日本文学简史》、朱一玄《红楼梦人物谱》、王达津《唐诗丛考》、刘叶秋《古典小说笔记论丛》、雷海宗《西洋文化史纲要》、王玉哲《中国上古史纲》、杨志玖《马可·波罗在中国》、杨翼骧《秦汉史纲要》、漆侠《宋代经济史》、来新夏《古籍整理讲义》、刘泽华《先秦政治思想史》、季陶达《英国古典政治经济学》、石毓符《中国货币金融史略》、杨敬年《西方发展经济学概论》、王亘坚《经济杠杆论》等共二十种。

需要说明的是，随着时代的发展、知识的更新和学科的进步，某些领域已经有了新的发现和认识，对于著作中的部分观点还需在阅读中辩证看待。同时，由于出版年代的局限，原书在用词用语、标点使用、行文体例等方面有不符合当前规范要求的地方。本次影印出版本着尊重原著原貌、保存原版本完整性的原则，除对个别问题做了技术性处理外，一律遵从原文，未予更动；为优化版本价值，订正和弥补了原书中因排版印刷问题造成的错漏。

本次出版，我们特别约请了各相关领域的知名学者为每部著作撰写导读文章，介绍作者的生平、学术建树及著作的内容、特点和价值，以使读者了解背景、源流、思路、结构，从而更好地理解原作、获得启发。在此，我们对拨冗惠赐导读文章的各位学者致以最诚挚的感谢。

同时，我们铭感于作者家属对本丛书的大力支持，他们积极创造条件，帮助我们搜集资料、推荐导读作者，使本丛书得以顺利问世。

最后，感谢天津市重点出版扶持项目领导小组的关心支持。希望本丛书能不负所望，为彰显天津的学术文化地位、推动天津学术研究的深入发展做出贡献，为繁荣中国特色哲学社会科学做出贡献。

南开大学出版社
2019 年 4 月

《中国货币金融史略》导读

王松奇

石毓符（1908—1982），天津人，我国著名的经济学家，一生从事金融学的教学与科研工作，对中国金融史有特别深刻的研究，是我国当时少有的能够深入分析与讨论中国金融历史发展和特征的学者，为我国金融学的教学与科研做出了杰出贡献。

一、石毓符教授生平

石毓符教授出生于 1908 年，1932 年毕业于南开大学，并先后在武昌中华大学、重庆大学、复旦大学任教。中华人民共和国成立后，为将自己的所学知识奉献给自己的家乡，石教授回到自己的出生地天津，先后在津沽大学和南开大学授课。1946 年，石毓符教授出版专著《普通会计学》，分别从资产负债表、损益计算方法、会计记账原理、会计事务通则以及合伙损益分配等方面介绍了会计学课程及这一学科的主要内容。书中内容大多来自石教授的讲义及长期的资料搜集与整理所得。该书出版后，引起了广大学子的强烈反响，大受欢迎。

1958 年，天津财经学院（今天津财经大学）成立，石毓符教授是该校金融系的重要组织者。同时，石教授还担任天津会计学会第一届理事长和天津市哲学社会科学联合会第二届副主任委员，不仅将自己所学传授给广大学子，同时尽自己所能为天津市乃至全国经济金融发展建言献策。

石毓符教授留下的生平资料不多，而这正反映出石教授淡泊名利、甘于奉献的品格。石先生在天津财经学院地位尊崇，因为他不仅精通文史，而且讲课时口才极佳，每次讲课都堪称绝唱。石教授认为，教师应将更多的精力放到课堂教学上，研究如何才能最有效率地让学生深刻理解并融会贯通相关知识，重视知识的传授，更重视研究思路和方法的启发；教师应将自己所学毫无保留且形象生动地传授给学生，让他们深刻体会到其中之奥义，然后再一代一代传承下去。石教授认为，学生就是中国的未来，只有将学生培养好，中国的未来才有希望。为此，他呕心沥血，四季不休，以至疲劳过度，身染重疾，直至无法站上讲台。为了让学生能够更好地学习金融理论与金融知识，石毓符教授在患病期间，坚持伏案三年，终于完成了《中国货币金融史略》这部著作。这一切无不体现出石毓符教授对学生和教育事业的热爱。作为石教授的学生，能看到该书的再版，并为这部书撰写导读，是我莫大的荣幸。

二、石毓符教授的治学特点

第一，博古通今，重视历史研究。"读史使人明智"。石教授始终认为历史是知识中很有价值的一部分，只有了解了国家民族的历史与文化，才能对所在的专业领域进行深入的研究，因此石教授认为金融学的研究要建立在金融史研究的基础上。这不仅是石教授对自己的要求，也是他对学生的教导。他要求我们先从研究国内外金融、经济史开始，分析当时的背景环境、内外部因素，总结思路与规律，分析每一项政策的优劣性和适用性，从而逐渐达到博古而后通今的目的。他一生读书孜孜不倦，看问题独到深入，总能从金融历史渊源、国内外经验教训、现实环境的差异等方面分析时间、背景等要素，再结合金融学的基础理论来研究和分析经济问题，并对采取的经济措施做出预判。听过他的课程的学生，甚至觉得他更像是一位历史学家，对中国古代史及近现代史了如指掌，且每次针对不同的金融问题从同一历史时期的切入角度也完全不同，引人入胜，让人百听不厌。课堂上讲得兴起了，石老师还经常和学生互动，讨论各种问题，不时引起阵阵喝彩，这在当时的天津财经学院也是一道亮丽的风景线。

石毓符教授一直强调，金融学科的研究与教学一定要注意以下几点内容：一是将已有的基础理论、应用理论、国际金融和金融史等作为研究基础，以解决金融工作的实际问题为重点，通过总结历史的经验和教训，提炼出其中的规律，最终利用这一规律使金融为社会经济现代化建设服务。二是必须坚持实践是检验真理的唯一标准这一方针，一切从实际出发，强调理论结合实际，在实践中总结金融理论，并使理论能在实践中获得更好的应用。三是要解放思想，打破传统思维禁锢，敢于把经过实践发现不符合实际的层层约束逐步打破，大力推行思想改革与实践改革，充分释放金融活力。

第二，博学多闻，重视跨学科研究。石教授重视交叉学科的研究，比如金融与会计、统计、哲学等学科的关系。石教授认为，会计学是一门实事求是且严谨的学科，很多金融现象或问题，从微观个体来看最终都反映在会计学上，从宏观层面看较多地反映到统计学上，掌握会计、统计原理和知识，相当于有了研究金融问题的"抓手"，而哲学领域的经典观点是形成研究分析金融问题方法论的"骨骼"，交叉学科的研究有助于对金融领域的问题进行

3

更系统、立体、综合性的研究。石毓符教授的专著《普通会计学》也是重视跨学科研究的印证。

第三，重视教学，教研相长。作为一名大学教师，石毓符教授一直强调"教研相长"的教学和科研模式。一方面，他认为日常的教学工作最重要的是要将最基础的金融理论知识用最浅显易懂的语言传授给学生，让学生能够充分理解金融概念与金融理论，与此同时，提高对金融研究的兴趣；另一方面，他也强调对金融理论的深入研究对教学的推动作用，应当通过对一些问题的深入分析与探究，找出更深层次的金融运行逻辑，让学生也能够对宏观层面的金融学理论框架以及微观层面的金融市场行为做深入了解，并引导学生往更深层次去思考，以此来启发学生。在这一理念指导下，石教授几乎把自己所有的精力都投入到教学与科研当中。这部《中国货币金融史略》的大部分内容就是石教授多年思考、授课和资料搜集的成果，为高等学校金融专业的学生和教师提供了重要参考。

三、《中国货币金融史略》的体系结构及重要意义

本书详细介绍了自殷商时代至中华人民共和国成立前后的中国货币金融史，讨论了各时期的货币形态、金融业态、货币制度以及经济环境等内容，涵盖内容之全可以说是当前为数不多的探讨货币金融历史的书籍。全书共分十三章，共约二十八万字。前三章主要按时间顺序介绍了先秦至隋代、唐代至元代以及明代的货币与信用发展情况；第四至第六章详细描述了清代中国货币制度变革及金融机构的发展，突出了当时中国在西方现代金融体的冲击下产生的变化。在后续写作过程中，为了防止生硬地以历史推进为依据，导致切断中国货币金融历史发展的连续性，石毓符

教授创新地以"记事本末"的体例探讨了中国近现代以来的货币制度以及银行业如何在外国金融势力入侵的背景下持续发展与演变（第七至第十章）。随后，以国民政府的法币改革为切入点，深入分析了国民党统治下中国的经济金融环境以及货币制度改革带来的影响（第十一章至第十二章）。最后，深入讨论了抗日战争及解放战争时期中国共产党革命根据地金融业的发展情况，并在最后对中华人民共和国成立后金融业改革进行了展望。

石毓符教授通过总结中华人民共和国成立前后的货币体系，得到以下几点结论：（一）建立和巩固革命政权，必须紧紧抓住金融这一环节。（二）金融业是国民经济的"神经中枢"，不应采取直接没收的方式，而是通过利用、限制和改造，先行实施政府对私营金融业的社会主义改造。（三）尽可能减少财政发行，基本上做到与物资供应相适合，从而保持稳定的通货膨胀。从以上三点结论来看，石毓符教授强调了货币在金融当中以及金融在经济建设当中的重要地位，同时应当约束货币供给规模，使之与经济增长程度尽可能匹配。石教授能在当时以历史的角度洞察到货币供给与通货膨胀之间的深层次关系，以及金融在经济发展当中的重要地位，这是值得我们每个从事金融研究者借鉴和学习的。

我们可以根据石毓符教授书中的结论，对中国金融的未来做出进一步展望。中国金融的未来到底在哪里呢？中国金融应在二十一世纪中国崛起中发挥更加重要的作用。尽管当前许多国家并不完全认同我们的市场经济地位，但中国经济从本质上看已经成为了市场主导经济，而金融也在其中进一步发挥着决定性作用，这与改革开放之前的状态截然不同。过去计划经济年代，银行甚至金融只是财政的钱袋子，而现在金融已经成了经济中最重要的主导力量。因此，如果我们现在设计中国金融的未来，应当注意两个方向：一是挖掘实体经济中最真实的结构性问题，到底有哪些矛盾亟须解决，且这当中有哪些需要通过金融手段来实现。二是在全球化进程中应当怎样利用金融手段促进这一长期目标的实现。

希望各位金融从业者能够好好研读一下石毓符教授的这本《中国货币金融史略》，学会以史为鉴，展望未来，才能更好地把握金融的发展脉络，找准金融的发展方向。

2019 年 4 月

中国货币金融史略

石毓符 著

天津人民出版社

中国货币金融史略

石毓符　著

✱

天津人民出版社出版

（天津市赤峰道124号）

天津新华印刷二厂印刷　新华书店天津发行所发行

✱

850×1168毫米　32开本　12印张　265千字
1984年3月第1版　1984年3月第1次印刷

印数：（平）1—5,700
（精）1—400

统一书号：4/72·63

定价：（平）1.50
（精）2.50　元

目 录

2

3

序

中国货币的使用和借贷活动早已发生并逐渐发展着,但"货币"和"金融"这两个名词,却是近代才通行起来的。

在春秋战国以前,"货"与"币"是两个不同的概念。《周礼》中有货贡与币贡之分,货指珠贝,币指皮币。春秋战国时,布帛成为重要的支付手段,"货"和"币"的区分也渐渐不明显了。《管子》书中有"先王以珠玉为上币,黄金为中币,刀布为下币"的话,班固说"货谓布、帛可衣及金、刀、龟、贝所以分财、布利、通有无者也",可见"货"和"币"已由原来不同的意义变为混合不清了。《后汉书》(南朝宋范晔〔398—445〕撰)《公孙述传》有"述废铜钱,置铁钱。货币不行,百姓苦之",《光武帝纪下》有"王莽乱后,货币杂用布、帛、金、粟"的话,"货币"二字已联在一起。彭信威在《中国货币史》中讲,大概在唐代才开始有人用"货币"作为一个单一的名词,并举出唐张九龄一篇文中说"故古之为钱,将以通货币",元稹也说过"自岭已南,以金银为货币"。这比前述史实晚约三百年。然而南北朝和唐代虽已有人联"货币"二字作为一个名词,但此后并未流行,唐及其后的历代《食货志》及《通考》等书中,都用"钱币"二字,在别的书中也称"货泉"、"钞币"、"钱钞"等等,却不见称货币的。直到清末中国拟设银行和改革币制之时,"货币"一词才较为广泛地使用起来。光绪二十五年(1899

年）军机大臣奕劻等人的奏折中、光绪二十九年（1903年）出使俄国大臣胡惟德的奏折和驻美代办公使沈桐致美外部照会所附的"觉书"中，及度支部尚书载泽等的奏折中，都曾使用"货币"一词。康梁变法维新的奏议或著作中，多以古语赋以新意，如康有为于光绪三十一年（1905年）著《理财救国论》，在其币制中就使用"货币"一词，梁启超于1904年著《中国货币问题》一书，更是专门论述货币的，大概从这时起，"货币"才成为社会上流行的名词，具有了现代的意义。辛亥革命以后的官方文书中也通用这个名词了。

至于"金融"一词，出现更晚。《通鉴长编》中有"公家之费数于民间者谓之圆融"。这里的融字，略似今日金融之意，而其实是指国家财政。清末关于整理币制和设立银行的议论很多，但在当时的朝廷文告、私人奏议和著述中，都未出现"金融"一词，类似的意义多用"理财"、"财政"等词称之，颇似西方Finauce一词兼有财政和金融两个概念。自近代银行业兴起才开始有金融机关的称谓，民国元年（1912年）北京政府财政部文件中曾有"自去秋以来，金融机关一切停滞"之语，但"金融"一词的意义仍不明确，在社会上使用并不广泛。1915年编写的《中华大字典》"金"字下列有三十个条目，但无"金融"一条，可见这个名词尚未被人广泛接受。同年编写的《辞源》中收有这个名词，解为"今谓金钱之融通曰金融，旧称银根。各种银行、票号、钱庄曰金融机关。"可见当时金融还是一个崭新的名词。1920年北洋政府发行"整理金融公债"用以解决中国、交通两行停兑的风潮，此后"金融"一词就与银行业务相结合，而形成一个与"财政"相区别的独立概念，广泛地流行起来了。当时不称"银融"而称"金融"者，大概是由于中国

2

的金字本含有各种金属之意，而且那时世界各国都盛行金本位的缘故。

"货币"和"金融"虽然都是二十世纪初才在社会上广泛流行的名词，但它们的确是概括古今非常恰当的词汇。本书名为《中国货币金融史略》，是以今日已惯用的经济词汇，简略地叙述往昔有关这方面的史实。

我国殷商时代用贝作为货币，周朝已出现了金属货币。春秋战国时通行着各种形状的铸币，已进入货币经济时代，是世界货币文化最早形成的国家。然而，由于此后长期的封建统治，两千多年进展甚慢，没有重大的变革。而且每当战乱之际，货币文化反呈现停滞及倒退现象。借贷活动也长期处于原始状态。严复译《社会通诠》序中说中国社会经济的变迁"始骤而终迟"，自货币金融的历史观之，也诚然如此。中国先秦时代的货币经济已相当发达，秦汉更有所发展，但此后进展缓慢，虽然有所发展，但少突飞猛进的变化。在货币方面，长期是金银铜三品并行，以铜为主。铜币计数行使，金银计量行使，不分主币辅币，各以其自身之价值流通，没有明确的本位币。这种情况在别的国度也曾存在过，但都不象中国延续得那样长久。从信用业务的性质和机构来看，更是停滞不前的状态，高利贷占着主要地位，对经济发展只有消极作用，又由于个人窖藏财宝的长期习惯，自然造成货币流通的呆滞。明中叶后虽出现了钱庄的组织，但对工商业的贷款极少，就其性质和经营的范围看，也仅仅是金融业的雏形，比之当时西欧国家已经发展起来的金融事业，远为落后。鸦片战争后，帝国主义敲开了中国的大门，外国金融势力随而侵入，封建统治的中国染上殖民地的色彩，造成清中叶以后货币金融上最错综最紊乱的现象，迫使

3

当局不能不着手整改。然而历经北洋政府和国民党政府所谓的整顿改革，却始终未脱离半殖民地半封建性质，直至全国解放后才开创出一个货币金融的新局面。

笔者本着略古详今、略远详近和史论结合、夹叙夹议的原则，自先秦至元只以两章概括有关方面发展变化的沿革，以粗见古代封建社会货币和信用的概况。由于明朝中叶后已产生资本主义萌芽，白银成为主要货币，专营兑换和存款放款业务的钱庄已经兴起，所以另立一章叙述之。清代在货币制度和金融业机构方面不但纷纭复杂，而且变化很多，作者除概述其通货的变革和金融业机构（第四、五章）外，并把当时货币的主要问题——银钱比价另立一章（第六章）。自帝国主义金融势力侵入中国后以至新中国成立之前，货币金融方面的演变均属于半殖民地半封建社会的性质，许多问题是延续不断而且交错发生的，如果完全按历史顺序分为清代、北洋政府和国民党统治时期来叙述，反而不能反映其全貌，因而作者仿照"记事本末"的体例，将这一历史阶段做为一个整体而分为若干重要专题论述之（第七、八、九、十章）。国民党统治时期的"法币改革"、通货膨胀和官僚资本的金融垄断，是近代货币金融史上的重要问题，它们是相互交错并互为因果的，所以也按专题形式论述之（第十一、十二章）。最后，设解放区金融事业一章（第十三章），虽然在时间上与前两章相同，但性质上却有根本的区别，自然应另列一章了。作者希望这样既分专题又顾到时间顺序的安排，能给读者一个较深刻而又较完整的专业史印象。

书中采用的资料，一部分直接出自古代史籍，如历代《食货志》、《通考》、《通典》等及有关历代奏议、诏令、文件和笔记等；一部分根据近今人的著述，特别是关于梁启超、彭信威、杨端六、

4

周伯棣等人的著作采摘尤多，有些对史实的分析和见解也是依据他们的。所有这些直接和间接引用的资料均加注释，以示笔者不敢掠美，并便于读者作进一步研究的参考。

中国货币的历史源远流长，旧史近作卷帙浩繁，穷毕生之力，未能尽其奥秘，笔者不过略窥其一二，不自量力，意欲将这一方面史实和有关资料，提纲挈领地述其概略，以供对此有兴趣的同志们参考，兼为高等学校金融专业同学们学习研究之用，因就笔者自己近年来学习所得，经过整理分析，粗具线索，不揣谫陋，公诸同好。

此书之成，颇赖刘凤林同志的协助，他为本书搜集资料，查对文献，编写一部分初稿，并做了大量的誊录核对工作。笔者在此向他表示最深挚的谢意。

书中遗漏错误及不妥之处定然不少，幸读者勿吝赐教。

5

第一章　古代的货币和信用

——先秦至隋代

中国使用货币的历史悠久，早在金属货币出现之前，就有珠、玉、龟、贝等起着等价物的作用，有许多古书上的记载可以征信①。珠、玉、贝是装饰品，龟用于卜卦，在古代象征着祥瑞或驱凶避邪，人们乐于接受；而贝具有坚固耐磨、便于携带和具有自然单位的特点，所以贝的使用更广，流通时间也较长，世界上很多民族都有用贝充当货币的历史。我国文字中关于买卖、财货、赠赐等类的字很多从"贝"，可见上古有象形文字之始，贝已具有财宝的性质了。贝的种类很多，最常用的是齿贝。中国殷周时期即以贝充当货币之用。当时以"朋"为计算单位，大概用五个贝壳穿成一串，两串分挂左右为"朋"。《诗·小雅》中有"既见君子，锡我百朋"之句，就是以贝壳相赠的意思。当时"百朋"是很重的礼品了。后来发展到以铜铸成贝形，名为"铜贝"，可见贝是货币的雏形。

---

① 《管子·轻重乙》："金出于汝汉之右衢，珠出于赤野之末光，玉出于禺氏之旁山，此皆距周七千八百余里，其涂远，其至阨，故先王度用于其重，因以珠玉为上币，黄金为中币，刀布为下币，故先王善高下中币，制上下之用而天下足。"

《史记·平准书》："农工商交易之路通，而龟贝金钱刀布之币兴焉，所从来久远"，"虞夏之币，金为三品，或黄，或白，或赤，或钱，或布，或刀，或龟贝。"

杨雄的《太玄篇》说："古者宝龟而货贝，后世君子易之以金币，国家以通，万民以赖。"

许慎《说文》说："古者货贝而宝龟，周而有泉，至秦废贝行泉。"

1

殷周奴隶社会存在着浓厚的自然经济，生产力低，自给之外没有多少剩余产品可供交换。那时部落之间或个人之间虽然也有交易，而绝大部分还是物物交换。古书上说："日中为市，致天下之民，聚天下之货，交易而退，各得其所而货通。"① 就是讲实物交换的情况，一般不需要什么货币作为媒介。珠、玉、龟、贝等当时只是作为财宝在王侯贵族之间献纳赐赠，其流通范围是狭小的。除去以上几种财宝外，还有布、帛、皮、粟等物品也起着等价物的作用，例如《诗》所说"抱布贸丝"②，"握粟出卜"③ 等，就包含着以布、粟作为等价物的意思。古代在某一定的市场上可能有两种以上的财宝及其他物品被认作等价物，所以从严格的意义而论，它们都不能称为"一般等价物"。

按照马克思的货币理论，货币应具有价值尺度、流通手段、储藏手段、支付手段和世界货币五项职能。中国古代的财宝物品都没有完全的货币职能，例如珠、玉、龟、贝只具有宝藏和有限支付手段的职能，布、帛、皮、粟等也只有一定限度的流通手段职能，所以都不能被认为是完全的货币。随着商品生产和交换的逐步发展，一般等价物的作用固定在金属上，社会才出现了真正的货币。

中国以金属为货币起自何时，尚不确知。《汉书·食货志》说："太公为周立九府圜法"④，这就是说西周初期已有铸币，但后人的记载往往以当时情况臆测往古，并不完全可靠。西周初期完全是自然经济，交易很不发达，如果说那时就有圆形方孔的钱，未免使人发生疑问，而且从历代出土的钱币中也没有

---

① 《易·系辞》和《汉书·食货志》，这里所谓"天下"，其实是很小的区域。
② 《诗·国风·卫》。
③ 《诗·小雅》。
④ 《汉书·食货志》："太公为周立九府圜法……钱圜函方，轻重以铢"。

发现过西周以前的金属铸币。我国到春秋时期进入铁器时代，社会生产才有较大的发展，商业也逐渐发达，这才有铸币流通的可能。《管子》书中讲到"人君铸钱立币，民庶之通施也"①，《国语·周语》载，"景王二十一年（公元前524年），铸大钱②，《通志》中说，周景王二十一年"铸大泉"（后世泉转音为钱），"肉好皆有周廓"（"肉"指钱体，"好"指钱孔，周廓是边缘）③。我们可以相信，春秋时期已有铸币流通了。到战国时期，钱币流行更广。后世出土的铜铸币多被推断为战国时期所铸，可见那时已进入货币经济的时代了。

古代的货币金属是铜和金两种。金按重量行使，属于秤量货币，铜币计个行使，属于铸造货币。东汉后黄金渐少，唐宋以后更感缺乏，这时白银就代替黄金起着货币的作用。此后铜银并行流通，一直到二十世纪初，在这两千多年的货币流通历史中，铜铸币占着主要地位。

第一节　铜 铸 币（铁锡等钱附）

一、先秦时期

春秋战国之际，中国流通的铜铸币可略分为三大体系，即

---

① 《管子·国蓄篇》说："五谷食米，民之司命也。黄金刀币，民之通施也。……人君铸钱立币，民庶之通施也"。其他在《轻重甲》、《轻重乙》、《轻重丁》、《山权数》，《地数》等篇均有关于钱币及用金属作货币的记载。

② 《国语》："景王二十一年，将铸大钱，单穆公曰：'不可，古者天灾降戾，于是乎量资币，权轻重，以振救民，民患轻，则为之作重币以行之，于是乎有母权子而行，民皆得焉。若不堪重，则多作轻而行之，亦不废重，于是乎有子权母而行，大小利之。今王废轻而作重，民失其资，能无匮乎？若匮，王将用有所乏，乏则将厚取于民，民不给，将有远志，是离民也……'王弗听，卒铸大钱。"

③ 郑樵《通志》：周景王二十一年，患钱轻，更铸大钱，径一寸二分，重十二铢，文曰"大泉五十"，肉好皆有周郭，以劝农，赡不足。

3

15

刀、布和环钱。

刀币的形状象个长柄的小刀，是由实用的刀演变出来的。刀币流通于中国的东方和北方，大概是春秋战国时期齐、燕、赵等国铸造的。刀币的重量不同，有大刀和小刀之别，相差很大。

布币象铲，由农具铲子演变而来。"布"可能是"镈"的同声假借字，镈是古代农具。布币也有很多不同的形状，如空首、尖脚、方足、平底等。近代出土的布币多集中于河南安阳一带，那里是古代的冶金中心。布币大概在西周已出现，到春秋时为晋国所采用，战国时的魏国及其邻国可能都有布币的铸造和流通。

环币又名环钱，可能是由纺轮脱变而来，是圆形，中有圆孔。在战国时期它的流通范围不如刀、布广泛，后世出土者也较少，形状上分为有轮廓（内外边缘）和无轮廓两种，大概是战国时周人① 所制造。这是一种承上启下的货币形式，因为它的中孔可用绳索穿成一串，便于计数和携带，成为后世铜铸币的模式。

除上述三个体系的铸币外，当时的楚国还通行着一种近似椭圆形的小铜钱，后世钱币学家称为"蚁鼻钱"或"鬼脸钱"，另外还有一种近似方块形的铜币，名为"爰"，这些大概是由铜贝变化来的。

所有上述的刀、布、环钱和爰等货币，都有几个共同点：一是它们的大小重量都不一致。因为春秋战国时期诸侯各自为政，没有统一的铸币规定，即使在一个王侯国内也分散几个地方自

---

① 战国时周室已微弱，寄食于诸侯，王名已废，分东西两地称公。

4

由铸造，这自然会出现质量、重量和形状的差别。二是各种货币都有简单的文字，有象形文也有篆字，其中可辨识者有祝颂字（如"富"、"吉"、"羊"等）和地名（如"安邑"、"甘丹"〈邯郸〉、"济阴"等），但多数古币上的文字不易辨认，因而不能确定其铸造的年代。三是在一国或一个地区可能同时通行两种或两种以上的货币，古书上很多是刀布并称的，因而也不能确定哪个体系的货币占着主要的地位。我们说中国在战国时期已进入货币经济时代，并不意味着交易都采用货币媒介，事实上当时的物物交换还占着很大的比重，所谓进入货币经济时代，只是开始了这一时代的倾向。历史上很多事实都说明后一个时期保存着前一个时期的很多东西，甚至经过一两千年还残留着不少的遗迹哩！

二、秦汉时期

秦始皇统一全国（公元前221年）后，货币定为黄金和铜钱两种。黄金为上币，以镒为单位（二十两为一镒），一般限于大量数目的支付，如献纳赠赐等；铜为下币，以铢两为单位（二十四铢为一两），日常交易通用。珠玉龟贝等仅作饰物不当货币行使①。秦钱圆形方孔，重半两，在钱的表面上有"半两"二字，废除了战国时期形形色色的货币，统一了全国的币制。圆形定量钱币比起刀布之类无疑是有很多优越性的，这是在全国政治、军事统一的基础上，七国文化融合的产物，是中国古代货币史的新纪元。自秦以后这种以铢两为单位的圆形方孔的铜币制度在中国通行了约两千年。

---

① 《汉书·食货志下》："秦兼天下，币为二等，黄金以镒为名，上币；铜钱质如周钱，文曰半两，重如其文，而珠玉龟贝银锡之属为器饰宝藏，不为币，然各随时而轻重无常。"

汉初沿袭秦制，以黄金和铜钱为货币。黄金以斤为单位。铜钱计个使用，最初仍沿用秦半两钱，但因秦钱太重，不便使用，高祖时允许民间铸造荚钱（重三铢），因而物价腾贵。吕后二年（公元前186年）改铸八铢钱，文帝五年（前175年）又改铸四铢钱。八铢及四铢钱表面上都仿秦制铸有"半两"二字，其实已减重三分之一到三分之二了。汉文帝还撤销盗铸钱令①，使人民自由铸造，于是钱的重量益减，甚至有不满一铢者。当时文帝把蜀郡的严道铜山赐给邓通，许其铸钱。邓通因铸钱获利甚巨而富埒王者。吴王刘濞在豫章（今江西南昌）的铜山，招亡命之民铸钱，富过天子。此后私铸盛行，钱质日劣，重量日轻，这当然引起物价大涨。因此又下诏禁止私铸。直至武帝元狩五年（前118年）铸造"五铢钱"（重如其文），将以前郡国所铸的钱一概废销，统一由上林三官（即锺官、辨铜和均输三官，分别掌握铸钱、辨色及运输事务）铸造五铢钱，从此铸造权统一在国家手中，私人盗铸的事情才大为减少。五铢钱流行后，因其大小轻重适中，人民称便。可以说经过西汉百年的摸索和铸钱重量的多次变动，以及禁止私铸和允许私铸的摆动，才达到这个由官家专利铸造重五铢的钱币。此后五铢钱平价流通。昭帝宣帝（前86年—前50年）时物价平稳，而且由于农业的发展，谷价较汉初低，每斛只要五个钱。这说明五铢钱的购买力是相当高的。五铢钱是中国历史上使用最久也最成功的货币，自汉武帝直至隋朝的七百年间，五铢钱成为铸钱的标准。

汉代的货币经济较先秦具有明显的进展，钱的用途大为广

---

① 《汉书·文帝纪·食货志下》：汉文帝五年四月为钱益多而轻，乃改铸四铢钱，其文为半两；除盗铸钱令，使民放铸。（按禁盗铸钱令史无明文）

6

阔，租赋官俸都有一部分用钱，于是人们意识中对钱币的追求也就比以往强烈了。司马迁说："人富而仁仪附焉"①，反映出当时拜金主义已开始产生。

王莽代汉以后，在他统治的短短十几年中，对货币制度进行过四次大的改变，每次变更基本上是以小易大，以轻易重，运用政治权力发行货币，残酷剥削人民。他在摄政时仿周钱子母相权之法，除当时流通的五铢钱外，另增三种货币，包括一种圆钱和两种刀钱。圆钱称大泉，重十二铢，每枚当五铢钱五十枚。刀钱有契刀和错刀两种，刀形和先秦的刀币不一样，而更象现代的钥匙。契刀长二寸，一枚当五铢钱五百。错刀上有"一刀平五千"五字，其中"一刀"二字用黄金镶嵌，一枚当五铢钱五千。大泉含铜量仅比五铢钱多一倍多，而名义价值却为五十倍，契刀、错刀的名义价值更比它们的实际所含金属高出百倍以上，这显然是极不合理的制度。王莽称帝后，因汉姓刘，刘字有侧刀，便在始建国元年（公元9年）废契刀、错刀；又因五铢钱为汉家旧制，也把它作废，另发行小泉，重一铢，以代替五铢钱。大泉仍旧通用，每枚值小泉五十。次年又实行"宝货制"，有五物六名二十八品。五物指金、银、铜、龟、贝五种币材，六名指金货、银货、钱货、布货、龟货、贝货，二十八品指钱货六品，金货一品，银货二品，龟货四品，贝货五品，布货十品②。这种品级复杂混乱的货币制度，在中国历史上是罕见的，在世界上也是绝无仅有的。王莽对货币的名义价值和实际价值毫无所知，完全凭其主观意志规定品级等差，并将久已过时的龟贝也选为币材，更是荒唐。宝货制虽强令实行，

---

① 《史记·货殖列传》。
② 参见《汉书·食货志下》及《王莽传中》。

但人民实在无法接受，事实上在交易时使用的仍多是五铢钱，因此王莽下诏对私藏五铢钱者"投诸四裔"（四方极远之地），当时坐铸钱罪者，上至公卿下至庶人，不可胜计。这就使工商停业，恐慌不知所措。王莽不得已只好宣布暂停龟贝布币的流通，专行值一的小泉和值五十的大泉两种货币，到天凤元年（公元14年）复增减其价值，改行货布和货泉两种。货布重二十五铢，铲形，相当于货泉二十五枚。货泉重五铢，圆形，实际是恢复了五铢钱，不过改名为货泉而已。王莽屡次改革币制，总想复古，因其违反了货币本身的客观规律，妄图以政治权力强行流通，结果失败，给当时的人民带来极大危害，也加速了王莽统治的灭亡。

王莽死后的十余年间，人民对货币失去信任，所以布、帛、金、粟在很大程度上又成为交换的媒介物，直到东汉光武帝建武十六年（公元40年）采纳马援的建议复行铸造五铢钱，方人民称便。明帝永平五年（公元62年）"粟斛直钱二十"①，也算是"太平盛世"了。此后一百多年无变铸之事，货币流通制度基本稳定。东汉末年，战争频繁，生产遭受破坏，灵帝中平三年（公元186年）因财政困难铸造"四出文钱"②。献帝初平元年（公元190年）董卓销毁五铢钱，并取洛阳长安的铜人铜马等，铸造小钱。这种小钱无文字，无内外郭，且不磨滤，不使人用③，因此物价又腾贵起来，石谷至数万钱，钱币不能流通，复行物物交换。

---

① 见《晋书·食货志》。
② 钱背面有四斜文由穿孔的四角直达外郭，所以这种钱也叫做角钱。大概比五铢钱轻。
③ 《后汉书·献帝纪·董卓传》。

三、魏晋南北朝及隋代时期

当东汉建安十三年（208年）曹操为丞相时，曾废止董卓所铸小钱，复用五铢，但这时五铢钱不铸已久，钱本来不多，又无增铸，故谷贱不已。魏文帝黄初二年（221年）又下诏复行五铢钱，然不久因谷价腾贵，同年又废之，使百姓以谷帛交易。但以"钱废谷用既久，人间巧伪渐多，竞湿谷以要利，作薄绢以为市，虽处以严刑不能禁也。"① 至明帝太和元年（227年）依司马芝之议又行五铢钱，设官铸造。此后又复造五铢钱了。

先是，汉献帝时刘备入川（214年），因军用不足，铸造"值百钱"。孙权亦于嘉和五年（236年）铸造当五百的大钱，后又铸当千大钱。上述两种钱均在一定区域内流通。

西晋统一全国后，仍用魏五铢钱。东晋用孙氏旧钱，大小钱并行。另外还通行一种"沈郎钱"② 。两晋一百多年官家并未铸钱，是货币史上的真空状态。这时钱既不多，钱值较贵。凡封建王朝的赏赐、俸禄以及借贷等大都使用布帛，用钱支付者甚少。

南朝宋文帝元嘉七年（430年）立钱署铸造四铢钱，重如其文，形式与汉五铢相同，结束了两晋以来不铸钱的局面。后因盗铸多，物价腾贵，又铸大钱，以一当二，至元嘉二十五年（448年）又恢复铸造五铢钱了。孝武帝孝建元年（454年）又铸造四铢钱，背面有"孝建"二字，这是钱上铸年号的开始。后来，还铸造过二铢钱。钱形逐渐轻小，轮廓不备，于是私铸大

---

① 见《魏书·明帝纪》，《晋书·食货志》。

② 《晋书·食货志》，《通典·食货八·钱币上》：晋元帝过江，用孙氏赤乌旧钱，轻重杂行，大者谓之比轮，中者谓之四文，吴兴沈充又铸小钱，谓之沈郎钱。钱既不多，由是稍贵。

9

起。官钱每次出世，民间立刻仿造，质量日趋低下，最轻薄的一种叫"荇叶"。另外还有"鹅眼钱"、"綖环钱"等恶钱，千钱长不满三寸，入水不沉。由于钱不值钱，因而物价腾贵，斗米万钱。自永光元年准许人民私钱以来，钱货紊乱，至出此等恶钱①。到明帝泰始初年（465年）才禁鹅眼及綖环，并禁止人民私铸，后仅用古钱（凡非本朝所铸者统称古钱）。

南齐于永明八年（490年）曾派人到四川铸钱，因成本高而停止，所铸数量不多，其钱轻小，仍名五铢。

梁初仅京师及三吴、荆、郢、江、湘、梁、益各州用钱，其余州郡以谷帛为交易，交广之地以金银为货币。梁武帝天监元年（502年）开始铸新钱，面文五铢，重如其文，有周廓。又铸无肉廓的新钱，面文也是五铢，称"公式女钱"（轻小之意）。当时屡下诏书谓除二种新钱外，概禁使用，但多种古钱仍行使如常。于是普通四年（523年）尽废铜钱而铸造铁钱（五铢），这是中国历史上最早的铁钱②。铁钱容易铸造，私铸更多，物价腾贵，交易者以车载钱，不计枚数。当时以"陌"（百钱）为计算单位，但各地以九十、八十、七十为陌者不等，奸诈横行。

陈初，铁钱不行，使用梁末的两柱钱及鹅眼钱，等价流通，然两柱钱重，鹅眼钱轻，人们熔毁两柱铸造鹅眼的越来越多，又间出锡钱③，币制紊乱。宣帝太建十一年（579年）铸造太货六铢，以一当十个五铢，人民不从，多以盐米布帛为交易，此后又废六铢而行五铢④。

---

① 《宋书·前废帝纪》，《通典·食货九·钱币下》。
② 《梁书·武帝纪下》，《隋书·食货志》，《通典九·钱币下》。
③ 《陈书·世祖纪》。
④ 《陈书·宣帝纪》，《隋书·食货志》。

以上是南朝宋、齐、梁、陈各代铸币及流通概况。下面再说北朝的情况。

北朝自拓拔魏以后，百年间不用钱，以谷帛等供交易之用，官员俸给也用绢布粮食。自魏孝文帝太和十九年（495年）起开始铸"太和五铢"，径一寸，重如其文，诏京师及各州镇通用，百官俸禄也按给绢的标准折发铜钱，每匹折钱二百。而且要求"铜必精练，无所和杂"①。这项政令确为金属货币流通建立了比较可称赞的制度。在太和十九年以前，民间也并不是毫无铜币流通，因为中国北部使用金属铸币到此时已有近千年的历史，铜币存留于民间的当然不少，而且南朝又以铜币为主要的流通工具，南北贸易往来必然有南朝货币流入北朝，所以民间交易也不可能完全断绝金属货币的流通，不过在"太和五铢"铸发之前，金属铸币的使用不占主要地位而已。太和五铢钱承认了金属货币的法律地位和主要流通支付手段的地位，然而推行不久，到孝庄帝之初（528年）私铸渐多，钱渐薄小，官铸钱也随之变质，到后来甚至出现飘风浮水之钱。永安二年（529年）为整理币制，铸造"永安五铢"，为了抬高官钱的价值，强令每匹绢由三百文降至二百文，钱价提高反使私铸更多，终于不可收拾②。

北齐在高欢霸政之初仍用永安五铢，自迁都邺（539年）以后，私铸更炽，形式也变成多样。高洋（高欢子）篡东魏而即帝位后，于天保四年（553年）废永安钱，改铸"常平五铢"③，重如其文，制造精巧，为人民乐用。但流行未广，私铸增多，

---

① 《魏书·食货志》。
② 同上。
③ 《北齐书·文宣帝纪》，《隋书·食货志》。

恶钱越来越多地出现在市面。

后周之初也沿用北魏钱，武帝保定元年(561年)铸造新钱，文曰"布泉"①，以一当五，并通行五铢。建德三年(574年)更铸造"五行大布钱"，以一当十，然而其价格渐次低落，人民不复使用。周灭齐后，山东尚用齐之旧钱，梁益地方杂用古钱。孝宣帝大象元年（579年）铸造"永通万国钱"②，以一当千，推行未广，后周就亡了。

南北朝时期钱币虽然紊乱，但有一个特点，即钱币铸造艺术突然提高，陈钱和周钱都是非常精美的，永通万国钱篆书优美是魏晋以来钱币之冠，这反映当时中国美术和造型的发展。

隋文帝杨坚统一全国后，因天下钱币轻重不一，质形各异，乃铸造新钱，钱面有"五铢"二字，重如其文，一千枚为四斤二两。此钱表里肉好，均有周郭③。所有古钱和私钱都禁用，没收于官而熔毁之。于是全国钱币统一，人民称便，这对于隋初的经济发展有极重要的关系。但好景不长，晋王广在扬州立五炉铸钱，汉王谅、蜀王秀也各在其辖境内设炉铸钱，因而钱渐恶滥，但每千钱的重量尚有二斤以上，远优于南北朝私铸的恶钱。到隋炀帝即位，巨奸大猾之徒盛行私铸，钱更薄劣，千钱不足一斤了。以后欺诈愈甚，或剪铁片，或裁皮革，以至糊纸为钱，夹杂混用。隋朝就在此混乱中灭亡了④。

魏晋南北朝三百多年是中国政治经济的混乱时期，王国割据，政权屡变，战争频仍，民生凋敝。这一时期钱币也经过多

---

① 《周书·周武帝纪上》。
② 《周书·宣帝纪》。
③ 《隋书·高祖纪上·食货志》。
④ 见《隋书·食货志》。

12

次的变更，然而五铢钱始终为铸币的标准。各朝代试行过大钱、小钱、铁钱、锡钱等等，恶钱也不断出现，但到混乱不堪的时候，各朝代的统治者还是以铸造铜五铢来整顿币制。

中国历代币制的严重问题是私铸。因以铜料铸造铜币可获厚益，利之所在，则豪强奸猾必然甘冒犯法禁，趋之若鹜；统治者不能禁止，反而随波助澜，官钱也逐渐减重变质。在这种相互影响之下，恶钱时常出现于市，所以"斛米万钱"、"石米万钱"在史书上是屡见的。到劣钱泛滥成灾的时候，统治者又不得不加以整顿，重新铸造标准五铢。然而封建统治者不能彻底解决币制问题，常常是一面整顿，一面又随之减重，民间又私铸大起，过不了很久，又开始下一次的循环。这种情况以这个历史时期最为显著。

剧烈的货币减重、变质，造成物价腾贵，更因长期的政治军事混乱，形成魏晋南北朝时期内钱货不行和谷帛的被广泛使用。虽然商品货币关系有所削弱，但这一时期不过是反常的短暂的现象，还不能看作是社会经济向原始的交换方式倒退。事实上那时用谷帛交易，往往形成"谷湿帛薄"，也同样贬值，最后还是要铸钱流通，挽救时弊。由此可见钱币仍为那时朝野所重视。不仅如此，而且我国历史上抨击货币拜物教的文章也正出现在那时，东晋鲁褒作《钱神论》①，可算是一篇代表作。尽管这是愤世讽刺之作，但如果商品货币关系没有发展到相当的程度，是不会有这样的作品来反映人们当时的思想意识的。

---

① 《资治通鉴·晋》引鲁褒《钱神论》："钱之为体，有乾、坤之象，亲之如兄，字曰孔方。无德而尊，无势而热，排金门，入紫闼，危可使安，死可使活，贵可使贱，生可使杀。是故忿争非钱不胜，幽滞非钱不拔，怨仇非钱不解，令闻非钱不发。"

第二节　金银（金银铸币附）

一、先秦的黄金

我国发现和使用金银有很早的历史，在原始公社末期，金银可能已成为宝贵之物。《尚书·禹贡》说："厥贡惟金三品"。司马迁说："虞夏之币，金为三品，或黄，或白，或赤"①。班固说："太公为周立九府圜法，黄金方寸，而重一斤。"② 这些话虽然不一定十分可靠，但我们的祖先早就把金银视为财宝，这是没有疑义的。黄金在古代既不能制作武器，又不能制作工具，为什么能得到人们的重视呢？这可能是由于它有着美丽的光泽，或者古人把它象征太阳，或者迷信它有某种神秘的功效。古人既然认为玉足以庇荫嘉谷，珠足以御火灾③，则黄金也可能有趋吉避凶的迷信。

黄金在奴隶社会多用作装饰品，白银当作装饰用比黄金晚，这大概由于银的被发现较迟，同时白银的色泽也远逊于黄金。到春秋战国时期，黄金才具有货币的某些职能。春秋战国时的文献中说到"金"的地方很多，但那时所谓"金"是泛指金、银、铜，正如上文所引"金为三品"。彝铭上的金字大概是指铜的。史书上有时载一次馈赠动辄是"黄金百镒（二十两为镒），白璧十双"，这里的黄金也可能是黄铜。《公羊传》中的"百金之

---

① 《史记·平准书》。
② 《汉书·食货志》。
③ 《国语·楚语下》：玉足以庇荫嘉谷，使无水旱之灾，则宝之。龟足以宪臧不，则宝之。珠足以御火灾，则宝之。金（这里指铜）足以御兵乱，则宝之。

鱼"① 和《吕氏春秋》中的"千金之剑"②，这些也未必是黄金。古时金的单位为镒（或斤），如果把鱼或剑看成值一百镒（或斤）或一千镒（或斤）黄金，那么，黄金的价值未免太低，很难使人相信。这里可能把铜铸币一枚称作"一金"。然而古籍中所说的"金"有时确实指黄金，例如《墨子》说："后生不敢死，有十金于此，愿夫子用之也"③。又如"南后郑袖闻之大恐，令人谓张子曰：妾闻将军之晋国，偶有金千斤，进之左右，以供刍秣。"④《孟子》一书中也有关于孟子受金的记事⑤等等。这些"金"字是指黄金无疑。

春秋战国时黄金除作为宝藏职能外，主要是作支付手段，用于赏赐、馈赠和贿赂。一般地讲，不具备价值尺度和流通手段的职能，所以那时的黄金并不能称为完全的货币。黄金既然在统治者之间相互转移，需要铸成一定的形式，即近似圆形的"金饼"。这类金饼以战国时楚国铸造者为多，因当时楚国领土内出产黄金。楚国的"郢爰"和"陈爰"近似方形，也有象贝样的，都可算是金铸币。但金饼或金爰只是分铸为块状，重量不一，使用时还要秤量。

二、秦和西汉黄金的盛行

秦始皇统一全国后，划一币制，定货币为二等，黄金为上币，以镒为单位，铜钱为下币，以半两为单位。当时白银不为

---

① 《公羊传（隐公五年）》有"百金之鱼，公张之"。何休注："百金犹百万也，古者以金重一斤，若今万钱矣。张，谓张网……。"
② 《吕氏春秋十·异宝》解其剑以予丈人曰："此千金之剑也，愿献之丈人"。
③ 《墨子·耕注篇》。
④ 《战国策·楚怀王》。
⑤ 《孟子·公孙丑下》：陈臻问曰：前日于齐，王馈兼金一百而不受，于宋，馈七十镒而受，于薛，馈五十镒而受……

币，只用作器饰宝藏①。秦朝黄金上币仍多作赏赐之用，在有限的范围内流通。只有下币才是广泛流通中的货币。

汉初以金和铜为货币，把黄金的单位改为斤。秦时一镒称"一金"，汉时就以一斤（约合现今斤的二分之一强）为"一金"了。一金值万钱。汉初的黄金作为支付手段的用途大为增加，除帝王对臣下的赏赐外，在税捐（如酎金）②、赎罪和贿赂上也多用金。汉代与外国贸易，也以黄金作世界货币。但那时黄金在国内还不能成为流通手段，在购买时须先将黄金卖换铜钱，才能交易。

汉武帝太始二年（前95年）以黄金铸造"麟趾衮蹄"③形式的金币，后世有出土的可以征信。但后代沿用多久，史无可考。（惟赵宋以后常使用的"马蹄银"，可能是模仿那种形式。）又武帝元狩四年（前119年）以银锡合金铸造白金三品：其一称"白撰"，重八两，圆形而有龙纹，相当于三千钱；其二重六两，方形而有马纹，相当于五百钱；其三，重四两，椭圆形而有龟纹，相当于三百钱④。这是中国有银铸币的开始。但这种三品银币都是混锡于银中铸造的，成分各占多少，不得而知，八两者值三千钱，而六两四两者仅值五百钱和三百钱，其间完全没有比例关系。所以这种"白金三品"，实质上是信用货币或名义货币。那时汉与匈奴连年交战，财政困难，恰巧禁苑多白鹿，少府（掌山海池泽收入和皇室手工业制造的皇帝私府）多银锡，故以鹿皮

---

① 《汉书·食货志》。
② 《后汉书·礼仪志》上注引丁孚《汉仪》曰："酎金律文帝所加，以正月旦作酒，八月成，名酎酒，因令诸侯助祭贡金。"
③ 《汉书·武帝纪》："往者朕郊见上帝，西登陇首，获白麟以馈宗庙，渥洼水而出天马，泰山见黄金，宜改故名。今更黄金为麟趾衮蹄，以协瑞焉。"
④ 《史记·平准书》，《汉书·食货志》。

制成皮币，以锡银制造三品。当时只顾一时充裕国用，未考虑到它们的真实价值。过了几年白金三品和皮币就都废止了。

王莽时沿用汉初制定的黄金以重一斤为单位，相当于万钱。同时也使用白银，银以八两为一流，朱提银①一流相当于钱一千五百八十，其他银一流相当千钱。按西汉的一斤重量约当现在的半斤多②。金一斤只值万钱，银八两（即当时的半斤，合现今二两五钱八分多）只值钱一千多枚，可见汉时的铜钱贵而金银皆贱，金和银的比价约为一比五，也比后世的金贱，这是因为当时黄金较多而用途较少的缘故。

西汉时盛行黄金，特别表现在帝王的赏赐上。据统计，自高祖至平帝十二代对臣下的赏赐用金一项就有九十万斤③。这个数目是惊人的。后人的著述中，有的说"汉赐诸侯王及功臣以下金，凡言黄金者，皆与之真金，不言黄金者一金与万钱"。这样的区别也未必正确，因为同一笔赏赐，在《史记》和《汉书》上的记载就有"金"和"黄金"的歧异，也有时明指黄金却支付铜钱。关于这些我们不必作过多的考证，但这里可以肯定，即使把上述数字打个对折，其数量仍然是可惊的。汉代除赏赐以外，也把黄金作为贿赂和搞政治颠覆的重要手段，例如史载刘邦"予陈平金四万斤，以间疏楚君臣。"④对匈奴的笼络也常

---

① 朱提，山名，在今四川宜宾县，另一说在云南昭通县，朱提山汉时产银，品质优良，价贵。

② 汉代度量衡的标准比现在为小。历史上度量衡的标准多次变化，其趋势为逐渐增大。我国经济史学界对古代度量衡推算的结果并不完全一致。如西汉时1斤，究竟合现在的多少市斤，吴承洛《中国度量衡史》一书说：秦汉1斤合0.5165市斤；万国鼎《秦汉度量衡考》一文说：秦汉1斤约重240克，约等于0.48市斤或4.8市两；彭信威《中国货币史》一书推算的结果是西汉时1斤约合0.62市斤。我们这里采用的是吴承洛的标准。

③ 见彭信威《中国货币史》，第142页。

④ 《史记·高祖本纪》。

用黄金。王莽聘史氏女为后也用金三万斤①。当然上述黄金的巨额支付是辗转移动的，包含着黄金作为支付手段的流通速度问题，其中重迭的次数无法查考。但史载梁孝王临死时府库尚有黄金四十余万斤；王莽末年尚存黄金六十匮（每匮万斤），黄门、钩盾、臧府、尚方各处都有数匮。仅就这两项宝藏的黄金已达一百万斤以上②。总之，"汉多黄金"之说，是完全可信的。

汉代有如此多的黄金是从何而来呢？这主要是历史上各代的积累。春秋以前黄金已成为人们宝藏的东西，到战国时各诸侯都视金为宝，无不尽力搜罗。当时秦楚两国最大，财富最多。楚国汝汉地区盛产黄金。秦国盛时，"黄金万镒为用"。秦并天下之后，各国的"子女玉帛"自然也包括黄金，都聚在秦王朝的宝库。这些历代积累的黄金转移到汉时，就汇集成巨大的数量。其次，西汉时国内的黄金生产，也稍有增加，除原汝汉地区外，荆扬等地也有生金出产。再次，两汉已有对外贸易，当时以输出缣为主，经由敦煌、新疆到小亚细亚以及叙利亚、埃及等地。这些西方的小国家很早就使用黄金作为对外支付之用。据说中国的缣丝在西方古代是一种极贵重的奢侈品，一斤丝的价值等于一斤黄金，这样通过对西方的贸易，也可能流入不少的黄金。

汉代虽盛行黄金，但它的流通渠道并没有突破天子与王侯和臣属之间的范围，即一方面朝廷赐金给他们，另一方面他们又通过献金、助祭、赎罪等直接或间接的办法把黄金贡献给朝廷。在这个流转的渠道中，一般平民是染指不上的。汉时米价

---

① 《廿二史劄记》中《汉多黄金》条。
② 同上。

以每石七十文估计，要一百多石才换黄金一斤，五口之家，百亩之田，每年也不过收粟一百五十余石，除去田赋、口赋和自己食用外，还有什么剩余？所以汉时黄金虽贱，一般平民仍是不易得到手的。

三、东汉魏晋以后黄金的减少和白银的使用

西汉盛行黄金的形势到东汉时发生明显的变化。东汉二百年间朝廷赏赐黄金的数额和次数，较西汉大为减少，而赏赐用铜钱的情况却有所增加。这说明统治阶级间的黄金周转数量和次数都有所减少。前文谈到在王莽死时朝中尚存黄金六七十万斤，即使东汉的黄金生产没有多大的增加，在王侯大臣手中的贮金当亦不少。黄金不是消耗品，究竟为什么会造成数量的减少呢？这原因是多方面的。其一，东汉的黄金逐渐有分散的趋势。王莽死后，在长安几次战乱之际，王莽朝廷的存金有些已经分散，并未全部留给东汉王朝。同时公侯大臣向中央朝廷献金的事情也有减少，加以东汉赎罪用缣而不用金，这就使中央朝廷的黄金来源减少，同时也是朝廷赐金减少的主要原因。从上而下的赏赐和从下而上的贡献是汉代黄金主要流转渠道，既然各种渠道缩小，则黄金流转的次数和数量当然相应减少。虽然国内黄金总的数量并无改变，但由原来集中在朝廷的府库，逐渐分散到掌权的上层，再逐渐流入官僚地主及其他社会上层人士手中，这时黄金作为支付手段的职能随之减退，而作为宝藏手段的职能却有增加，周转次数的减少就显得黄金数量减少了。其二，东汉以后，工艺进步，对黄金的需要增加。据说郭况（刘秀内弟）家里就存金匠几百人制造金器金饰，到东汉末年各种金饰更为精巧，流行更广，中产以上者莫不以多带金饰为荣。至于帝王之家则金钟、金鼎、金碗、金瓶以至金丝金缕，

19

更较西汉以前盛行。这些黄金饰器虽然也可用为馈赠、行贿等途径，但比起生金条块形式的周转总要受到很多限制。所以黄金器具饰物的增加，也抽去一部分作为支付手段的黄金，使得社会上的黄金流转也从而减少了。其三，东汉以后用金器金饰殉葬落土的数量增加。本来用宝物殉葬的风俗是古已有之，而且中外皆然，但在西汉以前，殉葬多用珠玉，而东汉以后则大量用黄金器饰落土了。这在后世发掘的古墓中，可以得到证明。越到东汉晚期，墓中的金银器饰越多，魏晋就更多，中产之家也陪葬几件金银首饰。黄金入土，世面上当然减少。虽然后世有所发掘，也远非全部。其四，东汉因对外贸易和交往的扩展，黄金也外流一部分。早在西汉武帝时，每遇匈奴人降汉，即有重赏黄金的定例。张骞使西域也携带黄金作为活动经费。同时武帝向大宛买马，向海外买明珠等，都有些黄金外流。到东汉时，对西方诸国的贸易入超，也引起金银外流，在《史记·大宛传》中有过"得汉黄白金，辄以为器，不用为币"的话，可以说明黄金白银一流出去就变成器物不再流回了。这就直接影响国内黄金的减少。

魏晋以后生金更见减少，到南北朝时愈甚。这里我们可以摘录《廿二史劄记》《汉多黄金》条中说明东汉以后的情况："后世黄金日少，金价亦日贵，盖由中土产金之地，已发掘净尽，而自佛教入中国后，塑象涂金，大而通都大邑，小而穷乡僻壤，无不有佛寺，即无不用金涂，以天下计之，无虑几千万万，此最为耗金之蠹。加以风俗侈靡，泥金写经，贴金作榜，积少成多，日消月耗，故老言黄金作器，虽变坏而金自在，一至泥金涂金，则不复还本，此所以日少一日也。"以上的第一点说中国产金之地已发掘净尽，纯属妄臆之词，不但东汉时永昌郡①等地都出黄金,魏晋南北朝以至后世各代都有黄金生产,怎能说"发掘净尽"呢?不如说比较容易挖掘或淘金之处大多被前人采去,余下的矿源需要更精的技术和劳力才能开采,因而产金的成本增加,但以金价太贱,不能刺激生产,从而产量减少,这才是合理的解释。《剳记》中说的第二点,即佛寺耗金量很大,却真道出了世面黄金渐少的原因。自东汉时佛教东来,中国遍地大起浮图祠,以铜为像,黄金涂身。例如《魏书》载:"天宫寺造释迦立像,高四十三尺,用赤金(铜)十万斤,黄金六百斤"②。这种佞佛的风气,到南北朝就更盛,所谓"南朝四百八十寺,多少楼台烟雨中"③,可见当时寺庙之多。北朝兴建寺庙之风尤盛,其数目更当多于南朝。在这些地方,涂身写经等耗用都不能复返原金,纯然消费掉了。此外两晋南北朝时的风俗变得侈靡,用金银作器饰也远多于西汉,即使生活并不富裕的家庭也要为女儿置一双金耳环。这说明黄金已逐渐分散到民间。同时自东汉末以来,历经两晋南北朝,三百年间社会动乱不安,大部分黄金转为窖藏,当然也是世面黄金缺少的重要原因。

黄金的减少必然引起金价的腾贵,到两晋时大概是一金(斤)值十万钱(标准钱),已不能维持一金万钱了。同时金的计算单位也由斤改为两,"一金"这个名辞已由一斤变为一两了。一两黄金的价格约值六千多到一万钱之间,可见以钱计算的金价比两汉时增高了十倍左右。

----

① 王充《论衡·验符篇》:"永昌郡亦有金焉,在水涯沙中,民采得日重五铢之金,一色正黄。"
② 《魏书·释老志》。
③ 杜牧《江南春绝句》。

黄金既然供不应求，则白银作为货币的性能就渐渐抬头。西晋末年已有以白银表示物价的例子，如有这样的记载：晋愍帝建兴二年（314年）"襄国大饥，谷二升值银二斤，肉一斤值银一两"①。又史载"梁初交广之域，全以金银为货币"②。这些都说明当时已有用银为货币的。不过当时金银只用于大宗交易的支付，小额交易还依然用钱或谷帛之类。梁陈以来，金银皆以两计，就连朝廷赏赐也多用银两，例如羊侃御侯景之乱，诏以银万两赐战士，陈时赐功臣多为银一千两至三千两。那时帝王对功臣也间有赏赐黄金之事，但每次也不过几百两，不象汉时那样的"慷慨"了。

　　当时白银通行的形式大致为银饼（近似圆形）③和银铤（近似长方形），至于一饼或一铤的重量没有固定，即使朝廷定制，在使用时仍要用秤量和作成色的鉴定。当时也有铸成钱形的银币，但数量不多，流行不广，且通行的是银铤，后世称它为银锭，一直流行到二十世纪初。

第三节　古代的信用

　　信用的一般意义就是借贷行为，它发生在原始社会瓦解时期。自私有财产确立以后，社会逐渐分化为富人和穷人，富者生活有余而穷者不足，这就会发生借贷行为。上古时的借贷对象都是日用必需品，如粮食、麻帛、农事工具等等，所以说信

---

　　① 《晋书·石勒传》。
　　② 《隋书·食货志》。
　　③ 古时多称银为饼（饼）。《三国志·魏志》：嘉平五年"赐郭修子银千饼"。又如《水经注》：岭南林水石宝有银，有奴窃其三饼归。"古时也有称银为"版"或"笏"者，大概是扁条形状。

用远在货币发生之前就已存在。后世虽有了货币，但实物的借贷仍然存在。借贷行为也不一定全都附有利息条件，亲友之间的通融常常没有利息，但仍然是一种借贷行为。随着社会商品生产和货币的发生与发展，借贷行为多采取货币的形式，而且也多附带利息。货币和利息的存在，无疑地起了推动信用发展的作用。

中国古代传说周赧王借债无力偿还，乃走到高台之上逃脱债主索偿，后世"债台高筑"一词，概源于此。这种传说不一定是事实。《周礼》中有"泉府"的记载，说它是官府向人民赊贷业务的机构，根据人民祭祀或丧事的需要，赊贷实物或货币，这大概是历史上最早的政府信用。不过《周礼》一书晚出，也不能完全相信。但春秋战国时期放债取息的事情在很多古籍中就有明确记载了，如《左传》文公十六年记宋国饥，"公子鲍竭其粟而贷之"，《晋语》中有晋文公"弃债"的话，《管子》书中的《轻重丁篇》也有关于借贷粟和钱的记载。战国时的孟尝君靠放债取息来豢养三千食客①。可见借贷行为在战国时期已经是很普遍的事情了。

当时的借贷基本上是信用放款，没有什么抵押品，因为放款人是官府、贵族、大地主等统治阶级，而借款的都是农民、猎户、渔户等被统治阶级，债务人的行动很难逃脱债权人的掌握，他们离开所依附的土地就难以谋生。孟尝君放债于薛，薛是他的封地，借款的都是他所辖的人民，孟尝君对他们的财产和人身可以任意处分，还要什么借款抵押品呢？这样的"信用借贷"是封建初期的一个特点，后来只是程度上的区别，债务

---

① 见《战国策·齐策》。

人对债权人的依附关系基本没有什么变化。

人们常把古代的信用统称为"高利贷"，其实这个名词的含义是模糊不清的，因为何为高利并没有一个明确的界限。如果我们现在一般公认月息三分以上的为高利贷，而封建时期月息一分二分的放款也并非没有①。当然，封建时期的利率超过三五分、七八分，甚至高几倍的情况，也并不少见，然而我们把封建时期的贷款行为统称作"高利贷"，似也不很确当。封建时期放款利率的特点是因人因地因时而高下悬殊，由债主对借款人的亲疏关系、依附关系和剥夺权力，随时随地决定利息的高低，借款人没有什么选择的余地。

战国时期的私人之间的借贷一般没有契约或凭证，但也有少数采用契约方式的，即由债务人出一张券契，分割两半，各持半张，到期合券以偿。孟尝君放债于薛就采用券契的方式。官府对人民的放债也都采取契证的方式，并以法令规定罚则。例如，"诸负债违契不偿，一匹以上，违二十日笞二十。二十日加一等罪，止杖六十。三十匹加二等，百匹加三等，各令备偿。"②

秦汉统一中国之后，国内外贸易都有发展，借贷行为也随而更加普遍。这一时期的放债者不仅是商人、地主，而且出现了专门以放债牟利的"子钱家"。《史记》载吴楚七国之乱，长安将领出征时向子钱家借款，子钱家因当时战局成败不定，都不肯出借，有一个毋盐氏投机冒险贷放千金，以十倍的高利放出去，三月吴楚平定，使毋盐氏大发其财③。这时的借债人也不

① 《周礼·地官泉府》中郑立注："近郊十一者，万钱期(年)出息一千；远郊二十而三者，万钱期出息一千五百。"
② 战国时魏李悝的《法经杂法》。
③ 见《史记·货殖列传》。

仅限于贫苦的农民、小手工业者和一般平民，而且官僚地主为了维持其奢侈淫靡的生活也有举债的，如《汉书》载贵族朱博即曾负债数百万①。

汉代封建统治阶级有时举办过政府贷款，例如汉武帝元狩六年（前117年）曾派遣博士大夫等人分巡国内，对鳏寡废疾，或有不能谋生者，予以贷款救济。元帝永光四年（前40年）曾下诏"赦天下所贷贫民勿收责（债）"。这类虽名为借贷，其实属于救济性质，不能称为信用。

王莽始建国二年（公元10年）曾提供政府信用，"令市官收贱卖贵，赊贷于民；收息百月三"②（即月息百分之三）。他也恢复过《周礼》所讲的所谓赊贷，用于祭祀和丧礼两种，前者十天为限，后者三个月为限，赊物不收利息，贷钱收月息三分。

东汉时放款事业很盛行，这时期朝廷财政困乏，有时也向私人借债，如安帝永初四年（110年）对羌人作战，兵费大增而又连年歉收，官方积欠私人的债款达几十亿万之多③。顺帝永和六年（141年）"诏贷王侯国租一岁"，"诏假民有赀者户钱一千"④，就是说皇帝向王侯和平民强迫借钱。

总观两汉的信用业务，仍不出放款的范围，其中以私人之间的借贷为主，也偶尔发生政府与民间和政府与王侯间的借贷，但都含有财政调拨和筹集款项的性质。这种贷款是否按期偿还不得而知，似乎不算作真正的信用业务。当时民间放款业务也均由商民自办，没有什么私人放款性质的组织机构。至于

---

① 见《汉书·宣元六王传》。
② 《汉书·王莽传中》。
③ 《后汉书·庞参传》。
④ 《后汉书·顺帝纪》。

当时的存款业务，尚无发展迹象，因古人积余的钱财多用窖藏办法，不需要也不信赖把钱财存放到别处。

　　信用事业在两晋时期没有什么新的发展，但到南北朝却有了大的进展，存款和放款业务都比以前发达。我们知道信用事业的发展，必赖有信用组织机构的推进。南北朝时虽然还没有正式牌号的信用组织，但出现了一个代行存放款业务的机构，这就是寺院。我国自后汉时佛教东来，深得统治阶级的信仰，广为宣扬，渐布全国，到南北朝时佛教更为盛行。寺院不但数目多，分散广，而且富有资财。这首先是因为统治阶级笃信佛教，大兴寺院，并对僧尼有种种特殊优待，如免役、免税等。其次，自帝王至平民对寺院大量施舍土地和钱财。例如梁武帝三次舍身同泰寺，每次都由朝中公卿凑得一万万钱把他赎回来。再次，人们迷信寺院神圣不可侵犯，不敢赖债或盗窃寺院财物，因此寺院的财产最为稳妥。所有这些原因都造成寺院财富的优势，为其进行存放款业务创造了条件。

　　当时寺院不仅靠各方面的施舍积累财富，而且还经营大量土地，依靠官府的势力压榨农民，凭其优厚财力发放贷款，进行高利盘剥。连官僚富豪也竞相把他们的私蓄委托僧尼保管或托其代放高利贷。寺庙俨然是挂着慈悲招牌的高利贷机构了。佛教普救众生，放债牟利是犯贪戒的，然而事实却正相反。当然，我们不能说所有寺院都是如此，但当时大的寺庙恐怕很少例外。西洋宗教也禁止放钱取利，圣经上明明讲"你借钱给他，不可向他们取利，借粮给他，不可向他多要"①，然而西方中世纪的教会也是大地主兼高利贷者，而且其政治力量比中国还

------

　　① 《旧约·利未记》。

大得多。从这点来看，中外情况如出一辙。

隋朝在各府县置"公廨钱"，放债取利，以供官府的一部分开支。这是一种政府信用，但其经营目的，仍和汉时一样，带有救济性质，不能视为真正的信用机构。

第二章　古代的货币和信用

——唐至元代

唐代的货币是一种铜钱和布帛并行制度，除国外贸易收支用金银外，布帛在国内使用上占相当大的比重。自魏晋南北朝以来，币制大毁，流通混乱，五铢钱多被熔销制造器皿或私铸恶钱。到了唐代缺铜乏钱的情况更加严重，故不得不以布帛充当货币之用。这种缺钱现象，五代和宋时也未根本解除，所以宋代又以铜铁钱两者并行，且发行纸币以适应增长的货币需要，同时唐宋以来，经济扩展，商业发达，自然需要一种价值较高的金属充作货币，所以白银的作用也渐渐推广。随着经济的发展和社会进步，信用事业也渐趋发达，并出现了信用机构。这些情况下面分节叙述之。

第一节　铜铸币(铁钱锡铅等钱附)

一、唐朝时期

唐代的铜币在名称和衡法上有很大的变革。在唐以前，差不多都以重量为名称，钱面上铸"五铢"字样，尽管实际分量不够，甚至相差很多，而仍以"五铢"为名。自唐朝起，钱币不再以重量为名称而改称"宝"，或"通宝"、"元宝"等等，并常冠以当时年号。标准唐钱（开元钱）重二铢四絫，称为一

28

"钱"，每十枚重一两，千枚重六斤四两。后来的衡法特别是宋朝后即改用两、钱、分、厘十进位法（十六两为斤），不再以铢絫计量了。

唐高祖李渊初入长安时，因民间行使线环钱，极轻小，于武德四年（621年）废五铢钱，开始铸造"开元钱"。这种钱的正面铸"开元通宝"四字，面文分篆、隶、八分三种字体版样①。"开元"非唐高祖年号，而是开始新纪元的意思，"通宝"指通行的宝货。钱重大小适中，合乎当时流通支付的要求。当时设监造钱炉于洛、并、幽、益等州，对秦王世民、齐王元吉各赐三炉，裴寂赐一炉，准予分别铸钱，其余严令禁铸，敢有盗铸者身死，家口配没。②

开元钱是唐代二百多年的主要货币，唐以后还流通很久，在中国货币史上具有重要地位，在钱币制度的革新及衡法上有深远意义，为后世制钱的楷模。

开元钱顺畅流通，价值稳定，这是形成"贞观之治"的重要条件之一。加以那些年间更有几次农业丰收，长安斗米才值三四个钱③。但历史上的好年头总是延续不长的，到高宗时私铸的恶钱渐渐增加，官方以好钱（开元钱）一换恶钱五的比例收买之。民间深藏恶钱，以待禁弛，高宗令改以好钱一文买恶钱两文，但弊仍不息④。因此于乾封元年（666年）新铸"乾封泉宝"。这种钱径一寸，重二铢六絫（一钱一分弱）。以其一当旧钱（开元钱）之十，与旧钱并行。但旧钱很快被收藏或私熔，

---

① 《旧唐书·食货志》。
② 《旧唐书·食货志》。
③ 《资治通鉴·唐纪·太宗上之中·中之中》。
④ 《新唐书·高宗纪》，《旧唐书·高宗纪上》。

29

因而物价大涨，商贾不通，于是废乾封泉宝，又行开元钱，令凡有置炉之处皆铸开元通宝。然而私铸日多，甚至有用江船私设炉铸恶钱者，虽诏令缴纳恶钱而私铸不息。高宗仪凤年间（676—679年）曾将东都官府的多年陈粮拿到市场上出卖，每斗纳恶钱一百文，将收回的恶钱随即销毁。武后长安年间（701年）令悬钱样于市，使人照样子用钱，但由于选择困难，以致交易阻滞，不得不重订通融办法，放宽限制。由是盗铸蜂起，恶滥钱更多，江淮一带更甚，以私铸为业者依大山陡海制造，官吏不能捕获[①]。唐玄宗开元六年（718年）禁天下诸州的恶钱，行二铢四絫（即一钱重）以上的好钱，收恶钱熔化改铸。禁令一出，京师哗然，商人不敢交易，物价动摇。宰相宋璟等人奏准出太府钱五万贯以平价买入货物，又准官府卖出米十万石吸收恶钱，并准两京百官预支俸钱[②]，以使好钱流布于市。开元八年恶钱一千文重满六斤的由官府以好钱三百文买之，或依时价折算为布绢杂物而收买之。这些收买销毁恶劣钱改铸好钱的各项政策，收到一定的成果，但也同时发现好钱缺乏，不足流通需要。肃宗乾元元年（758年）时值安史之乱，府库空虚，准第五琦之奏，铸造“乾元重宝”钱。每千钱重十斤，以一当开元钱十，与开元通宝并行。后又造“重轮乾元”钱，以一当开元钱五十，三品并行[③]。这实际是一种货币贬值政策，前者比开元钱增重不到一倍，而强令当十枚行使，后者比开元钱增重三倍多，而强令当五十枚行使，当然是行不通的。于是出现了“实钱”（开元通宝）和“虚钱”（当五十及当十钱）两种名子，

---

① 《旧唐书·食货志》，《新唐书·食货志》。

② 《旧唐书·玄宗纪》，《旧唐书·食货志上》。

③ 《旧唐书·食货志上》。

30

从而私铸虚钱又大起，物价也飞涨，以致斗米值虚钱七千文。代宗即位（762年），改乾元钱以一当开元钱二，重轮钱以一当开元钱三，不久又都改为以一当一，于是民间熔毁乾元钱和重轮钱制成器物，虚钱不复出现于市面①，而私铸之风又炽。各地且多流行青铜夹铅锡的恶钱。杜甫在《岁晏行》一诗中说："往日用钱捉私铸，今许铅铁和青铜，刻泥为之最易得，好恶不合长相蒙。"这反映当时朝廷禁私铸法令的松弛，竟允许恶钱流行了。

元和四年（809年）为禁止现钱流出五岭，规定公私交易在贯钱以上的要用布帛，从而使布帛取得货币地位。但仍不能改变市面流通工具缺乏状况。元和八年由内库出钱五十万贯，按市价加一成收买布帛，十二年又出五十万贯，依市价收买缯帛（丝织物），并敕令"京城内自文武官僚……并公郡县主、中使等，下至士庶、商旅、寺观、坊市，所有私贮现钱，并不得过五千贯。"②这就是所谓"限钱法"，由政府限令贮藏铜钱的限额，使之投入流通，以济当时钱缺之弊。但这些措施并未减轻钱币流通严重不足和缺少铜斤的现象。到敬宗宝历元年（825年）又严禁销熔铜钱制造佛像，犯者以盗铸钱论罪。

从上引这些历史事实，可知自中唐以来钱的缺少是很严重的。通货紧缩，必然造成物价下跌。建中初年（780）粟价一斗值钱一百，已比前数十年大为低落了，到元和五年（810年）粟一斗仅值二十个钱。建中初年绢价每匹三千二三百钱，到贞元八年（792年）只值一千五六百文，到贞元十九年跌至每匹八

---

① 《旧唐书·代宗纪》，《新唐书·食货志上》。
② 《旧唐书·食货志》。

百文①。三十年间粟和绢的价格都跌了四分之三，足可表明这一期间一般物价大幅度下跌了。这种由于缺乏钱币所引起的物价暴落，和货币贬值时物价腾升一样，都对经济有着严重的破坏作用。特别是这一期间唐朝改革赋税制度，即由赋调庸法改为实行两税法，规定一切税收都用铜钱交纳。人民只得以贱价卖出粟米绢帛，换成铜钱交税，假定原来用一石米或一匹绢完税的，现在就需要三四石米或四五匹绢才能完纳，人民的负担显然加重，而官府催索急迫，农民筹措不及就不得不借高利贷了。白居易在《赠友》中说："私家无钱炉，平地无铜山，胡为春夏税，岁岁输铜钱？钱力日已重，农力日已殚，贱粜粟与麦，贱贸丝与棉，岁暮衣食尽，焉得无饥寒？……"反映了当时的情况。诗中的春夏税即指两税法。关于两税法在历史上的重要意义，这里且不讲，仅说明由于实行两税法，使钱币支出的需要量扩大，而铸币额却不增加，因而钱币的供需矛盾更为激化了。

晚唐时期缺少铜钱的情况略有缓和，这是因为唐武宗(811—846年)实行废浮图法②。武宗笃信道教而反对佛教。会昌五年（845年）下令毁佛寺，将铜佛、钟、磐、炉、铎等等铜器，尽缴归巡院州县没收。当时被毁佛寺约有四千六百多处，使朝廷大大增加了铜斤的来源。然而这时又引起另一问题，即铸钱的能力不足。于是又准许诸道观察使皆得设置钱坊，广为铸造新钱（形状重量都和开元通宝一样），使货币流通的数量大增，因之米绢等物的价格随之提高。但武宗死后不久，其继任的宣宗就完全改变宗教政策，用新钱再造佛像，钱币又感缺少

① 见彭信威《中国货币史》，第347页。
② 《新唐书·食货志》。

32

了。专制帝王个人的迷信，竟会造成这样大的影响！

唐朝为我国封建社会繁荣强盛时期，商品经济有显著发展，必须有一个比较健全的货币制度以适应经济增长的客观要求。自唐高祖至玄宗百年间行使开元通宝，流布全国，形成统一和稳定的货币。在此盛唐时期，虽然也有私铸恶币的问题，但一般讲来，影响不太大。由于朝廷坚决实行好钱流通的政策，用谷物绢布和标准钱收回恶劣钱，所以那时不象东汉末至南北朝时恶钱那样的泛滥成灾。玄宗开元以前物价基本稳定，大体上没有什么剧烈变化。唐王朝注意了"谷贱伤农"和"钱轻伤贾"的问题，掌握着钱币以发挥它的社会经济的调节作用。中唐以后朝廷采用许多贤臣（如杜佑、刘晏、杨炎、陆贽等人）的主张，加强了封建财政控制，在漕运、盐铁、赋税等方面都有所兴革，经济上仍向前发展，并利用平准、均输、常平等等经济手段以平衡货币与价格的关系。虽然也常出现恶钱及铅锡等钱，但未酿成非常严重的灾难。到晚唐僖宗（880年）以后，藩镇割据，自擅兵赋，江淮转运路绝，朝廷失去控制能力，再遇灾荒，便又形成长安斗米千钱、万钱的景况。

唐代的主要货币问题在于官钱数量不能满足流通的需要，而形成通货经常短少和钱重物轻的现象。这种通货短缺的现象盛唐时已经存在，所谓"斗米三钱"就含有钱重物轻的因素在内。唐肃宗以后，铜钱缺少的问题就更为严重，当十、当五十的大钱和私铸恶钱的增加主要也是由于标准钱缺乏，货币流通量不足所引起的。晚唐虽有短暂的缓和，但没有根本解决"钱荒"的问题，一直延续到五代和宋朝之后才因白银的广泛使用，渐渐冲淡了这个问题。

二、五代宋元时期

33

公元九〇七年朱温灭唐，建立后梁，开始了我国历史上纷乱割据的五代十国局面。此后五十余年间尽是些短命的王朝，穷兵黩武，横征暴敛，典章不立，法令废弛，出现了封建经济停滞和倒退的状况。后梁后唐均沿用唐钱。这时铜价益贵，销熔现钱以图厚利者更多，同时盗铸大起，混铅锡之恶钱盛行。后唐明宗天成元年（926年）敕令携带现钱五百以上者不得出城门，又禁止铅铁钱的行使，如有发现即没入官府，且加处罚。但这些法令收效极少。后晋时因前代久不铸钱，又多熔毁，所以钱更缺少，于是天福三年（938年）诏令凡有铜者均许铸钱①，以"天福元宝"为面文，使盐铁司铸造标准钱，每枚重二铢四絫，十枚重一两。但全国各处都缺铜，随后又下令变更原规定，谓宜令"有铜者，一任取便酌量轻重铸造。"此令一下，恶钱立即大量出现了。后周时更苦钱缺，于世宗显德二年（955年）立钱监，采铜铸"周元通宝"钱②。还规定，除朝廷用的法物、军器和寺观内的钟、磬、钹、铃、铎等以外，其余铜器一概禁绝。凡两京诸道州府所有铜佛像等，均限期输送官府按斤给价，如过期不纳，五斤以上者即处死刑。刑罚虽重，但私藏仍多。后世传"周元通宝"为佛像所铸，迷信其可以治病，仿铸者很多。

一般说来，五代的铸钱不多，且多杂以铅铁。由于钱币缺乏，所以盛行"短陌"，即每千钱实支七八百文。虽当战乱之际，而钱币的购买力仍是相当高的。

十国所统治的地区，如四川、湖南、福建等地，多铸有铅铁钱，为主要的流通工具。只有江南（南唐）尚铸造过唐时的"开元通宝"，其面上作篆文。这种好钱一出来就被民间收藏或销毁，

---

① 《旧五代史·晋书·高祖纪》。
② 《五代史·周本纪》。

因又改铸铁钱，以其十相当于铜钱一的比例行使。结果发生劣币驱逐良币的现象，铜钱皆被隐藏，或运出南唐境外，流通中都是铁钱。

五代时铜斤的缺乏比唐朝更甚，铜的不足形成价格昂贵，促成铜钱的熔毁，结果流通中需要的铜币大感不足，私铸填补这个缺欠，已成为事实上的需要。尽管历代对盗铸的取缔有时很严厉，但终不能断绝。至于铅铁钱的行使也是由于缺铜的原因。这里还应该指出：唐至五代时期，白银作交易之用已渐推广，填补了一部分铜币流通的不足，但从整个货币流通的情况来看，这时期是属于通货紧缩的时代。其间物价的增长主要是由于兵灾荒年所引起的。

赵匡胤建宋朝，中国又恢复了基本统一的局面。虽然在国势强盛方面远逊于唐，但此时人民却得到休养生息，经济上有明显的恢复和发展。

宋太祖时禁止使用轻小的恶钱，于建隆元年(960年)铸造"宋元通宝"，其钱径一分，重量为一钱①，与唐朝的"开元通宝"相同。太宗太平兴国年间（976—983年）铸造"太平通宝"钱。淳化五年(994年)又铸"淳化元宝"钱，太宗赵炅以真、行、草三种字体亲书"淳化元宝"。此后每改元必更铸，以年号元宝为面文。宋代每一皇帝常改用几个年号，所以流通中不同年号的钱很多。

先是开宝年间在雅州设监铸造铁钱②。这一方面由于铜斤缺少，另一方面也因为蜀地自五代以来就通行铁钱。当时还禁止铜钱入蜀，至兴国四年（979年)始行解禁,此后蜀地铜铁钱并

---

① 《续资治通鉴·宋纪·太祖》。
② 《文献通考·钱币考2》。

35

行,以铜钱一当铁钱十的比例在市面流通。真宗景德二年（1005年）在嘉州及邛州铸造大铁钱[①]，相当于十枚小铁钱，因大铁钱厚重，自然又引起私熔钱币制作器物之风。其后在益州铸造的大铁钱就减少了重量，以防熔毁。

宋仁宗庆历初，采掘洛南县红崖山、虢州青水冶和仪州竹尖岭之铜，设监铸造大钱，以一比十的标准与小钱并行。同时又在晋州、泽州铸造大小铁钱，以助军费。在江南等地也敕令铸造大铜钱，并将江、池、饶、仪各州铸造的小铁钱悉数输入关中，因此关中几个州数种钱币杂行。实际上大约小铜钱三枚即可铸当十大铜钱一枚，因而盗铸大起，物价腾贵了。庆历八年江南、仪、商等州的大铜钱每枚当小铜钱三枚，其后又以一当二，大铁钱也同样当小铁钱二，才刹住私铸之风。

神宗熙宁四年（1071年），将旧铜铅全铸为"折二钱"，通行于中原及江南的广大地区。少数地区铜铁钱并用（如陕西），有的只行使铁钱（如四川等地）。崇宁年间改铸小平钱为当五钱，又铸当十铜钱和夹锡钱。蔡京当政时一度专行当十钱和夹锡钱（当二）。宣和中因财政困难令饶赣二州铸造劣恶的小平钱，后又改小平钱为当二钱。这一段时期内，钱制屡次变更，铜钱类多夹铅夹锡，铁钱也时铸时停，其中当十的铜铁大钱为害最烈。因它们的重量远低于十枚小平钱，尽管"御书"瘦金体"大观"于钱面，也不能依统治者的意志强令增加其价值，反而引起私铸，最后还是变为折三折二，以符合货币本身的内在价值。

北宋期间的钱币史可用《宋史·食货志·钱币》开头的几句话作一概括，文中说："钱有铜铁二等，而折二折三，当五折十，

---

① 《文献通考·钱币考2》。

则随时立制。行之久者唯小平钱。夹锡钱最后出，宋之钱法，至是而坏。"总起来看，北宋时期铜产量和每年的铸币量都大大超过唐代，私铸问题也不如唐代那样严重，所以货币经济有个飞跃的发展。唐代在两税法施行之前，用粟绢作交易还占相当大的比重。但到北宋时则一切交易几乎都用货币支付（包括白银）。王安石的免役法是劳役的货币化。

南宋偏安东南一隅，境内产铜少，铜钱的铸造也极少，以当二钱通用于淮、浙、荆、湖诸路。当时因铜钱缺乏而禁止铜钱入北境。事实上南北贸易不断，无法禁止外流。高宗绍兴六年（1136年）把民间铜器收集于官府，对私铸铜器者治罪，然而民间销毁者仍多。据《宋史·食货志·钱币》说："销熔十钱，得精铜一两，造作器用，获利五倍"。利之所在，严法也不能禁止。孝宗时诏广、泉等州凡有以铜钱漏泄于海外者，即罪其守臣。宁宗嘉定元年（1208年）铸造的当五大钱，漏泄到日本、高丽、安南者很多。这些地方都曾行使过宋钱。总观南宋百余年间铜钱铸造少而熔毁多，出境者亦复不少，所以流通中的铜币数量，远不能满足需要。于是扩大境内的铁钱使用地区和滥发纸币的事，渐次增加了。

两宋是中国货币史上最复杂的时期，不但是铜铁钱兼用，而且各地区之间的差别很大，比价变化多端，铜铁钱的种类、大小也特别复杂。历史学家都认为宋朝是政权集中的，但从货币的角度看却是分裂割据的局面。

两宋货币的概况已如上述，而这期间的辽国却大不相同。辽域内产铜甚多，辽太祖天赞元年（922年）铸"天赞通宝"，其钱径九分，重三铢六象（合一钱半）。圣宗太平元年（1021年）铸造"太平元宝"，其后代代均有开铸。同时北宋的铜钱

37

也流入辽国不少，所以那时辽国并不感铜钱的缺乏，货币流通比较稳定。道宗初年（1055年）"斗粟六钱"①，说明货币的购买力是很高的。但当时契丹人还保持着很大程度的实物经济生活，交易多用马匹，货币经济并不占主要地位。

金初用辽、宋旧钱。迁都后于贞元二年（1154年）发行交钞，与钱并行。到正隆二年（1157年）始议鼓铸②，次年铸造"正隆通宝"，重如宋之小平钱。大定十八年（1178年）在代州设钱监，铸造"大定通宝"。金章宗时也苦于铜钱缺少，仿唐时贮限钱法，限定官民铜钱贮藏额度，违者治罪。泰和四年（1204年）铸造当十大钱，与钞并行。后因钞币滥发，钞价低落，民间多用白银交易了。

元朝初年使用纸钞为交易，曾下令废止铜钱，但民间使用历代铜钱者仍多。世祖至元十七年（1280年）收罗全国铜钱和铜器，尽藏库中，同时滥发纸币，致使物价大涨。至大三年（1310年）开始铸造"至大通宝"和"大元通宝"两种铜钱，后者一枚当前者十枚，历代铜钱也均准在市面折价杂用。顺帝至正十年（1350年）再铸铜钱，铜钱一千文折合"至正交钞"一贯文，但因交钞滥发的结果，破坏了钱和钞的原定比价，钱币流通混乱，市场交易仅使用白银和铜钱了。

由宋、金至元是中国货币缓慢地演变时期，即铜钱作为主要货币的作用渐减其地位，纸币和白银在流通中露出头角。这种变化至明朝才更明显，将于下章论述之。

---

① 《辽史·食货志》。
② 《金史·食货志3》。

38

第二节　唐宋以后白银代替
黄金的广泛使用

　　唐代产金的地区不少[1]，但各地的产量都不多，国内黄金仍感缺少。随着经济的发达，又必须有单位价值较大的货币与之相适应，所以白银的使用就比以前广泛了。这并不是说唐代的白银已具有完全货币的性质，事实上那时仍然是金银并用，而且限于大额支付，一般流通的货币依然是铜钱。

　　唐代的金银是锭形和饼形的。金银也制成各种器皿和饰物，赏赐和馈赠就直接用这些器饰。故有"赠以金银器物一车"[2]，"赐功臣金银器皿各一床"[3]的记载。把金银器物当作支付手段，是以前历史上少见的，自然扩大了金银支付周转的范围。而且唐代把金银铸造成钱币形式，这也是值得注意的。本来在南北朝时代已有金银钱，但自唐至宋，铸造的才渐多。这种金银钱式样重量不一律，除官钱外私人也雇工匠铸造金银币，流传于后世的"开元银钱"和"鎏金开元"较多。但是这种金银币是上层社会人士所玩赏的，宫廷中以金银钱作游戏，富裕人家用金银钱相互馈赠或进行贿赂，没有发展成为一般流通工具。然而它们和金银饼一样具有内在价值，在社会上少量的流通也必然会有的。

---

　　① 《新唐书·地理志》关于产金地记载最详，关内道、河南道、陇右道、江南道、岭南道、剑南道等所属的一部分州府均有产金。又《通典》列举贡金的州名可参考。

　　② 《旧唐书·尉迟敬德传》。

　　③ 《旧唐书·王琚传》。

白银自唐代起逐渐取得支付手段的重要作用，这和国外贸易也有关系。唐代与外国通商渐盛，其中与波斯、阿拉伯和印度的商业交往更为频繁。在长安、扬州、广州都侨居着很多这些国家的商人，以至形成聚居的"蕃坊"。这些外国人携带大量金银币到中国来，其中银质货币为数更多，因为波斯、阿拉伯、印度等国当时已盛行银币。那时唐代国内铸造的金银钱，可能是受外国货币流入的影响。

唐末和五代时期白银的使用比黄金普遍了，在岭南一带金银通行。这说明金银已具有一定价值尺度和流通手段的职能。

自两晋以来黄金的价格大致是万钱一两，已超过汉时十余倍。到了唐代，由于新矿的开采和外国黄金的流入，黄金的数量有所增加，但另一方面因工艺上的需要，用途也有增加，两者相抵，大概黄金一两仍值万钱或者稍低。关于黄金和白银的比价，自魏晋以来，一直到唐代，基本上维持汉时的一比五的比例关系。据考证①，七世纪阿拉伯、印度的金银比价为一比六点五，到十二三世纪时马来亚的凌牙斯国金银比价还是一比五，唐代盛时（八世纪）与阿拉伯、印度通商最密切，因此可以推想唐代的金银比价和阿拉伯、印度的比价相仿佛，不会超出一比五到一比六的范围之外。欧洲的金银比价差异很大，五世纪时罗马的比价是一比十四点四，但九世纪的威尼斯是一比十一。由此可见欧洲是金贵银贱，金银比价变动也较大。而亚洲是金贱银贵，变动却较小。

五代及宋与唐代晚期一样，基本上是金银并用，但银的地位比唐朝时更为重要，不但赏赐、馈赠、贿赂等多用白银，而

---

① 见彭信威《中国货币史》，第327页。

且政府的租税也多折白银征收了。宋初铜钱缺乏，太平兴国五年（980年）准许人民用银、绢代替铜钱纳税，这就赋与白银一种法偿地位。南宋时的"会子"（纸币）有时也用白银来收兑，这样白银又是纸币的准备金。白银已具有完全的货币性质。它与铜钱的区别，只在于它是以秤量流通，而且只限于较大数量的交易。

宋代白银的使用是由于商业的发展和铜钱的缺乏，客观上需有一种较贵的货币单位。我国黄金的使用虽远比白银为早，但自魏晋以后逐渐短缺，不能满足市场上货币周转的需要。宋代产银较多，例如信州年产十万两以上，陇州、虢州、潭州等地年产也有几万两，这就提供了通行白银的条件。当时与西域诸国贸易很盛，而这些国家都使用白银，这也有一定的影响。宋朝国势较弱，那时宋室对契丹、女真等民族都有岁贡的负担，由于宋真宗澶渊之盟，每年要以银三十万两、绢三十万匹输奉给辽国。当时以银而不是以金支付，可见在使用广泛的程度上，白银比黄金已占优势。白银不但是计价流通的货币，而且已成为世界货币和一般转移财富的手段了。当然，黄金作为贮藏财富的手段，始终是比白银占优势的。

与宋同时的辽和金国，也广泛使用白银。金人通用的白银，以五十两为一锭，值钱一百贯。金章宗承安二年（南宋庆元三年，1197年）铸造重一两到十两五等银锭，名为"承安宝货"，每两值钱二贯（二千文），公私均可抵现钱使用。这种造锭有规定的形式、重量和价格，具有法币的地位，可视同铸私货币计数行使。宝货发行后不久，伪造随之而起，夹铜、锡私铸者渐多，流通也渐滞顿，到承安五年底，"承安宝货"即行废止。此后民间仍用银为大宗交易的支付，不过要经鉴定和

41

秤量，不能计数流通了。

金、银、钱三者的比价，在这一历史阶段很难考定。因为两宋钱币最为复杂，有铜钱、铁钱和夹锡钱，并均有大小之分，各地区又通行着不同种的钱币，而且还有减重钱和私铸恶钱，究竟金银一两折钱若干，在不同时间、不同地区、不同币种之间差别很大，所以不能断定三者价值的比例。但我们根据北宋初通行每枚重一钱的"宋元通宝"，其后是"太平通宝"等所谓标准钱考查，据《钱币考》记载，宋真宗尝论，咸平（998—1003年）中，金，两五千，银，两八百（即金每两值钱五千，银每两值钱八百），可以断定宋初的金银比价是一比六点二五。金价较唐代已有上升，和西域诸国的金银比价相近。至于银钱比价，可推定在一比八百到一千之间。到徽宗靖康年间（1126—1127年），因战乱原因，中原人士纷纷南迁，一时需要大增，金价上升了一倍，金银比价曾达到一比十三和十四。与此同时金银对钱的比价也上升。宋与金人议和，金人来使索要黄金一千万锭，白银二千万锭，帛一千万匹，宋室向民间大事搜刮，至使金银价都上升，金涨到每两五万钱，银涨到每两三千五百文。[①] 但到南宋时期，黄金对白银和金银对钱的比价均有回跌。如果我们要知道这三种金属货币的购买力的情况，可以说在两宋动乱时期黄金的购买力是相对稳定的，而白银和铜铁钱的购买力则有下降趋势。这大概由于黄金比较稀少的缘故。银和钱的购买力虽都有降低，但银比钱还是要稳定得多。宋代二百多年间，在十世纪每石米平均值银二钱，到十二世纪后半，每石米平均值银八钱，摒弃特殊情况，米价约上涨四倍，而同一时期以钱文

---

① 《续资治通鉴》卷79。

计算的米价，约上涨十三倍①。钱文购买力的剧烈下降说明一般平民生活困难了。

蒙古人最初使用辽金货币，大元帝国建立后以纸币为主，废止铜钱。禁止金银的民间买卖，但民间多年使用金银的习惯是法令不能制止的，所以仍多使用金银。尤其是由于滥发纸币的恶性膨胀，交易上使用白银的情况更多。至元二十二年（1285年）才解除民间不得买卖金银的禁令。至元三年（1266年）官府开始铸造船形银锭，重五十两，记有"元宝"文字，后世称"元宝银"之名即始于此。②然而那时元朝铸造银锭的目的在便于官府库存的管理和计数，并非有意于民间行使。当时所铸的五十两银锭只是大致标准，差一两半两也是常有的。

元代搜括宋金两朝廷和民间的金银，用意在于宝藏，以充实府库，作推行纸币的准备基金和对外贸易之用，但自宋以来民间用银作货币已成为大势所趋，是不能阻止的了。

第三节　宋元纸币

纸币的出现是货币史上的一个进步。我国在北宋真宗祥符年间（1008—1016年）已有纸币流通，在时间上较其他国家都早③。在此之前汉武帝时的皮币和唐宪宗时的飞钱，虽都具有信用货币的性质（皮币只作王侯之间贡赠之用，飞钱只用于异地汇兑。），可以说它们是纸币的先驱，但不是流通中的纸币。只有北宋时四川的"交子"才是真正纸币的开始。

---

① 见彭信威《中国货币史》，第504页。
② "元宝"是指元朝的宝货，与铜钱称元宝者意义不同。
③ 意大利人马可·波罗在元朝时来中国，对当时用纸片可买到商品，感到惊异。

中国纸币的产生和发展具有几种原因：一是宋代商业较前发达，需要更多的通货，而当时铜钱短缺，不能满足流通中的需要量。二是宋代四川地区通行铁钱，每千钱的重量，大钱二十五斤，中钱（折二）十三斤①，对商旅携持很不方便，客观上需要轻便的货币，因此首先在四川通行纸币。三是自五代以来全国形成几个货币区，使用不同种类的钱，并且各自禁止流入其他地区（参见第一节）。使用纸币便可防止铜铁钱外流。四是两宋政府受辽、夏、金人的侵略，军费及和议赔款的开支很大，也需要发行纸币来弥补财政赤字。

宋真宗时蜀地私商制作一种纸券，名为"交子"，代替铁钱流通，这类似近世兑换券的性质。其后由十六家富户合伙主持，集三十六万缗（一千文为一缗）为本钱，以一交为一缗，以三年为一界（期限），界满换发新券。其所以立"界"，是因为当时纸质不良，印刷不精，容易污损，且恐日久发生伪造。界未满持券人请求兑换时，准以现钱易之。然而此后这些富户产业渐败，信用动摇，无力兑换他们已发的纸券，因而争讼屡起。那时四川转运使薛田、张若谷请准由官家发行，在益州设立"交子务"的机关，仿过去富户的制度，发行"官交子"，禁止私人印制，这是仁宗天圣元年（1023年）的事②。"官交子"一界的发行额为一百二十五万六千三百四十缗。但这是最高限额，如果请领人所请券额不多，就不能发行足额。后来用交子发军饷，就常常超过限额了。当时的现金准备是用通行的铁钱三十六万缗充抵，约合发行满额的28％强。官交子的券面额一般是一贯、五贯、十贯等，还可应当事人的请求临时填写数额。每年米麦

---

① 《文献通考·钱币考2》。
② 《宋史·食货志·会子》。

丝绢上市时期是交子发行最盛的时候。交子流通的范围基本上限于四川，后来陕西、河东虽也一度流行，但因失败而废止。

宋徽宗大观元年（1107年），政府把"交子"钱改为"钱引"，改"交子务"为"钱引务"，发行新纸券"钱引"。钱引的纸张、印刷、图画及印鉴都很精良。但因不置本钱，增发不止，比之天圣中一界越二十倍①。随着发行额的增加，纸券价值大跌，当时一贯文的钱引只值现钱一百文。到南宋孝宗淳熙五年（1178年）四川钱引已增至四千五百余万贯，更超过原定一界限额一百二十五万余贯的三十几倍。价值越发低落了。

南宋的纸币，最初流行的是"关子"，和唐时"飞钱"的性质类似，带有汇票性质。后来，最通行的纸币名为"会子"，由户部掌管发行事宜。"会子"和"交子"的意义相同，实质上也没有什么区别，只是流通的范围会子比交子广阔，通行于浙、淮、湖北、京西等地，纳税和交易都可使用，几乎具有南宋统治区的法币资格。

会子面额分为一贯、五百文、三百文、二百文四种，规定三年为一界，界满以新换旧。绍兴年间还发行过银会子，面额为一钱银，每年换发一次。面额较小是为了便于流通。

南宋会子因增发不已，不得不延长其界为六年，到理宗绍定五年（1232年）两界会子已达二亿二千九百余万贯。因此纸币价格低落，流通受阻。政府为了维持会子的信用，以金银、现钱、度牒②，随时收回一部分会子（名为"称提"），以收缩其流通额，维持其价格。但回收时并不按面额价格而却按时

———————

① 《宋史·食货志·会子》。

② 度牒是官府给僧尼道士的凭证，论价卖之。《宋史·食货志·盐》载度牒一道价一千五百缗。

45

价，并且于界满新换旧时以一换二，甚之则以一换五，因之价格愈落，用会子表示的物价随之昂贵。

总之，两宋的纸币包括交子、会子、关子和钱引，都具有汇票和兑换券的性质，在国内相当大的地区内流通，便利了商业往来，弥补了现钱的不足，可说是我国货币史上的一大业绩。但是由于财政和军事的需要，渐渐失去发行的控制，政府又无财力对纸券进行公当和适时的"称提"，便自然地变质为不兑换纸币了。最后形成滥发无度，纸币价格暴落。不过当时还存在着金、银、钱币流通，所以纸币通货膨胀所造成的毒害还不是很大的。

当时金朝也于海陵王贞元二年（宋绍兴二十四年，1154年）仿宋四川交子办法，发行纸币。分大钞（一贯、二贯、三贯、五贯、十贯）和小钞（一百文、二百文、三百文、五百文、七百文）两种，与宋、辽钱并行（1158年才开始铸"正隆通宝"）。这种交钞原定七年为界，期满换取新钞。但是金章宗即位（1189）改为永久通用，这比南宋会子的无限期流通，早了六十年，所以在中国纸币的发展史上，是一件划时代的事。交钞一开始就具有不兑换的性质，流通不畅，不断贬值，金人时常采取更换钞名的办法，换发新钞，如"贞祐宝券"、"兴定宝泉"等等，更特别的是发行绫制的"元光珍货"，号称珍货抵银。然而这些欺骗手段，终不会有什么效果，钞券仍然变成旧纸。哀宗正大年间（1224年后）民间交易完全改用银了。

元朝的货币制度以纸币为主，规定公私都行使纸币。太宗八年（1236年）开始发行交钞，宪宗三年（1253年）设立交钞提举司，增发以应国用。世祖中统元年（1260年）发行"中统元宝"交钞，收回以前所发旧钞。中统钞由十文至二贯

46

文[1]，分为十种，不限年月，诸路（路为地方行政区划名）通用，赋税全可以此交纳，并禁止民间买卖金银，凡应以钱支付的都用钞支付。各路都设有"平准行用库"，给钞一万二千锭[2]，作为钞本，用以调剂物价，便于推行钞法。其后至元十二年（1275年）添发厘钞（二文、三文、五文），后因使用不便而于十五年废止。中统钞的面额虽指的钱文，但它的钞本是以银锭为准的，这意味着货币向银本位的方向过渡。中统钞可向各路钞库兑换金银，但禁止金银流通。最初中统钞发行不多，并且用银作保证，并时常以银收回旧纸钞，即"银钞相权法"，故钞价稳定。

元世祖至元十三年（1276年）灭南宋，为了建立其大元帝国统一的权威，进行了一次大的币制改革。首先是收兑当时江南流通的纸币，即关子和会子；其次是禁用铜钱；再次是将中统钞改用铜版印刷。这样，全国流通中都是用的统一的纸币，发行额大增，在当时几年内纸币的购买力也是相当稳定的。

至元十九年颁行整治钞法条文，并规定金银收兑价格，白银每两钞价一贯九百五十文，黄金每两钞价十四贯八百文，官库的买卖价据此稍有上下差别。可见当时的金银比价为一比七点五。

至元二十四年（1287年）又继续改革币制，发行"至元宝钞"，面额为五文至二贯共十一等，与中统钞并行。至元钞一贯当中统钞五贯，二贯当白银一两，二十贯当黄金一两。可见当时金银比价为一比十。至元钞一贯当中统钞五贯，想见那时

---

① 这里的"文"是钞文，虚名，非指铜钱一文，元朝当时不用钱。
② 中统交钞以银为准，名为银钞，银一两值一千文，五十贯为一锭，即银五十两。

当局承认物价至少比十年前上涨了五倍，实际上纸币贬值的程度尚不止此，因当时连年对安南、日本用兵，军费浩大，财政不足，纸币膨胀势所难免。

至元钞发行二十年后，钞价继续低落，不但物价上涨，货币流通也发生阻滞。元朝廷不得不再作一次货币改革。武宗至大二年（1309年）又发行"至大银钞"，自一厘至二两分为十三等。银钞每两合至元钞五贯，或白银一两，或黄金一钱。同时铸造两种铜币，即"至大通宝"和"大元通宝"。至大通宝一文当银钞一厘；大元通宝每枚当至大通宝十文。并恢复历朝古钱流通，限期将中统钞收回。随路立平准行用库，买卖金银，调换纸钞。改革后的这种币制更接近银本位制，白银成为价值尺度，但不许私相买卖，使用时要先换成纸钞。然而这种银钞制只是昙花一现，武宗死（1311年）后，仁宗即位就废止了银钞和铜钱，恢复了中统钞和至元钞。金银不准运出国境，在国内也不准自由流通，必先换成纸币才能交易。

顺帝即位，朝政失修，加以各路连年水旱为灾，国用困难，只有靠发行纸币过日子。纸币发行越多，越不值钱，至正十年江南米价每石值中统钞六十七贯，等于中统初年的六十七倍①。这一年十一月更发新钞，名为"至正交钞"。同时发行"至正通宝"铜钱。至正钞一贯当铜钱一千文。当时正值国内大乱，群雄并起，政府为了军储供给，赏赐犒劳，每日印钞，不计其数。新旧交钞散满人间，京师一带以交钞十锭尚不能易斗粟，继而各地皆以物品相交易，钞法全毁，敝如废纸，国用更加困难。不久，元朝就灭亡了②。

---

① 见彭信威《中国货币史》，第600页。
② 《元史·食货志·钞法》。

统观元代币制，经过三次改革，却始终在于推行纸币制度。当时的中统钞和至元钞，除少数边陲如云南尚使用实物货币及贝币外，全国通行，基本上达到全国的货币统一。中国自五代两宋以来，三百年间的货币流通处于分散混乱的状态，到元朝才完成这一需要已久的统一。从当时的历史条件来看也只能统一于纸币，其他的金、银、铜钱都不能凭借政府权力，使之具有这种一统的力量。然而纸币的稳定和顺利流通，全赖以金银为后盾，即使不可能随时兑换，也要官府通过金银的投放和收回，随时调节纸币的社会流通数量，不使之过多或过少。元朝最初发行纸钞的二十余年间，尚能维持其相对稳定，此后由于巨额的军队供养，宫廷开支和军功赏赐等，致国家全年的财政收入半年用尽，这就不能不乞救于纸钞的发行。同时连年征战，经济停滞，人民不得休养生息，而元朝统治者的剥削压榨程度却比以前各朝代更为严酷。这就必然导致其总崩溃，纸币的通货膨胀，只不过是其中的一个必然现象而已。

第四节 信用业务的发展和信用机构

唐代经济发展，对内对外商业发达，各种信用业务都有空前的发展。当时长安有东西两市，市上聚集着各种商店，其中还有波斯商人开设的。这些商铺兼营存款放款、兑换等业务，形成中国初期的金融市场。这时的借贷活动仍以富商、高利贷者为主要债主，庙观僧道和豪吏也放款牟利；放款的对象主要是农民和小工商业者。唐朝还实行政府拨给各级机关"公廨本钱"①，

---

① 《唐会要》卷93"武德元年十二月置公廨本钱，以诸州令史主之，号捉钱令史"。

放债牟利，以供补充官吏薪俸之用，成为以盈利为目的的政府信贷机构。

各种贷放业多半仍是信用放款，但唐代已出现了"质库"，即后世的典当业，这就属于抵押放款了。史书上记载，魏征的玄孙曾以祖传房屋作质，向人借钱①。这属于用不动产作贷款抵押。至于存款业务，当时也有扩大，除寺、观、庙院仍保管善男信女的钱财外，信誉较著的大商业店铺也接受存款，存款人大都是交易往来的商户。另外，唐时还有一种"柜坊"，专门代人保管财物，也接受钱财并代为运用，这就具有信用机构的性质了。当时的存户可以凭书帖命令商店将其所存财物支付给第三人，类似现代的支票，这为款项的移转提供了便利。

唐代的大都市如长安、苏州、扬州等都有许多金银匠人组成的金银铺店，以制作器皿首饰为业。它们既然以金银作料，自然发生金银的买卖，金银便当作商品买卖。随着唐代经济的发展，金银的使用逐渐广泛起来，金银就具有一定的货币性质，买卖生金银也包含着货币兑换的性质。这种金银店铺的财力逐步增大，则兼营存款放款业务也是必然趋势。

唐代信用业务发展的一个重要标志，是汇兑业务的产生。唐时的商业比以前发达，当时还没有纸币，携带金银铜钱到异地贸易很不方便，又因那时钱币缺乏，并常有禁止钱币出境的事情，因而发生了汇兑的办法，当时称为"飞钱"②。唐代各道的军政机关都在京师设有进贡院，是地方设在中央的联络处。商人把钱交给本道的进贡院，取得证券，就可凭券回到该

---

① 《资治通鉴》卷237："魏征玄孙稠贫甚，以故第质钱于人。……出内库钱二千缗，赎赐魏稠，仍禁质卖。"

② 《新唐书·食货志4》："宪宗以钱少，复禁用铜器，时商贾至京师，委钱诸道进奏院及诸军使，富家以轻装趋四方，合券乃取之，号飞钱。"

道的相应机关领款。经营这种飞钱的除各道进贡院外，还有各军各使及户部、度支、盐铁等政府部门。当时也有商人办理飞钱的，因他们在各道有联号或交易往来，为避免现金的运送也从事这类汇兑业务。这种飞钱，都是平价汇兑，不收汇费，但古时交通不便，往往一两个月后才合券付款，事实上中间已包含利息收益了。

金融事业的几种主要业务——存款、放款、汇兑和买卖生金银，在一千多年前的唐代都已经有了。当然这些业务都是具体而微，稍具雏形，与近代并不相同，当时没有一种真正的信用机构来专门办理各项业务，而只是由政府和商人为了自身的需要附带地经办一些有关事项而已。

宋代的商品生产和流通较唐时有所发展，流通中的货币数量也大有增加，但在信用事业上却发展缓慢，基本上和唐代一样，只是在政府放款方面比以前制度化了。王安石制定的市易法和青苗法都是有关政府信用的法令。市易法规定：人民以田宅金帛为抵押向地方政府赊贷财货，年息二分，过期不输息，每月罚钱2％。青苗法是农业贷款，春天发放秋天收回，利率二分（期限半年，等于年息四分）。但这些改革办法行之不久即受到保守派的攻击，反对者最大的理由说是政府"与民争利"，"生事扰民"。其实，如果说是"争利"，也是和当时的大地主及高利贷者争利，至于实行这些办法是否困扰人民，也很难说，我们这里不必评论。

一般民间放款者仍以富裕商民为主，寺僧放款也相当普遍。当时寺庙的财力逊于南北朝和唐代，但仍是相当富足的。私人放款一般是月息三分，利息率的水平比唐代稍有降低，这可能是由于宋代的社会货币数量增多，比唐时容易得到借款的

51

缘故。同时宋代的市民和农民对豪绅贵族和地主的依附关系稍有松弛，举债时有较多选择的机会。

当时存款事业仍不发达。南宋时战乱不止，纸币膨胀，人民只好随来随用，不愿保存，对金银则多窖藏。据传当时购买旧房宅如果是未发掘过的，除房价外另增加"掘钱"若干，可见窖藏风气之盛①。

两宋的钱币复杂，除金银以外，还有铜钱、铁钱，并各有大钱小钱的区别，因而兑换业是很需要的，而且当时盛行纸币，持旧券换新的人也不可能都到政府机关去办，也要有一种代理兑换的中介，因而宋代的兑换买卖很发达。除唐代传下来的"金银铺"外，南宋时还有一种"交引铺"（或称"金银交引铺"，"金银钱交易铺"，"金银盐钞引交易铺"）。因为宋朝除了金银的买卖兑换外，还有各种钞引的买卖。所谓钞引，就是一种贩卖特许证，商人交费领到茶引或盐钞后，才允许到茶场或盐场去贩卖。当时贩卖茶盐是很赚钱的事，所以茶引和盐钞就成了商品，在金银铺中买卖。同时也可用盐钞、茶引兑换纸币。据《东京梦华录》记载，北宋时金银铺"屋宇雄壮，门庭广阔，望之森然，每一交易，动辄千万，骇人闻见"。可知当时金银兑换业务的兴盛。小规模的兑换业还有一种"柜坊"，也有称"兑坊"的，但稗史中常把"柜坊"和"赌坊"、"勾栏"等列在一起，好象是一种不正当的营业②。

宋初的汇兑业务和唐宪宗时飞钱办法相似，人民在京师向左藏库交付现款，到各州去取现，名为"便换"。开宝三年（970年）政府设立"便钱务"，专门办理这项业务，最盛时每年汇兑

① 见彭信威《中国货币史》，第536页及原注。
② 见彭信威《中国货币史》，第536—537页。

52

总额可达二百余万贯①。后来因各州兑现常有阻碍，又因交子会子等纸币流行，便利了长途携带，专门的便换业务就渐渐衰落了。

与宋同时的金朝在信用事业方面也和宋朝一样，没有什么发展，只有典当事业不但民间经营，还有官营的。金世宗大定十三年（1173年），因民间质典利息太重，下令在中都南京（即汴京）、东平、真定等处，设置质典库，称为"流泉"，押款照质物的七成估价，月息一分，过了两年又一个月不赎就下架质押的物品出卖。这种措施对私商典当并没有很大影响，因公办的事业总有衙门作风，小民出入常受勒索，而且公典仅设置在几个重要城镇，不能满足各地的需要，所以小民为解救燃眉之急，仍多忍受月息五分到八分的高利盘剥。

元代四方用兵，赋税特重，迫得人民借钱纳税，债主就乘势提高利息，很多是月息八分，一年翻一倍，俗称"羊羔息"。至元三年（1266年）下诏重申民间贷款限收息三分，虽超过年限，最多以一本一利为原则②。但一般放债人，利用"本利相侔"的原则，每次放款总要本利对倍，逾期就要债务人另立新借据，这就成为复利息了。债务人不能偿还时，债主往往侵占其财产，掠夺其子女为奴。

元代的典当业名为"解典铺"或"解库"，它们除抵押放款外也做普通的信用放款。信用放款的利息反比质押低些，这可能是对信誉较好的商人或富裕阶层的一种优待。开设典当铺的人是有相当势力的官员和商人，寺观的僧道也仍多经营这种事业。

① 《宋史·食货志下·钱币》。
② 《元史·刑法志·禁令》。

53

元代经营兑换业的是"银铺"或"银匠铺"。自金元以来白银的使用远过于黄金，所以唐宋时的金银铺改称银铺，它们仍作黄金的买卖和兑换。在民间使用铜钱时，当然也有铜钱的兑换。

综上所述，可知我国的信用事业，自唐以后，历经五代、两宋、金元各朝，三百多年间虽有一定的发展，但很缓慢，没有明显的突变。除古老的典当业外，并未产生其他正式的信用机构，封建制度的牢固统治，使信用事业不可能出现长足的进步。欧洲在十二三世纪，封建制度已有开始瓦解的迹象，城市国家先后兴起，工商业发展加快，无论在存款、放款、汇兑、兑换和金银买卖等方面，都比当时的中国繁盛得多。那时欧洲除典当业外，还有规模较大的兑换机构从事各国金银货币兑换、吸收存款、代理客商结算和汇兑业务。十二世纪的威尼斯共和国还产生了放款团的组织，是一种大规模的金融机构。到十三世纪我国元朝统治时期，西方金融事业的发展情况就更把中国抛到后面了。

第三章 明朝的货币和信用

处于封建社会后期的明代经济，在开国之初曾有迅速飞恢复和发展，进入十五世纪以后，经济又一度进展，手工业和商业的发展更为显著。这种发展，标志着当时中国社会出现了资本主义的萌芽。与这个时期的历史特点相适应，在货币信用方面，虽然延续着宋元以来紊乱的货币制度和封建剥削的高利贷信用，但另一方面，也随着经济的发展，产生了一些新的变化，如白银作为货币的广泛流通，新的信用机构钱庄的兴起等。

第一节 铜铸币和纸币

纵观整个明朝的货币，既有铜钱，又有纸币，还有白银。开国之初使用铜钱，不久发行"大明宝钞"，钱钞兼行。此后，由于钞币发行过多，流通受阻，朝廷为了推行宝钞流通，曾几次禁用铜钱，但终无效。对于金银，也曾多次明令禁止使用，并规定对违令者处以重刑，但由于生产的发展和纸钞信用的低落，民间交易用银一直未断，而且范围越来越大，到了英宗正统元年（1436年）不得不弛其禁，于是白银作为货币便公开地广泛地流通起来。

一、各种铜铸币

元末诸雄割据，多铸造钱币，如张士诚、陈友谅、韩林儿

55

等，均制造过小平钱，折二折三钱，各在其割据地区通行。朱元璋称帝之前为吴国公时（元至正二十一年，公元1361年）也在应天府设宝源局，铸造"大中通宝"钱，与历代的铜钱一起使用。即位之初，铸造"洪武通宝"钱，其制分为五种：当十重一两，当五重五钱，当三重三钱，当二重二钱，小钱重一钱，实重和名义是一致的。各行省皆设宝泉局和宝源局铸钱，并严禁私铸。洪武四年（1371年）将大中、洪武大钱改铸成小钱。当时因铜料缺乏，中央和各省铸钱都不多，不能适应经济恢复和发展的需要，朝廷曾勒令人民献出铜器，而官吏乘势侵扰，民甚苦之。又因商贾沿元朝旧制，习惯用钞，对用钱感到不便，乃于洪武八年发行"大明宝钞"，命民间通行。同时停止宝源局铸钱，至第二年各省铸局亦停止。十年，恢复各省的宝泉局，专铸一文小钱，与宝钞并行。

纸币发行后不久，流通即不顺畅，明廷为了推行钞法，屡次下令禁止铜钱流通。洪武二十七年（1394年）第一次禁止使用铜钱，至宣德十年（1435年）始弛其禁。当时宝钞购买力继续下跌，民间交易仍用铜钱，正统十三年（1448年）再次禁止使用铜钱，到天顺四年（1460年）才解其禁。景泰年间（1450—1456年）以钞法不通，复行禁止铜钱，不久又准许使用。

洪武以后，至正德止，在成祖永乐年间（1403—1424年）、宣宗宣德年间（1426—1435年）和孝宗弘治十六年（1503年），各依其年号铸钱。永乐钱只有小平钱，没有折二以上的大钱，钱的制作精整划一，板别很少。宣德钱的数量板别都比较多，但精整远不如永乐钱。弘治十六年铸的"弘治通宝"钱，每文重一钱二分，铸钱每生铜一斤加好锡二两，铸出的钱为黄铜钱。世宗（嘉靖）以后，每个皇帝都铸钱。天启朝还铸过当

56

十、当百、当千大钱①。明末钱制复杂，特别是崇祯钱，是中国铜钱中最复杂的一种，文字、制作、大小、轻重、厚薄，千变万化。单就钱背的文字来说就有几十种，有纪局名和地名的等等。崇祯钱初重一钱三分，三年后减重为一钱或八分。除小钱外，还有折二、当五、当十三种大钱。此外，南明诸王（唐王、福王、永明王）和李自成、张献忠等都曾铸钱。

明代因行钞法，故制钱（即明朝所铸）的铸造很少，不但比不上宋代，也远不如汉唐。明代通行的制钱只占一小部分，大部分是唐宋钱，尤其是宋钱。自洪武至万历的官铸铜钱，采取非常紧缩而慎重的政策，各代所铸通宝钱的数量都不多，而且正统、景泰、天顺、成化四代五十多年不曾铸钱，各年号所铸的制钱基本上保持其重量和质量，折二以上的大钱甚少，因而钱的价值稳定，例如江南米价，洪武初到成化年间，每斗约在五十文到七十文之间，变动不大。明政府因推行纸钞，所以能保持铜钱相当高的购买力，同时期铜价也有上升，洪武初一百斤铜值银五两，到万历年间值银十两，所以制钱及唐宋钱都受人欢迎②。然而这一时期私铸的薄小铜钱却越来越多，虽然几次严令禁止，但因好钱不足需要，也就无法堵塞恶钱的流通。同时，在不同地区还流通着不同种类的钱币，例如南方某些地方习惯上流行宋钱，某些地区普遍行使着私铸的钱。明朝自万历时起规定古钱只准民间行使，输税赎罪都必须用制钱。天启、崇祯两代熔毁古钱充铜，广铸制钱，到明末市面上就不见古钱的踪迹了。《明史·食货志·铸钞》说："盖自隋世尽销古钱，至是凡再见云"。可知这也算是币制史上值得一提的事。

① 《明史·食货志·钱钞》。
② 见彭信威《中国货币史》，第677—683页。

57

69

明朝自始至终一直严重地存在着铜钱的私铸问题，这一方面是由于"大明宝钞"不断贬值，另一方面又由于官铸的钱不足使用。私铸宋钱者尤多。据史书记载，从洪武之初至崇祯之末，明廷曾屡次下令禁止私铸，如洪武元年和六年，"严私铸之禁"，"禁民间私铸铜钱"；正德到嘉靖年间又多次重申"严私铸假钱及商贾贩解之禁"，嘉靖四十三年，对宝源局匠役等人侵料减工，致使铜钱"轻小滥恶不堪行使者，送法司从重问罪"；崇祯十六年"再行申饬：将一切低假薄小之钱，概禁行用。"①由此可见，整个明代私铸盛行，屡禁无效，以致滥恶之钱充斥市面。嘉靖十五年（1536年）巡城御史阎邻等人说，京师之钱，轻裂薄小，触手可碎，文字虽存，而点划莫辨，甚则不用铜而用铅铁，不以铸而以剪裁，每三百文才值银一钱，制钱旧钱反为壅遏②。更为严重的是，政府贪图铸钱的"溢利"，放纵私铸，致"开局遍天下，重课钱息"。造币当局的官吏，也多与工匠相结托，以营私舞弊。天启（1621—1627年）以后，舞弊现象特别严重，为此官铸的铜钱，也非常滥恶。如天启新钱，大都铜止二三，铅砂七八，其脆薄则掷地可碎，其轻小则百文不盈寸③。

二、纸币——大明宝钞

明初置局铸钱，拟以铜钱行使全国，但由于铜料不足，洪武八年（1375年）始立钞局，造"大明宝钞"。整个明代二百多年间，只用这一种钞票，不象元代的纸币改过几次名称。钞面额以一贯为最高，即使后来纸钞膨胀时，也没有发行大额钞。"大明宝钞"分为六种面额，即一百文、二百文、三百文、四

---

① 《明会要》。卷55，食货3，钱禁。
②③ 见《续文献通考·钱币考》。

百文、五百文、一贯。规定钞一贯合铜钱一千文，或白银一两；四贯合黄金一两。金银只能用来领用钞票，而不准流通。洪武十年（1377年）又规定，一百文以下的数目专用铜钱支付。商税的输纳，七成用钞，三成用钱。二十二年（1371年）加发小钞，分十文、二十文、三十文、四十文、五十文，共五种。

"大明宝钞"是用桑皮纸印制的。一贯钞长约一尺，宽约六寸，要算中国历史上最大的钞票。宝钞四周有龙纹花栏，上面横题"大明通行宝钞"六字，花纹栏内篆书"大明宝钞，天下流行"字样，中间书"一贯"两个大字和钱贯图样，下部印为"中书省（十三年以后改成户部）奉准印造，与制钱通行使用，伪造者斩，告捕者赏银二百五十两①，仍给犯人财产。"末有洪武年月日。以后各代发行的不改变洪武年号。一贯以下的小钞，比一贯钞小得多，书明文数，其他形制方面与一贯钞没有多大区别。

洪武十三年（1380年）立"倒钞法"，就是将破旧的钞票易换新钞。自有纸币流通以来，历代都有这种倒钞法。明朝承袭元朝的办法，每贯收工墨费三十文，五百文以下递减。但因明朝的宝钞不分界而永远流通，所以旧钞越来越多，为此，倒钞法申明：对于破软之钞，只要它贯百（金额之文字）分明，而非挑描剜补者，于民间之交易与商税之纳付，均得行使之；贯百昏烂者，始许调换。然而其后在民间以昏烂之钞买商品时，

① 《明史·食货志》和《明会典》都载赏银二十五两。实物和史书记载不一致，也没有明确统一的解释。彭信威讲，也许初定赏格时，沿袭元代五锭的标准（元代一锭是五十两，而明代一锭是五贯），后来发现二十五贯太少，乃改为二百五十贯。不过二十五两之说也可能是误记。见彭信威《中国货币史》，第633页。

显然商品的价格提高，缴纳商税时，税务人员利用新旧钞价格的不同，强迫人民用新钞，从中舞弊取利。因此，纸币的流通更加阻滞。二十四年（1391年）明政府命户部申明禁令，明确规定：收税之际，凡钞之字贯真伪可辨者，则不问破烂、油污、水迹、纸补，全可收受，故意阻之者有罪。但交易时新旧钞之间仍有差价，最多时旧钞只抵新钞的三分之一或二分之一。

"大明宝钞"发行后不久，就因发行过多，导致纸币膨胀，流通阻滞。纸币的膨胀，首先表现在钞票对铜钱的价格上。洪武八年，钞一贯值铜钱一千文，三十年只值七十一文，宣德以后更降到十文以下，到世宗嘉靖十四年（1535年）宝钞一千贯只值铜钱二百八十文，即铜钱对钞票涨了三千五百七十倍。纸币的膨胀还表现在官俸的支付上。明朝的官俸是用米计算而用宝钞折付的。洪武年间一贯抵米一石，到永乐年间（1403——1424年）改为十贯一石，洪熙元年（1425年）加为二十五贯一石。这就是说，五十年间按钞计算的米价涨成二十五倍[1]。

明朝纸币的膨胀，以洪武、永乐两代最为严重，这是有其客观原因的。洪武时国内战争尚未平息，征战频繁，每次战役都动员数十万军队，耗费巨大资财。永乐时经营北京的建设，规模过分庞大，动员几百万民工大兴土木，糜费国帑。这种军事和建设的膨胀导致了通货膨胀。以后各代为弥补财政亏绌继续增加发行，纸币的购买力更形低落。正统年间内外又有军事，钞价急转直下，弘治以后就不值分文了。

明政府为推行钞法，面对人民重钱轻钞，钞币流通阻滞的现象，采取了一系列措施。除上述铸造厂几次停铸外，还有下

---

① 见彭信威《中国货币史》，第667—673页。

面四种：第一，禁止铜钱流通。洪武二十七年(1394年)八月，命令户部用宝钞收兑军民商贾所有的铜钱，禁止使用铜钱。对于行使或埋藏弃毁铜钱的人，以阻钞罪论处。这是明政府第一次禁用铜钱。然而由于宝钞仍在继续膨胀，单靠行政办法禁止铜钱流通是办不到的，甚至还会刺激钱价的上涨，于是不得不弛其禁。此后还有两次禁用铜钱，当然也没有奏效。第二，禁用金银。如前所述，宝钞发行之初，准许以金银易钞，但禁止民间以金银货物交易。洪武三十年（1397年）、永乐元年（1403年）、二年又几次申明禁止金银交易的命令，违者处以全家戍边，直至死刑。然而和禁止使用铜钱一样，也不能禁绝，反而白银的使用范围越来越广阔，最后迫使明政府不得不解除其禁令。第三，实行"户口食盐法"。户口食盐法就是"计口纳钞食盐"，全国成年人每月食盐一斤，纳钞一贯，未成年人减半，这样一年可收回宝钞两三万万贯。户口食盐法的提出，本为疏通钞币，解决"朝廷出钞过多，收敛无法，以致物重钞轻"的问题，实行的结果却成为一种财政政策，钞币发行数量仍不断增加，币值继续下跌。第四，增税和增设新税，并停止新钞的印造。为解决流通中钞币过多，洪熙元年（1425年）增征市肆课于店铺之税，宣德四年（1429年）又增设各种新税，这些税款都要以钞币交纳。此外，宣德三年停止新钞的印造，破烂钞则加以烧毁。上述种种措施，都为减少流通中的钞币，但都没有触及问题的本质，即钞币发行过多的问题，舍其源而逐其流，当然不会奏效。结果，钞币发行愈多，币值愈低。在这种情况下，民间交易使用铜钱和白银，尤其是白银的流通量大为增加，最后迫使明政府不得不顺应客观形势，放弃禁用铜钱金银交易的命令，孝宗弘治元年（1488年）以后，户口食盐价多改

61

为以银征收，穆宗隆庆三年（1569年）南京的新旧税尽折为银，"大明宝钞"遂告废绝。

纵观明朝自洪武以迄弘治，历时一百二十多年，是以纸钞和铜钱并行，而以钞为主的货币制度。这种制度如果能权衡得宜，维持钞和钱两者数量的一定比例关系，也可达到货币流通的相对稳定。然而明政府一面发钞过多，一面又铸钱过少，失去两者应有的平衡，就自然引起重钱轻钞的现象。当时不从减少宝钞发行着手，却屡次严令禁用铜钱，结果不但纸钞继续贬值，而且铜钱依旧行使。货币流通规律是不能由政府强制变更的。当时人民只有依靠钱和银的局部流通，才能享受一点物价比较稳定的生活，少遭一些通货膨胀的痛苦，比起元朝的情况要略胜一筹了。

第二节　商品经济的发展和
白银的广泛流通

一、商品经济的发展

明朝的建立，结束了落后的蒙古部族的残酷压迫和剥削，实行了一系列恢复和发展生产的措施，到洪武二十六年（1393年）便产生了"天下无闲田"的现象，到了永乐年间（1403—1424年），更是"宇内富庶，赋入盈羡，米粟自输京师数百万石，外府县仓廪蓄积甚丰，至红腐不可食。"[1] 直到孝宗弘治（1488—1505年），农业生产都是上升的趋势，保持着"百姓充实，府库衍溢"的景况。这些描写虽不免有溢美之辞，未

---

[1]　顾炎武《天下郡国利病书》。

足深信，但由此也可略知当时农业生产恢复和发展的一些气象。

明朝中叶以后，农业和手工业的发展水平都超过了历史上的任何时代。在农业方面，随着生产工具的改良和生产技术的进步，农作物的产量有了显著的增加。农业的发展，为手工业和商业的进一步分离提供了条件。在手工业方面，冶铁、铸铁和制瓷业都有了一定的发展，丝织业和棉纺织业更为发达。纺织业的中心苏、松、杭、嘉、湖一带，不少人"以机为田，以梭为耒"①，王江泾镇"多织绸收丝缟之利，居民可七千余家，不务耕绩"②。纺织业中，有以织布为业的机户，有专门从事棉花加工的轧花业与弹花业，有专门从事棉布加工的浆染业等等。在各行业内部，也有比较细密的分工。

随着商品生产的发展，雇佣劳动者出现了。从农业中分离出来的劳动力，除少数从事个体经营的手工业者以外，大多数成了靠出卖劳动力为生的雇佣劳动者。如万历年间，分散在苏州"机房"和"染坊"里的织工和染工就各有数千人，景德镇制瓷业的佣工更是"每日不下数万人"③。这些雇佣劳动者，"得业则生，失业则死"，或嗷嗷待雇于"自由"劳动力市场，或在雇主的作坊里从事着繁重紧张的劳作。

商品生产的发展，带来了商业的繁荣。这时候，虽然农业和手工业产品首先通过纳税供统治阶级"上用"，但商品经济确实有了相当的发展，粮食、棉花、生丝、蔗糖、绸缎、油料、木材、铜铁器、瓷器等农产品和手工业品以及各种工艺品，都

---

① 光绪《江西通志》，肃迁高《参内监疏》。
② 万历《秀水县志》卷1，《市镇》。
③ 见吕振羽《简明中国通史（下）》。

63

已成为重要的商品，投入市场，进行交换。其中江南松江的"绫布二物，衣被天下，家纺户织，远近流通"[①]，苏州的绫罗纱缎也是"产兼两邑，转贸四方"[②]，景德镇的瓷器更是"所被自燕云而北，南交趾，东际海，西被蜀，无所不至"[③]。随着商品数量的增加，商业资本也活跃起来，全国出现了更多的商人，其中多数是中小商人，也有拥资数万、数十万至百万的大商人。这些商人贩粮食、食盐、丝绸、棉布及其他各种商品，也经营典当业。在工商业集聚的地方，出现了一批工商业繁荣的城市。例如南京，为明初的首都，是个拥有百万人口的大工商业都市，南北商人都争相到这里经商，城内有手工业作坊多处，如锦绣坊、毡匠坊、铜作坊、银作坊、皮作坊等等[④]。明人绘制的《南都繁会图卷》画面上出现的幌子招牌竟达一百零九种之多，生动地反映了当时城市工商业繁荣的情景。由于城市的发展和人口的增加，连昔日"九轨可容"的街道也因民房店铺的拥占而变得窄小了。这个时期的对外贸易，也很活跃。永乐三年到宣德八年（1405年—1433年）的二十九年间，郑和等人七下"西洋"，经二十余国，远至东非海岸。郑和下西洋是我国对外贸易史上的壮举，为后人所称道。当时所带人员多达二千七百余人，分乘六十三艘大船，携带巨量金银和各种物品。成祖朱棣除派郑和等官家商队外，对中外商人往来货物，抽税6％（贡船）或12％（商船）后，听其自由贸易，这有助于对外贸易的发展。郑和以后，对外贸易全由私家商业资本经营。中国的商品，如瓷器、绢帛、棉布、铁器、铜器等等，都成了

---

① 徐光启《农政全书》引《松江志》。
② 嘉靖《吴邑志》，卷14，《土产》。
③ 王宗沐《江西省大志》，卷7，《陶政》。
④ 正德《江宁县志》，卷上。

64

朝鲜、日本及南洋、中亚、东非和欧洲各地的**生活必需品**，受到当地人们的欢迎。到武宗（1506—1521年）时，对外贸易更加发达，"番舶不绝于海澨，蛮人杂遝于州城"、泛海华商尤多，从这时起关税就成了政府的一笔重要的收入。

二、白银广泛的流通

宋朝时白银已具有货币的各种职能，到了明朝中叶以后，随着商品经济的发展，白银作为货币的使用，比起宋朝更加广泛。正如马克思所说："随着商品交换日益突破地方的限制，从而商品价值日益发展成为一般人类劳动的化身，货币形式也就日益转到那些天然适于执行一般等价物这种社会职能的商品身上，即转到贵金属身上。"[①] 因此，白银广泛深入的流通，首先是商品经济发展的结果；同时，由于白银更适于商品交换的需要，所以白银广泛深入的流通又促进了商品经济的发展。

明初曾用铜钱和宝钞，禁止民间以金银交易。虽然有金银折合大明宝钞的比价，但只能按价换钞行使，本身不准流通。后来由于钞币发行过多，通货膨胀，钞价贬值，铜钱又不便于大量和远距离的交易，于是白银日见流通于市场，许多地方甚至专用白银交易，政府虽有禁用金银的命令，但终不能阻止。因白银的使用在历史上已有数百年，特别是金元两代的银两制度在民间已根深蒂固，是不可能禁用的，到正统元年（1436年）不得不顺应已存在的形势，法律上准许用银，此后白银就很快地广泛流通起来。

明朝白银以锭为主，仿元代之法，铸成元宝形式。大元宝

---

① 马克思：《资本论》第1卷，《马克思恩格斯全集》第23卷，第107页。

一锭为五十两，小元宝有十两、五两的，银锭上有铸造地名、重量和银匠姓名。但使用时仍需秤量和鉴定成色。这种元宝银两一直沿袭到清末民初，成为近五百年间通用的银铸币形式。此外还铸有叶状形式的金银豆，银豆重量在三五分至一钱之间，用于零星交易和补足元宝的重量。又在永乐、万历、天启年间铸有银钱，与铜币形状相似，铸有年号通宝字样，但均流通不广。

明初赋税是征收实物粮食的。中国历来是南粮北运。由于交通不方便，那时每年北运四百万石粮食到北京，运费要几倍于粮价。因此，到了英宗正统元年（1436年），就下令南方产粮地区的江浙、湖广等省范围内不通舟楫地方的米麦用白银折纳，称"金花银"。四石粮折交一两银子。同时对于民间也放松了用银的禁令，于是公私都用白银。景泰三年（1452年），令官俸米准价折银。七年，因内帑贮钞不多，对北京文武群臣上年度的折俸钞，用白银支付。正德（1506—1521年）以后，官吏的俸给，十分之九支付白银，十分之一支付铜钱。嘉靖（1522—1566年）以后，白银在货币系统中成了主要的支付和流通工具，各种铜钱都同白银发生关系，规定比价，大数用银，小数用钱，好象是一种银两本位制（非近代意义上的银本位制）。这里应该指出，前面所说的"金花银"和官俸用银支付，表面上与商品经济的发展关系不大，其实不然。这是因为：第一，"金花银"和官俸折付银两，这两件事的本身，正是在商品经济已有发展，白银使用已日益广泛的基础上实行的，换言之，如无商品经济的发展和白银的广泛使用，就不会有"金花银"和用银支付官俸的出现；第二，过去赋税征收的实物粮食，除作军饷和供统治阶级食用以外，其中有很大一部分要以低价

66

卖得货币供给统治者挥霍。因此，把征收实物改折货币便日益成为统治者与广大农民的共同要求，于是随着商品经济的发展和白银的广泛流通，直接征收白银便成了顺理成章的事情。

到了明末，一些商品经济发达的地区进而出现了以银计价的货币地租。如广东租佃葵蒲田，"岁租每亩十四五两"[①]，葵蒲可作扇、帽、蓑笠、簟席、坐团，并可编屋，用途很多，行销很广，故租额颇高。官田的租课，也逐步以白银缴纳。实物地租向货币地租的转化，是在农产品的商品化有了较大发展的基础上产生的。马克思在《资本论》中指出："从产品地租到货币地租的转化，要以商业、城市工业、一般商品生产、从而货币流通有了比较显著的发展为前提。这种转化还要以产品有一个市场价格，并或多或少接近自己的价值出售为前提"。[②] 因此，以白银计价的货币地租的出现，是中国经济史上的一件大事，应该给予足够的重视。

同样值得重视的是，明朝嘉靖、隆庆、万历年间（1522—1620年），全国各地先后实行了新的赋役制度——一条鞭法，就是把所有的地租、贡纳、徭役、人头税等都归入田亩里面，计亩征银。这样，不仅相对减轻了农民的负担，同时进一步松弛了农民对封建国家的人身依附关系，使得农民生产的产品与市场的关系更加紧密。明初，全国户口分为军、民、匠三种。其中匠户就是专门为政府提供手工业生产劳动和宫廷的各种劳动的，他们又分为坐班匠和轮班匠。轮班匠要按规定充役，服务时间每年三个月，往返路程还要几个月。这种从元朝承袭下来的落后的匠役制度，严重地影响了生产的发展，它与

---

① 《广东新语》，卷26。

② 马克思：《资本论》第 3 卷，《马克思恩格斯全集》第25卷，第898页。

67

日益发展着的商品经济是不相容的，资本主义萌芽产生之后，矛盾更为突出。因此，工匠们一直在进行斗争，而且越来越激烈。到了宪宗成化二十一年（1485年）以后，官工业中的应役工匠便部分地出现了以银代役的情况，交纳代役银，就可以不再轮班充役。嘉靖八年（1529年）更正式下令废除轮班制，一律改纳"班匠银"，由政府用银雇人充役。这样，手工业工匠对于封建国家的隶属关系也相对地减轻，工匠们的技术和产品也可以更多地投入市场了。

在商品经济发展的条件下，也出现了以银计价的货币工资形式。明朝中叶以后，不仅官府手工业中的雇工已经用银计价，民间手工业作坊的一些雇工也用银作价了。那时候湖州等地出现了一批专替人养蚕、剪桑、缫丝的短工，他们的工资就是以银计算的。如养蚕一筐，佣金（即银）一两，缫丝一车，佣金六分，这是计件工资；缫丝的雇工每日工资六分，剪桑的雇工每日工资二分，这是计时工资。这些短工往往是在农闲时出来帮忙的人，他们与土地还没有脱离联系。苏州等地的丝织、浆染、榨油等行业中，已出现了一批与生产资料完全脱离，把劳动力作为商品出卖的手工业技术工人，他们也都是"计日受值"。例如万历时嘉兴石门镇的二十家大油坊专门榨油生利，雇佣着八百多人，油工的工资是"一夕作佣值二铢"（约合银九分）。再如明末毛晋所开办的大规模的印书工场，聚印匠二十人，印刷经籍，"广招刻工，……三分银刻一百字。"[①]

如上所述，明朝中叶以后白银广泛深入流通，这自然需要大大增加白银的数量，那么银从哪里来呢？第一，是政府库藏

---

① 徐康《前尘梦影录》下，转引自《明清社会经济形态的研究》，第83页。

银锭投入流通。明朝前期虽禁止白银在民间流通，但当时官库存银及以钞兑换所得的银两，为数颇不少，开放银禁后，一部分贮藏随着官俸的支付，军饷的发放而投到社会，死银交成活银，以供流通的需要。第二，万历年间大开银矿，产量大有增加。明初为推行钞法，甚至禁开银矿，然而由于国外和国内贸易的需要，对这种宝藏绝不能让它终埋地下。当十五、十六世纪的时候，全世界都兴起开矿的狂热，明政府阻挡不住这样的趋势，何况其自身也正需求白银呢！万历时的开矿运动，最初限于畿内，不久就推广到各省，大事调查矿脉，开采银矿。当时明廷腐败，多派宦官主持矿事，陋弊极多，影响很坏。开矿运动究竟增加了多少白银，无从查考，但总能抵充一部分流通中增长的需要。第三，外国白银的流入，可能是最主要的来源。明朝中叶以后，中国对外贸易出超，自然导致白银的输入；同时，嘉靖年间中国的金银比价为一比六到一比七之间，而日本由于当时白银增产，比价是一比十，从日本运银到中国是有利可图的。那时中国商人运货到日本换回白银，日本商人运银到中国买货都得到金银比例差额的额外利益。当时的葡萄牙人也从澳门把中国的丝绢运到日本售得白银再回澳门买中国丝绢。通过这些直接或间接的贸易往来，使大量白银流入中国。另外，那时美洲的白银通过西班牙葡萄牙等国的商人对华贸易以及菲律宾华侨对祖国的贸易，也有极大数量的白银输入中国。自隆庆五年（1571年）至明末的七八十年间，仅经菲律宾流入中国的美洲白银，估计在六千万披索以上，约合四千万库平两。此外还有英国通过东印度公司对华贸易也有些白银输入中国①。总之，明末大量白银输入，说明中国当时的商品经

① 见彭信威《中国货币史》，第709—710页。

69

济已发展到较高的水平，同时白银输入又促进了中国商品经济的发展。

　　白银的大量输入增加了银的流通数量，这就使金银比价发生了变化。明初规定金银比价为一比四，这可能是政府为推行纸钞有意抑低金价，实际上当时恐不会低于一比五。永乐宣德年间（十五世纪初）平均比价为一比六，嘉靖年间（十六世纪上半）比价为一比六至七，这时候外国白银大量流入，到隆庆万历年间（十六世纪下半）的比价上升为一比八。万历后期（十七世纪初）上升为一比十，到崇祯年间成为一比十三了①。金银比价的变化表明白银价值的下跌。从银两折合制钱数目的变化也可看出同样的趋势。洪武初银一两折合制钱一千文，弘治年间一两折合七八百文，万历以后钱价上涨，银价相对下降，到嘉靖时金背钱五文折银一分，一两白银只折合好钱五百文，仅为明初的一半。钱价上涨主要由于铜价的增高，上文已经说明。但这里应该注意的是，金银比价和银钱比价的这些变动，并不意味着白银购买力按比例下降，因为明朝后期百年间银两已成为主要货币，黄金不过是一种贵重的商品，铜钱虽在零星交易中广泛使用，但它在整个货币系统中已居于比较次要地位，所以白银作为货币的购买力并不随它与黄金铜钱的比价变化作同比例的下降。事实上明朝嘉靖以后的七八十年间以银两计算的米价每公石约值五钱到六钱白银之间，是相当稳定的。这在历史上也是比较罕见的现象。至于万历后期至末代崇祯由于对满洲用兵和镇压国内农民起义，更加天灾流行，这时期的物价上涨就不属于白银本身的购买力问题了。

------

①　见彭信威《中国货币史》，第714页。

第三节　典当业的发展和钱庄的兴起

明朝中叶以前的信用事业没有明显的发展，基本上仍是宋元时期的情况。中叶以后，适应当时经济的需要，旧有的典当业有了新的发展，同时还出现了专门从事钱币兑换业务的钱庄。

典当业是一种高利贷资本，在经济落后的中国向来相当发达。明朝时当铺的名称很多，如解库、解铺、典库、典铺、解典库、解当铺、当铺、质库、质铺、印子铺等。名称如此之多，正可从侧面说明典当业的发达。当铺的数目，在万历三十五年（1607年）仅河南一省就有二百十三家。这时的当铺，似乎已产生了等级，有所谓"巨典"、"短押"之类。在资本额方面，大概自一二千两到万两。天启年间（1621—1627年）因政府财政困难，拟向典铺征税，按照本钱数额税十分之一，预计可收二十万两，可见当时全国典当资本约为二千万两。

这时期典当业有一个新的特点，就是商人开始经营典当业并且成为这一行业的主要力量。过去经营典当业的多是地主官僚，随着商品经济的发展，社会上出现了一批商人，这些商人主要是贩粟、贩盐，其次就是经营典当业，再次才是贩卖丝绸、布匹及其他各种商品。

当铺的主要业务，自然是接当，但同时大概也作普通放款，甚至兼营各种副业，如买卖军粮，兑换铜钱等。有关这方面的记载很多，散见于一些野史中。所以当铺是当时的一种主要信用机构。

除典当业外，官僚地主也以私人放款形式进行重利盘剥。

71

明初的沈万三是著名的高利贷者，民间传说他有个聚宝盆，投入一锭银子，就能陆续取出无数锭的银子来，形象地说明他进行重利盘剥的"法术"。明中叶以后宦官权臣贪污之风超过历史上任何朝代，如刘瑾、严嵩等都富可敌国，以这类人们为中心，形成若干豪门巨室，他们除经营典当和开设店铺外，其"帐房"也直接从事信用放款，放款的对象多属官吏，供其向上级行贿或向朝廷贡献之用，当然也有些工商业者和中产阶级为一时急需而告贷的。

明朝放款的利息一般是月息二三分到五分，"大明律"规定，"凡私放钱债及典当财物，每月收利并不得超过三分，年月虽多，不过一本一利"。但事实上典当业的剥削不仅是利息，当物到期不能取赎，则归当铺处置，这项额外利益常倍于放款利息。信用放款也往往于对本对利后另立本利之和的新借据（实为复利），所谓不超过一本一利的规定，徒属具文而已。

钱庄是由于钱币的兑换而产生的一种新的更进步（对典当业而言）的信用机关。中国的兑换业渊源久远，唐宋时就有金银铺、兑坊之类的组织，经营部分兑换业务。贩卖铜钱，也有很久的历史。宋太平兴国时四川用铜钱换铁钱，淳化年间荆湖岭南用小钱换大钱，以及官吏们用俸钱来作兑换生意取利，这些都属于钱币兑换业务。明朝正统年间（1436—1449年），因为"大明宝钞"跌价，取消了用银的禁令，于是白银和铜钱公开合法流通。那时铜钱的种类和数量很多，不说私铸，仅就制钱而论就有金背、火漆、镟边等，钱的重量成色杂乱不一，制钱和私钱对白银的价格发生差异，而且时常变动，这给商品交换带来了很大的不便，因此出现了许多从事钱币兑换业的人。随着兑换业的发展，单靠换钱也可以维持生计的时候，自

72

然就有些人专门开起钱铺来了，这就是早期的钱庄。钱庄刚产生时，规模很小，但这是一种赚钱的事业。货币制度越复杂，钱庄的生意越兴隆，发展也就越快。

到了明末，钱庄已成为当时的主要信用机关，从事金银钱三者间的相互兑换业务。此外，钱庄还积极地揽作放款，对顾客提供鉴发帖子（如后世的支票）用款的便利。这时由于私钱盛行，小规模的兑钱铺也相当活跃。在明人绘制的《南都繁会图卷》的画面上，南市街的"钱庄"、"万源号通商银铺"、"兑换金珠"、"当"等号铺，同各种粮行、染坊、油坊等号铺混杂在一起，反映了明朝后期随着商品经济的发展，货币信用事业的活跃。钱庄为了广泛招徕顾客，在市招上写着"出入公平"字样，却从反面道出了在兑换金银钱的过程中克扣和盘剥的存在。

中国的钱庄和欧洲中世纪的银行，都是由钱币的兑换而发展起来的货币信用机关，但到明末，中国的钱庄和欧洲的银行相比，则有很大的差距，不仅规模小，营业范围也狭窄。欧洲的银行，由兑换发展出存放款及汇兑的业务来，而中国的钱庄，却只由兑换发展出放款来。存款业务仍没有进展，不论是公家或私人，都不愿意把钱存到素不相识的店铺里去。何况当时富有者的钱，多为"不义之财"，其来源不外贪污和受贿，要保守秘密。因此他们还是沿用祖传的老办法，把金银财宝埋入地下或藏在夹壁墙中。严嵩家财被抄时，仅从其子严世藩处所抄出的窖藏银两，用十条大船尚装载不完。至于汇兑，因为大面额的纸币可以代替汇票，所以自北宋以来一直没有人注意这种业务，明朝中叶纸币不行之后，才又恢复了汇兑的办法，但仍由政府办理，钱庄并没有把这种业务承担起来。

明朝中叶以后的放款，和过去一样，主要还是消费信用。

但由于手工业和商业的发展，对工商业用于生产流通方面的放款也有所增长，当时的大粮商、大盐商、大棉纱绸缎商等都兼作放款业务，放款给有关的手工业和小商业，从而取得业务上的联系，也或多或少地起着一定的操纵控制的作用。中小工商业宁愿把暂时闲置的款项存在巨商大贾的柜中，也不愿存在新兴的钱庄里。由于当时这种商业信用的存在，阻碍着钱庄吸收存款和对工商业放款业务的发展。至于那些大商业经营者的资本来源多出自达官显吏，他们不需要向钱庄借款。由此可见，中国的信用事业在资本主义萌芽时期就与官僚资本有着密切的联系。这一特点对后代的经济和金融事业有其重要的影响。

74

第四章 清代的通货

清代自开国以至道光之前（1644—1820年），基本上沿用明朝晚期的货币制度，即白银与铜钱平行流通，而以白银为主，铜钱只用作零星支付。到十九世纪，开始了复杂的变化，流通中的货币，既有银两，又有银元，既有制钱，又有铜元，既有国内纸钞，又有外国银行钞票，杂然并陈，纷乱繁复，是中国货币史上空前杂乱的现象。这种货币制度的逐渐变化和发展，动摇了长期封建社会中所成长的货币制度，演变为半殖民地半封建的货币流通，构成近代中国社会经济基础的一部分。

第一节 从银两到银元

一、清代的银两制度

如前章所述，白银的使用，经宋、元至明大为增加，清朝初年，政府的收入与支出，民间的贸易和往来，几乎都用白银，除小额零星支付用制钱外，白银成为最主要的流通货币。那时广泛流通的银锭，虽可称为铸币，但仍不具备现代本位货币的条件，这可从以下凡方面来说明。

（一）银两的形式名称和成色

清代的银两沿袭元明旧制，铸成锭形。大体可分为四种：一是"元宝"，也名"宝银"或"马蹄银"，每只重五十两；二是

75

87

中锭，重约十两，多为锤形，也有马蹄形的，叫做"小元宝"；三是"锞子"，有各种形状，以馒头形者为最多，重一二两至三五两不等；四是散碎银，重一两以下，其中小粒银称为"滴珠"或"宝珠"。这些都是铸银的总名称和一般形状，全国大体是一致的。然而我国的银锭，历代相沿，都由民间自由铸造或熔化，商民均可委托各地银炉办理，政府并不干涉，不象铜钱那样法定的由政府铸造，私铸私毁都是犯法行为。银锭的自由铸造，就必然会发生各地之间、各炉房之间的差异。虽同属一锭五十两的元宝银，但各地的名称重量和成色并不相同。据历史文献记载，康熙乾隆年间官私出入皆用"纹银"，而商民行使的十成、九成、八成不等，交易时按十成足纹，递相核算。民间于纹银之外，尚有各种名色，如江南有元丝银、湖广有盐撒银、陕甘有元镨银、云贵有石镨银和茶花银等等①。名色不一，折算极为不便。道光年间更为复杂。清末时银元虽已流行，而银两依然在大宗交易中广泛使用，当时全国各地各种银两的主要名色尚有一百多种，这是中国封建社会在货币制度方面最典型的反映，兹将清末五六十年间一部分主要城市使用的宝银名称和成色列表于下：(见表一)

（二）实银两和虚银两

清代银两的名称种类和成色的繁杂情况既如表一，然而问题的复杂还不止此，更有"实银两"与"虚银两"的区别。表一所列各大城市的宝银名称和成色大都是实银两，即清末五六十年中各地流通中的银元宝，它们的成色一般都在93%以上。虚银两则是徒有其名，并无其物，只是计算单位，实际不存在

---

① 《清朝文献通考》，卷16。

地　名	银　名	重　量　成　色　等
北　京	十足银	系公估局估定十两重之锭银，作为十足银行使，实际化验尚不足纯银九九。
天　津	松江银	当地通用为九七六，实则九七二。
	化宝银	成色作九九二，后来并无实银，专属转帐之用。
	白宝银	为足色现银，系本埠炉房所熔铸，市面通行。
济　南	高白宝	实际化验得纯银九九之谱。
开　封	元宝银	每锭重五十两左右，成色与北京公议十足相同。
太　原	周行足银	市面通行之银，原定名曰足宝，较当地最高成色之库宝每千两低色五两。
上　海	二七宝银	经银炉改铸本埠或外埠来宝，每锭重漕平五十两左右，送由公估局批过方能通行，其成色高者每只可批升水二两七钱五分，所以称为二七宝银。如成色较低批升水二两六钱五分者，亦能通用。苟成色不及二两六钱五分者，即退回不批。
杭　州	元宝银	系本地银庄所铸造，每锭重约五十两内外。
汉　口	公估二四宝银	系一种五十两重之大宝，如在上海，每宝可升水二两八钱，在汉口只升水四钱，扣去二两四钱计算，故名。
长　沙	用项银	即公议十足银，每锭重约十两左右，实际化验仅得纯银九九八。
广　州	蕃纹、关纹	
重　庆	足色票银	即九七平十两重足色锭银，旧者称为老票银，新铸者称为新票银。
西　安	十足银	每锭公估局估定十足，每锭重五两左右，成色不一，惟永兴庆倾化者成色较高，市面最为通用。
营　口	现宝银	系本地各银炉所倾铸者，每锭重五十二两左右，成色约九九二，市面通用。

这样的元宝银，是中央或地方政府所定，或人民公认的一种通行标准银，用作计算的单位，在帐务处理上具有重要的意义。虚银两的名目繁多，我们这里只说明几种最主要的，即纹银、海关银、九八规元、行化银和洋例银。

纹银：是清政府法定的一种银两标准成色，起源于康熙年

77

间，虽号称"十足纹银"，但据印度造币厂的分析和计算，其成色约为九三五点三七四，即每千两纹银含有九百三十五两三钱七分四厘的纯银，所以习惯上每百两纹银须升水六两才等于足银，这是虚银两最早的一种。各地实际使用宝银多半比纹银的成色为高，所以折合标准纹银要有升水，例如上海通用的元宝，称为二七宝银，即每锭五十两的元宝须升水二两七钱，合纹银五十二两七钱，每百两等于标准纹银一百零五两四钱。其他各地宝钱有称为二四银、二六银、二八银者，均可以此类推。

海关银：起源于中外通商的条约规定，为海关进出口课税的标准银。因当时中国各地使用的银两千差万别，所以在道光年间和英国订立的条约中有课税银两的标准，规定每海关两的重量为五八三点三英厘（后来中国借外债时改定每海关两标准重量为五八一点四七英厘，即三七点六八克），名为纯银，但成色约为98%。事实上各地海关于收纳时对重量成色仍有几许差别，按各地通用宝银或银元折合计算，兑价由海关当局规定。清朝末叶所借外债及赔款多以海关银为准。

上海九八规元：（或称九八规银），是上海通行的一种虚银两。规银的来源说法不一，大概是道光年间在上海经营豆类的东北商人，年终时急欲得现银北返，不惜以九八折算，名为九八豆规元，后来租界成立，商业日繁，这种豆商的帮规就因习惯相沿而普及到整个商业界。咸丰年间上海外国银行及商界公决，将往来帐目一律改为按通行的规元计算。例如一锭上海通行的二七宝银等于五十二两七钱纹银，再以百分之九十八除之，所得五三点七七五五即规元数目。换言之，一锭五十两重的二七宝银就等于规元五十三两七钱七分五厘五毫。因九八规元的成色较纹银低2%，而纹银的成色为九三五点三七四，则规元的成色为九一六点六六六。规元在上海金融界具有极重要的地位，转帐汇划都用它作单位。从1858年一直延续到1933年"废两改元"才终止这段历史。

天津行化银：是天津专用作记帐单位的虚银两，成色约等于二四宝，早先可能有这种铸锭，但后来就不见现货了。天津实际授受的银锭是"白宝银"，属于二八宝，行化虚银是二四宝，所以白宝五十两的银锭作为行化五十两四钱使用。

汉口洋例银：是汉口所通用的虚银两。汉口在开埠以前，银色杂乱无一定标准，至开埠通商后，银炉和公估局也相继成立，才有平色划一的公估二四宝银。但外国商人不熟悉内地习惯，要求汉口商人依上海规元之例，以当时流通的估宝九百八十两升成洋例银千两，此后相沿为习惯，就成为虚拟的标准银。

（三）平砝（秤）

清代对银两使用的平砝各地不同，虽然同属一两的重量，但因各种秤的标准不一样，其间就发生微小的差异。一两银的分量差异固不足道，然而积少成多，若成千上万两的差额那就不能不加计算了。清末各地使用的平砝不下百余种，现就其中主要的来看，大致可分为库平、关平、漕平和市平四种。这里略述其梗概。

库平是清政府征收各项租税时使用的官平，为全国纳税的标准。但中央与地方的库平也有大小差别，甲省与乙省又不相同，同一省内还有藩库平、道库平、盐库平等等差异。《马关条约》规定清中央政府库平一两为三七五点八二英厘，即三七点三一二五六克。但地方库平大小不一，例如广东库平比之要大些，而宁波库平比之要小些。光绪三十四年（1908年）农工商部和度支部拟定划一度量衡制度，规定库平一两等于三七点三〇一克。

关平即海关所使用的平砝，是根据中外通商条约规定的标准重量，较中央库平稍大，每两重为五八一点四七英厘，即三七点六八克（最初规定每两重583.3英厘）。各地海关使用的关平略有差别。关银百两合上海规元一百一十一两四钱。

漕平是漕米改征折色以后所用的标准，秤重较其他平砝小，上海漕平一两约合五六五点七三英厘，即三六点二九克。

市平是各地市场通用的秤，名目繁多，不胜枚举。其重要的有公砝平（北京、天津等地通用）、公估平（汉口等地盛行）、司码平（广东通用）等。

银两的成色本已纷乱，而平砝又有差异，这是银两制度本身不能克服的缺点，也是封建区域色彩所造成的。清代道光咸丰以后，外国资本主义势力侵入，把已经纷乱的银两制度更加了一层殖民地的色彩，如海关银、九八规元、洋例银等等。对当时这些五花八门的情况，虽老于此道者也难穷究其原委。现将一部分主要城市流通的银两（实或虚银两）折合为京、津、沪三地的银两数列表于后，由此可略窥一斑。（见表二）

（四）银炉和公估局

银炉又名炉房，以铸造元宝银为本业，元明时期已经有这样的行业，到清朝就更加普遍。清代银炉有官设和私设两种组织。官办银炉多附属于藩库、关局及后来的官银钱号等机关内。私办银炉有个人出资开设的，也有当地银钱业几家联合设立的。银炉铸造宝锭可自购生银，当时多用外国进口的大条银，从美国和英国输入的大条银每条重一千两，成色约为九九九，高于中国各地宝银。银炉铸成元宝后转卖于市场；也可受银钱

80

（表二）各地流通银两合京津沪银两数表

地　名	平砝名称	每千两合上海九八规元	每千两合北京公砝平	每千两合天津行化平	与库平一千两成色比较
上　海	九八规元	—	945.51	943.35	—
北　京	京公砝平	1022.45	—	998.00	965.25
天　津	行　平	1059.70	1020.00	—	967.18
济　南	济　平	1078.50	1020.40	1019.35	998.46
开　封	二六沣平	1073.50	—	1009.00	975.87
太　原	库　平	1096.00	1036.00	1034.00	1000.00
杭　州	司库平	1096.00	1036.00	1034.00	—
汉　口	洋　例	966.70	978.40	976.08	—
重　庆	九七平	1053.40	996.00	994.00	—
西　安	陕议平	1050.42	996.02	994.04	—
营　口	营　平	1058.17	1000.50	998.51	965.73
长　春	宽　平	1051.02	993.64	991.68	957.60

业、商店和私人的委托，以外地银两或银器等改铸为大小银锭，按定例收取铸造费。后一种情况较多，因为这是信托性质，不需要很多资本就可以开设银炉。当然这也必须与当地银钱业有密切的联系，引为后援，才能顺利经营。

清初定章各地银炉须先经户部许可发给执照才能开业，银炉有定额，不得任意增设，例如北京只许二十六家开业，但到清末，朝廷法令渐弛，未经户部核准而私设的比比皆是，政府也不加干涉。银炉对所铸银锭的重量成色自负责任，在银锭外部均刻有铸造所在地和银炉名号为标志。

清朝中叶当银行尚未出现之前，银炉业在金融界具有特殊的势力，尤其是北方如京、津、营口等地的银炉，多兼营存款、放款和汇兑业务，甚至发行流通票据，与当时的银钱庄号相抗衡，俨然成为独立性质的金融组织。上海外国银行和本地钱庄多以大条银和外地元宝委托银炉改铸为通行的二七宝，银炉出

81

一本票作为凭证，这种票据也可以流通转让。

公估局是一种公证组织，负责鉴定银锭的成色，秤定银锭的重量，以确保其价值。设立之前须经所在地官厅准许，并由当地钱业公会认可。每地限设一个公估局，但少数重要城市也有设两个局以上的，例如上海当时设有三个公估局。公估局多由当地银钱业共同组织，也有由精于这项业务的几个私人组织成立的。无论本地或他地银炉所铸新锭，必先经该局查验证明，否则不易授受。不设公估局的地方，该地银炉凭其信誉自己保证所铸银锭的重量成色，也可被社会承认。

公估局的业务主要为管秤和看色，管秤以砝码为准，看色则全凭经验，并不采用科学化验方法。看成色的人员先视银锭外部之色，再秤其重量，即可断定其是否含有杂质，如有疑问，可锥击要害，听其声浪，亦可知内部是否灌有铅锡。富有经验的鉴定人可达辨别含千分之几杂质的准确程度。银锭经公估局秤验后，即用墨笔将重量记入元宝的凹部，例如五十两或四十九两几钱几分等等，并根据当地的标准成色，在凹部批明应升水（增加）或耗水（减少）的数目，盖印为证。完成这番公估手续的银锭即可流通于市场，交易时不必再经过秤量和鉴定，就可按锭数授受。这样，原来的秤量货币就变为计个行使的铸币了。当然，碎银滴珠还是要经秤量和看色的。公估局对于重量或成色相差超过一定限度的银锭可拒绝鉴定，凡经公估局批定盖印的银锭，如事后发现不实之处，该局应如数赔偿所有者的损失。

清代中叶后银炉和公估局的设立是银两制度的一大进步，通过这两种事业使银两的重量和成色渐趋一致，至少在一定地区内可化繁就简，便利了商业往来的授受，但因铸造和鉴定分

82

散于各地，政府不加干涉，缺少统一标准，终无助于银两制度的健全和统一。

综上所述，可略知清代银两制度的繁复杂乱。虽然这种情况早成陈迹，今天看来好象没有什么意义，但在七八十年之前，却为全国金融和工商企业所须臾不能离的重要业务。我们略述其梗概，借以了解为什么通行已久的银两制度尚不具备本位币的条件。总起来说，一是铸造形状和重量都不合用，各种宝银只适于宝藏而不便于流通，二是成色高低不齐，三是平砝大小不一，四是种类名称太多。这些缺陷使银两不可能发展成全国流通的本位货币。这种情况在封建的区域经济时代尚不致感到严重的不适应，但到鸦片战争以后，中外通商日渐发展，国内各地间的贸易也相应扩展，全国统一市场的形成就需要有统一的本位货币。虽然那时产生了上海规元和汉口洋例银作为划一的标准，但这属于局部改善，不能笼括全局，无怪银元制度代之而起了。

二、外国银元的流入和流通

外国银元，中国称之为洋钱、洋银，也有叫它番银的，早自明朝末期已经流入中国。那时，葡萄牙、西班牙等国商人来到澳门、广州等地经商，或通过菲律宾华侨，将美洲殖民地所铸的银元带到中国来。清初，对外贸易有所发展，流入中国的外国银元也逐渐增多。当时外贸出超，因为那时中国人很少需用外国货，而外国商人要买中国的茶叶、生丝和瓷器等，就必须用白银来买。所以他们到中国来的商船满载银元，购买中国货物回去。

外国商人除用银元购买中国货物，他们还用银元兑换中国流通中的银锭或生银，这也是外国银元流入中国的一个原因。

83

上面我们已经讲过，中国宝银的形状不一，成色和平砝千差万别，给交换带来了极大的不便。因此，当外国银元流入时，经过短期的行使后，其优越性就显示出来，大受人们的欢迎了。最早流入中国的银元，是当作银两流通的，要由钱商秤量其分量，鉴定其成色，并加戳记于其上。不久，银元就不再以其重量，而是以其个数参加流通了，因为各种银元的重量、成色都有一定标准（银元皆为圆形，大银元重七钱有奇)，而且制造精美，人们乐于使用。正由于人们感到用银元比过去用银两方便，故银元对白银的作价越来越高。据道光十六年（1836年）林则徐等人在一份奏折中说："从前洋钱流入内地，其成色比纹银为低，其价值原比纹银为贱。因小民计图便利，日渐通行。未几而洋钱等于纹银，又未几而洋价浮于银价。……近日苏、松一带，洋银每元概换至漕纹八钱一二分以上，较比三四年前，每元价值实已抬高一钱，即兑换制钱，亦比纹银多至一百文以外。"① 外国人用低色银元兑换中国"足色纹银"，运到外国铸成银元再行运回中国，辗转往复，获利甚丰，而中国受害匪浅。有人根据各种资料计算，即在通常兑换的情况下，每兑进洋钱一元，中国要吃亏11％以上。如果有几亿元外国银元兑走中国纹银的话，则中国损失白银当合银元几千万元。

清代流入中国的外国银元种类很多，据文献记载，西班牙的"双柱钱"是最早流入的，康熙年间还流进荷兰、法国、威尼斯等地铸造的"杜卡通"、"埃居"、"塔勒"等洋钱。乾隆年间在福建广东近海地区曾行使"马钱"、"花边钱"、"十字钱"等，都来自西南二洋②，其中花边钱还分重七钱、三钱、一钱三

---

① 《中国近代货币史资料》第1辑，上册，第49页。
② 《清朝文献通考》，卷16。

84

等，可见那时相当于五角、二角的小银元也流入中国了。嘉庆和道光初年流入银元的种类更多，有"大髻、小髻、蓬头、蝙蝠、双柱、马剑"等等名称，据说这些洋钱不是用之买货而专来换取白银的①。

流入各国银元的种类先后虽有几十种，但其中多数是流通区域很小（福建近海边处），时间也很短暂。这大概由于成色高的钱很快被隐匿，而低下的又被淘汰，所以市面上不见它们的踪迹了。其中只有几种外国银元在中国站住脚跟，流通区域广大，使用时间很久。在金融界具有极大势力的计有西班牙本洋、墨西哥鹰洋、香港英属银元和日本龙洋几种。下面分别简略加以说明。

（一）西班牙本洋

这是流入中国最早的外国银元。当十六世纪末（明万历年间）已有西班牙商人携带本洋输到我国，其后英国东印度公司和菲律宾等岛对中国的贸易也使用本洋。据东印度公司纪录，康熙二十年（1681年）到道光十三年（1833年）的一百五十三年中，输入中国的银元和生银块有七千多万两，合银元一亿之谱，大部分是由东印度公司输入的本洋。中国输入鸦片也主要用本洋偿付。

本洋实由墨西哥铸造，当时墨西哥是西班牙的属地，而且币面上除有的刻有双柱形外，还有的刻着西班牙皇帝像（查理第三、第四），所以人们就认为是西班牙银元。墨西哥是世界产银最丰富的地区，十六世纪上半叶即设造币厂铸造银币，输往西班牙、印度及菲律宾，辗转流入中国。本洋的成色原为

---

① 《嘉庆东华录》，《清史稿·食货志·钱法》。

937‰，后来减色，也在九成以上。重量每枚约当七钱二分至三分之间。因为本洋流入中国的数量多，每枚都合乎标准成色和重量，故当时很受人欢迎，流通范围逐步扩大，由广东、福建蔓延到浙江、江苏、安徽诸省，复伸展到黄河南北。嘉庆四年查抄和坤家产，其中有洋钱五万八千元，可知那时洋钱已流入北京，而且成为一种窖藏的对象，足见本洋在中国流行之盛。

当时我国沿长江各地和上海的商业往来以及外国银行所开汇价多以本洋为准。但到墨西哥独立以后停止铸造本洋，中国各地长期以来以本洋为主要货币之一，来源绝断，求大于供，市面紧张，本洋升水，较其所含银竟超过二三成，各地商业深受其害。当时上海工商业和外国银行的往来授受划拨多用本洋，面临这种情况，就不得不谋求别策，于是便采用九八规元代替之。据云当时本洋市价上涨，恰巧与上海规元价值相等，所以帐面上只要换个单位名称而数字不变，也算是金融史上的一件趣事。

（二）墨西哥鹰洋

墨西哥鹰洋是墨西哥独立以后铸造的银币。因币面花纹刻有鹰，俗称鹰洋，市面上误作英洋，北方又名正英。这种洋钱的质量较其他外国银元为佳，银色为903‰，一般按九成四计算，每枚重库平七钱二分八厘。墨币约在1854年（咸丰四年）输入中国，最初在广州流通，后来因本洋来源绝断，墨币就乘虚伸入上海市场及长江一带，成为通货授受的标准，在流通中的势力远超过银两，大有主币的作用。北方各地市场，尤其京津两地也流通着这种墨币。它在外国银元中是流入最多的一种。

墨币在中国流通约有六十年，到1905年墨西哥政府改行金本位制，停铸银币，来源绝断，同时中国也自铸了银元，墨币在中国市场上的势力才渐渐衰落下去。

（三）英属地银元

英属银元在中国流通的有两种：一是1866年至1868年由香港造币厂铸造的，二是1895年以后由印度造币厂铸造的。香港所铸的一种也称香洋，因币面花纹有英国女神持杖站立，所以俗称站人洋。成色较低，约含纯银98％，行使时须贴水。在中国比较通行的是后来印度铸造的一种银币。这种银币正面有英国女王像，背面有中文一圆字样，专为英国对华贸易使用，所以又称英国贸易银元。由于英国当时禁止本国钱币出口，故由香港、印度等地铸造银币，本意在抵制墨币的势力。这种银币在广东省颇占优势，通行最盛。二十世纪初北方各地也多用站人银币，京津尤为通用，其市价（折合银两）南北稍有差异，北高南低。

（四）日本龙洋

龙洋是日本明治时代通用的银元，定名为"圆"，因币面刻有龙纹，俗称龙洋或龙番。日本原来通行墨西哥银币，明治维新时才自铸银币。日圆银色九成，每枚重库平七钱二分一厘。日本银币最初盛行于朝鲜、新加坡、马来半岛等地，1897年日本改行金本位后，始大量输入中国，流通于福建、奉天、大连等地。

以上四种外国银元，是清朝时在国内流通比较广泛的。严格讲来，其中只有两种在中国金融界占有势力，即先是西班牙本洋，后为继起的墨西哥鹰洋。另外，还有些在一时一地流通着的外国货币，例如美国贸易银元、安南银元、菲律宾比索以

87

99

及南美诸国的银元等等，不必列述了。当时还有香港、日本、安南等流入的银辅币，俗称小洋或毫洋，但为数甚微，流通不畅，不起什么作用。

　　清朝二百多年间，都有外国银元流入，似以嘉庆年间（1796—1820年）为最多。据当时蒋攸铦奏称："洋银进口，民间以其使用简便，颇觉流通，每年夷船带来之洋钱或二三百万，或四五百万，亦有数十万元不等"①。这时中国对外贸易尚连年出超，外国银元流入后当很少流出。其后因对外贸易形势逆转，银元输入相对减少，且因鸦片进口日益增多，不但引起国内白银外流，而且原先流进的洋钱也大量转为流出。但到十九世纪末，因世界各国相继改行金本位，白银和银元又一度输入中国。所以整个清代外国银元流入多少，流出和熔毁多少，实存多少，都无确切数字可查。过去一些人对此问题的估计，彼此相差悬殊，使人无所适从。例如，梁启超估计只有一、二千万元②，而张嘉璈说宣统二年（1910年）度支部调查到外国银元有十一万万元③。这都是指的清末实存外国银元。据彭信威估计，清末中国实存外国银元在五亿元左右④。他是从两方面来估计的：一是按银元种别从它们原铸额来估计其输出额以及流到中国来的数额，二是按外国银元流入的途径综合地估计各种银元流入的数量。可能彭的估计稍接近实际些。大概流入累计在十二亿以上，流出和熔毁的有八九亿元，清末实存于国内的约在五亿元以下。

---

　　①　《嘉庆东华录》。
　　②　宣统二年梁启超《读币制则例及度支部筹办诸折后书》。
　　③　见民国六年七月上海《银行周报》。
　　④　见彭信威《中国货币史》，第879—881页。

88

外国银元大量流入中国，对中国经济发生了重大影响。首先，外国银元流入，助长了资本主义列强对华侵略与掠夺。当时外国商人用银元来同中国交易，促进了中国的对外贸易，同时外商用含纯银九成左右的银元兑换中国"十足"纹银，运往外国，两者都加强了资本主义对中国的侵略与掠夺。其次，外国银元的流入，使得中国的币制更加复杂。本来清朝的币制就相当混乱复杂了，再加上十几种成色各不相同的外国银元，而且各有一定的流通范围，洋钱也被蒙上一层封建区域色彩，货币制度的混乱复杂程度就可想而知了。最后，外国银元的流入也促进了中国的币制改革。洋钱流入中国以后，受到了中国人民的欢迎，因银元不仅制作精美，而且更重要的是计枚核值，使用方便。于是，随着中国资本主义工商业的进一步发展，中国的有识之士先后提出中国自铸银元的主张。经过一段酝酿，终于国内自己设厂铸造银元了。

三、中国自铸银元

中国正式设局自铸银元，始于光绪十三年（1887年），然而在此以前，已有过较长的历史。古代银币的铸造，在第一二章中已简略地述及，就清代而论，乾隆五十七年设宝藏局，以西藏旧有银钱改铸新币，名为"藏钱"。因新疆西藏等地邻近中亚各国，早已使用银币，清政府批准西藏铸造银币，不过是承认既成事实。藏币正面铸汉字"乾隆宝藏"，背面是唐古忒字，圆形而方孔，用银铸成，重量和花纹均有一定。这种藏银只限于西藏一带使用，对全国的货币制度和流通并无影响。道光十八年（1838年）在福建铸有七钱二分的银元，这是仿效西班牙本洋由台湾铸造的。又道光二十四年（1844年）漳州铸七钱四分的银币，浙江省也铸有重一两的银币。光绪初年吉林机器官局铸造一两、七钱、半两、三钱和一钱的银币。所有这些地方银币，都未经清政府正式批准，且日后因减重或伪造等原因，流通阻滞，不久即行废止，无法与当时盛行的西班牙银元相比。

早在道光年间就有自铸银元的拟议，道光十三年（1833年）林则徐任江苏巡抚时曾向清廷建议自铸银元，主张官局铸造每枚重五钱的银元，"轮廓肉好悉仿制钱之式"①。当时守旧势力还占优势，被当局拒绝不行。咸丰五年（1855年）周腾虎著《铸银钱说》，公开提出"宜准洋钱分两，铸造银钱……仿洋银之式，以板石椎而成之。"②经咸丰、同治至光绪初年，外国银元，尤其是墨西哥银元流入更多，不但南北商埠，甚至湖南、四川等内地，也广泛流通，对中国金融为害甚大，清政府对此不能再行漠视，因而于光绪十三年（1887年）准两广总督张之洞的奏请在广东省设造币厂试制银元，至光绪十五年购置外洋机器，招聘外国技师，试行铸成银元，光绪十六年开始流通于市场，这是中国正式铸造新式银币的开端。这种银币面上有"光绪元宝"的汉满文字，上端有"广东省造"，下端有"库平七钱二分"③，配银九成，币背铸有龙纹，俗称龙洋，由清政府下令作为中国的法币，所有钱粮、关税、厘捐等，均得使用此种银币。民间一切交易与墨西哥洋同样看待，流通很顺利。另外还铸有几种辅币，如半元（三钱六分，银八六成），五分之一元（一钱四分，银八二成）等等。

此后，湖北、江苏、福建、直隶、吉林等省也仿效广东的办法，铸造银元，同时清政府为了推广银元的使用，也命令沿

---

① 《林文忠政书》，江苏奏稿，卷1。
② 转引自杨端六《清代货币金融史稿》，第284—285页。
③ 最初为七钱三分，比墨西哥银元稍重，以便流通。

90

江沿海各省督促银元的铸造。然而当时尚未划定统一标准，各省所铸的式样和成色参差不齐，且都标明本省省名，难以畅行全国。光绪二十五年（1899年）清政府令凡各省所用银元，统归广东、湖北两省铸造，并令所有铸造余利，尽数核实归公。但此令并无效力，各省依然自行铸造，因为铸币的余利很多，封疆大吏借此侵蚀公帑，满其私囊。银元的品质日杂，成色分量参差更甚，此省铸造的往往不能行于彼省，不如墨西哥银元那样到处通行无阻。政府为了划一银元形式，在光绪三十一年（1905年）设铸造银钱总厂于天津，拟铸造金、银、铜三品货币。这项办法是统一铸币制度的一个步骤，但当时天津总厂只铸铜币，因那时铜元的紊乱情况更甚于银元，而且铸造铜币的赢利更厚。同年十一月户部又声称"积金未富，用金之制尚急切难议"。这样，金质货币就不谈了。至于银币，却决定铸造一两重的银元为本位币，五钱二钱一钱重量的为辅币。然而各省向来使用七钱二分的银币，故新铸一两银币反感到不便，流通阻塞。光绪三十三年（1907年）政府改变前次决定，把一两银币的重量又改为七钱二分（辅币同此比例改订），次年又定一两银币为本位币，尚未付诸实行，于宣统二年发布了"币制则例"，复行采用重量七钱二分的银元为本位币。

　　光绪最后几年间，对银币重量问题翻来复去的更变，不过是一两和七钱二分之争，这本来不是什么货币理论问题，而是旧币制与新币制之争。清政府忽左忽右，拿不出一定的主意。虽然当时有权势的人物如奕劻（庆亲王）、张之洞、盛宣怀等人多主张铸一两重的银元，但终因七钱二分的外国银元和自铸银元流通已久，人民早已惯用，致所铸一两重的银币窒碍难行，不久即行熔毁改铸。宣统三年根据上年颁行的币制则例，规定

91

以圆（库平七钱二分）为单位，确定成色，在宁鄂两厂铸造"大清银币"，称为国币。停止各省自由铸造，铸币权统归中央。辛亥革命爆发，所有新铸银币提充军饷，辗转流通于市面，成为通用银元的一种。自光绪十五年至清亡的三十年间，共铸银币约两亿元之谱。但新币的铸造，很多是熔化外国银元和旧龙洋改铸的，故当时社会上银币流通的数量很难确定。

综上所述，可见中国自铸新式银元是经过多年酝酿才成事实，此后又发生银元重量单位之争议，直到清朝覆灭前夕，方算产生了一个统一的铸币制度。本来货币制度的改革涉及到政治、经济和社会习惯等方面，不可能单靠政府命令，一蹴而成。当时中国虽名为大清帝国，实际中央力量不能及于各省，特别鸦片战争和太平天国革命之后，清朝的统治已是强弩之末，各省督抚握着很大的实权，区域割据的封建性质非常严重。在铸币问题上表现为铸造权分散，省自为政，贪图铸币赢利，以致各厂所铸银币的单位、重量和成色参差不一，甲省使用的银币不能流通于乙省，即在同一省之内，因铸造厂的主持人员变动，前后所铸的也不完全一致。这样，在行使新式银币的情况下，有时还要查辨银色，秤其轻重，定其升水或耗水，仍然不能完全离开银两制度那套烦琐手续。银元的币面价格与市场价格本来是同样一回事，如果其间发生差异，有些许的升耗，那就失去金属铸币计枚流通的优点。清末虽表面上把银元定为法币，严格而论，并不充分发挥本位货币的效力。特别由于当时银两制度还有很大势力，大宗的商业往来仍沿旧习以银两论价和记帐，政府各种赋税也采用银两和银元搭配征纳办法，所以我们只能说这是银两和银元（当然还有铜钱）平行的货币制度。当时帝国主义在华商人和中国的旧银钱业对于这样一点点

92

的改革，多持阻碍态度。那时上海外商集会讨论，认为在中国设立造币厂铸发一种外国人要求的那样的银币是不可想象的。理由是："关于通货最重要的事情之一，就是铸币的成色和价值标准，应该是无可怀疑的……在中国，有谁能够担保在中国官吏管理下的造币厂，会始终铸造一种不搀假的铸币"①？因而英国舆论要在香港设厂铸造银元在中国流通，美国也想铸造墨西哥银元投入中国流通（遭到墨的反对而止）。英美帝国主义表面上怀疑中国官吏的操行，骨子里却企图掠夺中国的造币权益。至于当时的旧银钱业正利用纷乱复杂的银两制度浑水摸鱼，从中牟利，自然也不希望早日实现中国自铸银元来代替银两的流通。

虽然清末铸造银元和货币改革是不彻底不完善的，但仍有其进步作用，首先是这一举动打击了国内顽固保守势力，动摇了他们"不变更祖宗成法"的旧观念而接受了外国银元形式。其次是自铸银元的广泛流通，相对地削弱了旧银两制度的力量并大大减少了外国银元在华流通额，为后来的废两改元、确定本位制铺平道路。最后，新式银元畅行促进了清末金融、交通和各种新式资本主义企业的发展。所有这些作用虽然发挥得并不充分，也没有触动外国银行的侵略势力，但从中国货币金融史发展过程而论，还是向前迈进了一大步的。

第二节　从制钱到铜元

一、清代的制钱

清朝沿明时习惯，对本朝所铸的铜钱通称为"制钱"，以

----

① 《中国近代货币史资料》第1辑，下册，第709页。

区别前代的"古钱"。清初尚有明崇祯钱在市面行使，到后来才止用的。

清朝在未入关之前，于清太祖天命元年（1616年）铸造"天命通宝"钱，太宗天聪元年铸造"天聪通宝"钱。入关以后，于顺治元年（1644年）仿明制在户部设宝泉局，工部设宝源局，由两局铸"顺治通宝"制钱。初制造时，钱面有"顺治通宝"四汉字，背面无字，以后又在背面加铸"宝泉"两个满字，此后即成为定式，历代均以其年号铸钱面，背面以满字铸局名，各省铸造者铸地名。清初定制以红铜七成白铅（即锌）三成搭配鼓铸，以一万二千串为一卯，年铸三十卯，每钱一枚的重量恰为一钱，各省镇遵式开铸①。整个清代先后在各省设置过五六十个铸造局，中间经过多次变动，如有些铸局撤销或合并，也有的铸局停炉或减卯，还常有增局和加卯数的事情。大致讲来，顺治康熙雍正三代，铸局和铸额均陆续增加，乾隆时就达到了顶峰。嘉庆道光年间因铜价上涨，铸局时开时停，每年铸额也渐减少。到咸丰年间一度铸造大钱，并曾几次停闭各省镇铸局。同治光绪年间只有京师宝泉、宝源两局，铸造数额也很少，可见清代制钱已由盛到衰了。宣统年间全国仅剩下一个宝泉局，只不过是虚应故事，制钱制度到了最后消亡的命运。

清初制钱的重量屡经变化，最早定为一钱重。顺治二年（1645年）改铸为一钱二分，八年又增重为一钱二分五厘，十四年再加重为每文一钱四分，这些钱都以七文准银一分。康熙二十三年间（1684年）因钱贵引起私毁者甚多，乃改铸重一钱

---

① 《清史稿·食货志·钱法》。

94

制钱，但到四十一年（1702年）又恢复重一钱四分的旧制。这期间铸钱重量不断增减的原因是要摸索出一个适中的分量，以维持制钱流通价值的稳定，这是历代开国之君所常有的措施。因为制钱虽然是计枚行使，但其本身所含的金属量与其价值是不可分离的。量过重则容易引起销毁，量过轻又易引起私铸，必须采适中的重量才能有利于流通。然而铜料本身的价格那时却逐渐上涨（对银价的比例），所以民间私毁制钱改铸器物之风很盛，雍正时虽然增厂加卯鼓铸，而社会流通的数量并没有增多，呈现通货紧缩的现象。政府下令严禁毁钱造器，违者治以重罪，除一品之家外不许用黄铜器具①，可见铜斤的稀贵。雍正十二年（1734年）又铸每文重一钱二分的制钱，因当时铸一钱四分重的钱一串（千文）所需原料工费约合银一两四钱余，而法定比价每钱一串值银一两，钱重铜多，易被销毁。每枚钱减重二分，使销毁者无利可图了。此后至道光时为止，制钱的重量以一钱二分为准。咸丰以后，改为八分，国势渐衰，通货也跟着减重，这在历史上是屡见的事。

清代制钱的金属成分也经过几次变更，康熙二十三年（1684年）改定制钱以铜60％与白铅（即锌）40％配铸。雍正五年（1727年）改为铜50％、白铅50％配铸。乾隆五年（1740年）又改为铜50％、白铅41.5％、铅6.5％、锡2％配合而成。因含锡钱有青色，名为青钱，以前所铸不含锡的名为黄钱。至光绪年间又改为铜54％、白铅16％了。总的变动趋势是钱的铜质渐减少而杂质渐多，光绪时铜分略增，但其钱减重了。上面所说

---

① 《清史稿·食货志·钱法》载私毁比之私铸论罪，处绞刑。又原定三品以上之家准用黄铜器具，其后只限一品之家才能用。

的制钱金属成分的标准只限宝源宝泉两个京局，外省各地方局所铸者，自然难免参差不齐，加以各地私铸充斥，品质极为纷乱。

清代制钱的单位为文，千文为一串，或一吊，又称一贯，与历代相同。然清中叶以后各地往往不按此标准，如当时直隶一带以一百文为一吊，东北以一百六十文为一吊，其余各地还有以五百文或四百八十文称作一吊的，随地而异，随俗而变，实在并无统一的标准。

清朝初年规定制钱一串（千文）相当于银一两，一文值银一厘。顺治年间曾铸有标明"一厘"的制钱，仿佛要把制钱当成银两的辅币，可见当时银两在币制上的重要性。但制钱与银两事实上是平行的，两者之间的比价各以其金属本身的价值和供给及需求的变化而发生上下波动，使法定比价和实际市价经常发生差异。大致在雍正以前每银一两合制钱八百文左右，乾隆时代约合九百文左右，因清中叶以前银价较低，铜价则相对上升，所以市价总是在千文以下，这是银贱钱贵的现象。但到嘉庆末年形势转变，由于白银外流，银价日昂。道光十八年时（1838年）每银一两可换制钱一千六百文[①]，到二十五年（1845年）京中纹银每两换制钱几及二千文，外省则每两换二千二三百文不等[②]。关于银钱比价的变动原因及其影响，我们将在第五章中详论之。

在银钱平行本位制度下，本来不可能保持二者比价的稳定，但如果能对制钱的质量和铸发数量控制得宜，则银钱比价也不会发生剧烈的变动。清初百年之间，虽每年铸造制钱，但

---

① 《筹办夷务始末》，第2卷。
② 《皇朝政典类纂·钱币4》。

铜的供给有限，不能大量增加，在数量上能被当时发展中的社会经济所容纳，同时又能保持制钱的重量和质量，所以制钱的价值相当稳定，物价的波动也不大，虽然有上涨趋势，但是渐进而缓慢，这就促进了经济的发展和人民生活的安定。当时银两盛行，但对大多数升斗小民来说，其日常收支仍然是制钱。制钱购买力的相对稳定，有利于广大人民，所以史家常称乾隆以前的百年间是"太平盛世"，这不无是一种原因。然而这并不意味着全国人民都得到温饱。史籍上载雍正时期，"今汉人谋生，尚知节俭，殷实之家，每日肉食者甚少，其贫乏之人，孳孳谋食，仅堪糊口"①。这指的是城镇平民，至于广大农民当然还达不到这样的生活程度，丰年不足温饱，灾年则死于沟壑的现象是很普遍的。我们对于历史上的"太平盛世"，应作如是观。

银贵钱贱问题固然主要由于清中叶的白银外流，但制钱本身贬值，也是个重要原因。早在乾隆时铸造的青钱已降低铜的成色，咸丰以后又减轻钱的重量。全国先后设立几十个铸造局，所铸制钱的重量成色，多不按清政府的统一规定，而利用货币贬值来剥削人民。就是清政府的宝泉宝源两局也公开有所谓"局私"，用降低制钱的成色重量牟取利益。我们如果对现存大量清代制钱实物加以先后年代的比较观察，则这种一代不如一代的现象是很明显的。而且有的省局以官铜偷铸小样钱，每千钱尚不及四斤。另外还有各样的私铸钱也投入市场。当时公私收支，每串钱中都可能夹杂着数十文这类的小钱，蒙混行使。所有这些现象，当然造成制钱的贬值，物价自然也随之腾

---

① 《清朝文献通考·国用考》。

贵，致官民商贾均受其累，对于广大农民的损害尤多。

二、清代的大钱

（一）铸造大钱的原因

中国货币史上的大钱铸造，向来是反映货币制度的一种病态，它的发行总是在战乱不已、民穷财尽的时期。王莽铸大钱是为了挽救西汉末年的财政亏绌；吴蜀铸大钱是为了应付三国时战争的需要；唐肃宗铸乾元重宝和重轮大钱是藩镇变乱期间的财政措施；宋金铸大钱是由于铜料缺乏，货币流通不正常，影响了国家的财政；元末和明末也曾铸过大钱，主要是为了战争的需要，挽救濒于灭亡的命运。所有这些历史事实，已在前几章中论及，毋庸赘述。总之，大钱制度是各朝代在非常时期，一般是在开国之初封建统治尚未巩固或到衰落之际企图挣扎的一种财政措施，也就是实行通货膨胀的一种手段。

清朝入关后的二百年中未曾铸有大钱，大概在统治中国的初期靠掠夺的大量资财尚足以平定国内的变乱，其后休养生息，国库充裕，乾隆一朝虽对外进行军事扩张，而财政尚能支持。及至嘉庆年代国势已渐露式微之象，财政收入日减。道光朝因鸦片战争耗去巨额战费，并补偿鸦片原价和赔军费两千多万元，约合当时岁入的三分之一，国家财力已陷入山穷水尽之境地。接着太平天国革命兴起，清廷仅靠赋税已不能筹措军费，于是咸丰朝就实行通货膨胀政策，开始铸造大钱了。同时就当时货币制度本身来看，也有迫使铸大钱的因素，那就是滇铜运出困难，铜价上涨，铸造制钱的成本升高，清政府为了铸钱的利益也不能不从增大币面价值上来谋出路。先是嘉庆末年，就有朝臣提出铸大钱的建议，均被朝廷驳斥，道光年间王鎏著《钞币刍言》，主张铸当百、当十大钱，以便民用。他同时主张

98

行钞之说，是个大胆的通货膨胀论者，曾引起正反两面的议论。当时朝廷对此私人之间的讨论未加注意。道光十八年（1838年）广西巡抚梁章钜和其他朝臣曾奏请铸大钱，理由是"需铜较少，获利转多"①，亦被政府拒绝，因为那时清朝的财政还未到极端困难的程度，不肯冒此风险。咸丰帝刚刚即位（1851年）就爆发了太平天国革命，太平军势如破竹，两年多时间就攻下了南京，给清政府一个致命的打击，影响到财政的枯竭和币材的不继。因一方面由于失掉大片富庶的土地，财源锐减，一方面滇铜也因战争不能顺利经长江、运河运到京师，致铜价上升，私铸劣钱和官铸小钱充斥市面。咸丰二年（1852年）四川学政何绍基奏请铸大钱以复占救时，并禁止民用铜器。清帝谕："所奏不为无见……此折着户部存记，若有可行时，不妨采择入奏。"②这时期朝廷已不象过去那样的坚决拒纳，而是要考虑这一措施了。到咸丰三年（1853年）在极端的财政窘迫条件下经户部奏准就明令开铸大钱了。

（二）咸丰大钱的铸造及其失败的过程和原因

咸丰大钱分为当千、当五百、当百、当五十、当十、当五六等。咸丰三年五月先铸当十钱一种，文曰"咸丰重宝"，重六钱，与制钱相辅而行。八月铸当五十钱一种，重一两八钱。十一月又增铸当百、当五百、当千三种，当千者重二两，当五百者重一两六钱，当五十者重一两四钱，铜色黄，文曰"咸丰元宝"。又将当五十者减重为一两二钱，当十者几次减重，最后为二钱六分。四年三月铸铁当十钱，六月铸铅制钱。铁、铅钱流行不久即废止。

---

① 《皇朝掌故汇编·钱币2》。

② 《咸丰东华录》。

这时京城里铸造大钱的机关除宝泉、宝源两局外，又准庆惠、文瑞等（均系满人）捐铜设立专铸当百以下大钱的钱局①，而外省也纷纷增设铸造局，这是铸造各种大钱的极盛时期，也是中国货币史上币制最复杂混乱的时期，其程度不亚于王莽时的宝货制。

咸丰年间的通货膨胀政策不仅是铸造远不足值的大钱，而且还同时发行官票和宝钞。就是说，一方面铸币贬值，一方面滥发纸币，双管齐下，大步走向通货膨胀的绝境。经过很短时间大钱制度就完全失败，造成国计民生的重大灾难。那时反对铸造大钱的朝臣也有几个人，这里值得一提的是当时户部侍郎兼管钱法堂事务的王茂荫，他是主张发可兑换的钞票而不赞成铸大钱的②。王茂荫于咸丰三年十一月奏议中，列举历史上各朝代铸造大钱的兴废始末情况，他的结论是"未有三年而不改变废罢者"。其中最精采的一段说："论者又谓国家定制，当百则当百，当千则当千，谁敢有违?是诚然矣，然官能定钱之值，而不能限物之值。钱当千，民不敢以为百，物值百，民不难以为千。"这是很透辟的货币理论。然而当时不被朝廷采纳，竟然饮鸩止渴，大钱一出物价就腾贵起来，货币迅速贬值。咸丰三年到四年当千当五百的大钱不得不立即停铸。"当百以下的大钱，也只能在京城勉强使用，百里之外即不通行，京外各处贩卖粮食来京者，不肯接受大钱，致外来粮食日少，粮店纷纷歇业。银市以钱买银，大钱制钱价值悬殊。"③这是由于当千当五百的大钱折当过多，按旧制钱每串（千文）重一百二十两，

① 《清朝续文献通考》卷20。
② 王茂荫"论行大钱利弊"奏折全文及历代大钱兴废节录"附单"，载《中国近代货币史资料》第1辑，上册，第208—210页。
③ 《咸丰东华录》。

100

熔化可得铜六十两，可用之铸当千大钱三十枚，按面额则合制钱三十串。以一化为三十是何等厚利！即铸当五百、当百大钱，也有十倍五倍之利，于是私铸大起，虽严刑不能禁止。那时天津和通州是私铸的集中地区，如"通州河西务一带，奸民聚众私铸，竟敢于白昼之中公然设炉铸造，地方官畏其人众，不敢查问"①。当然，参与私铸的都有"后台"，和满族的王、公、贝子大有联系，这里说"奸民"是隐讳之词。其实，当时宝泉宝源两个京局也常夹带私铸。朝廷禁令只是官样文章而已。

当千当五百的大钱刚一行使即出现私铸问题，市面价值也大大低落，清政府除立刻停铸外，并迅速收回已流出的大钱，主要是用发行的宝钞易换，同时捐输（卖官鬻爵）项内分成配量收回。这两种大钱在发行后的一年之内就被迫退出流通了。

咸丰四年八月撤销专铸当百以下大钱的庆惠、文瑞等铸局，减少发行额，因当百当五十的大钱也是不足值的，同样引起私铸，市面价值也低落到面额二三成，不久也停止铸造。再经过换钞、捐输和赋税搭成等回收办法，后来也就渐渐在市面上绝迹了。只有当十大钱流通的时间较长，然而它的市价也同样低落，由当五、当三、最后到当二才算稳定住。

大钱制度之所以如此迅速失败，除由于过度通货膨胀和私铸盛行的原因外，当时官吏的贪污和军队停发大钱也导致大钱加速崩溃。历来大钱的发行都注意搭收搭放问题，借以维持信用，最初清政府规定民间应纳税课准以大钱交纳，后来又改为银七票三，票三可用大钱，但事实上各地官吏不收大钱而却向人民勒索制钱，再用贱价私买大钱，搭交藩库，营私肥己。原

---

① 《咸丰东华录》。

来大钱发放时清政府也规定按二成搭配，但政府所设官银号发放兵饷及开发宝钞时，不按比例而专发或多发大钱，却把应按比例搭放的制钱，运往它地，从中渔利。总之，当大钱迅速崩溃的时候，那些经营收支的官吏营私舞弊勒索商民的手段很多，这可以说是吏治败坏，政府通过其官吏之手，自毁大钱的信用。那时清政府镇压太平天国革命，大量支出军费，这是大钱的主要出路。咸丰五年江北大营首先提请停发大钱，理由是兵丁零用不便，"如强之行使又恐激而生变"，清政府不得不批准停止搭放大钱。军队停发大钱间接又使捐局停收大钱，这都阻塞大钱流通的范围和渠道。大钱流通和支付的职能一发生阻滞，那自然就"钱不值钱"了。

大钱制度到咸丰末年败毁已达极点，那时只存在着当十大钱一种。一枚当十大钱只当二枚制钱使用，如改铸制钱则二枚有余，可说是已跌落到最低限度。到同治元年（1862年）便有人私自熔化当十钱，以铜卖与宝泉宝源局，或以当十钱化铸制钱，每枚可改铸制钱三四文，比市价（一当二）为高，乘机取利①。铜铺也销毁大钱制作器具。这种情况对当时的金融物价造成极为严重的影响。

至同治六年（1867年）太平军已完全失败，捻军也接近尾声，清廷军费支出减少，财政情况稍有好转，政府遂考虑恢复

---

① 《中国近代货币史资料》第1辑，上册，第315页（私铸情况）。引黄钧宰著《金壶遁墨》说："咸丰五年秋，道过清江，闻车声辚辚然来，视之，钱也。问何为？曰铸钱。曰易为以钱铸？曰帑金不足，官府费用无所出，今毁制钱为当十大钱，计除工费十可赢四五，则何为而不铸。是年冬，再过清江，闻车声辚辚然来，视之大钱也。问何为？曰铸钱。曰易为又以大钱铸钱？曰大钱不行，报捐者买之，当十只值一二。今毁大钱为制钱而又小之，和以铅砂，除工费一可化三四，则何为而不铸。"

制钱的鼓铸问题。这时京中制钱几乎绝迹，市上流通的铜币除当十钱外，还有私铸小钱，其他省小钱更充斥市面。一钱二分以上重量的制钱多已退藏或被熔造铜器。至光绪初年，情况仍是这样。清政府于光绪十二年（1886年）决定恢复制钱，并先令直隶江苏督抚购置机器制造铜钱，还饬令各省开炉鼓铸。但这时铜价已涨至每百斤值银十三四两，铸造重一钱以上的制钱不但会使政府亏本，而且导致私熔，所以那时决定每文八钱为准，铜锌各半。光绪十五年（1889年）广东钱局用机器铸造制钱，这是中国机制铜钱的滥觞。以前历代铸钱都是以手工业的办法采用模型铸造，这种钱很容易被仿造。机制铜钱不但外形精美，而且可杜绝私铸，当时很受社会上欢迎。然而这时候铜价和锌价每年都在上涨，铸钱亏折甚巨，因此到光绪二十年即下令停铸。制钱既不可恢复，大钱又窒碍难行，自然要有一种适合当时客观需要的新币制，于是新式铜元就应运而生了。

这里我们应该简略地补叙一点，即当咸丰年间铸造大钱实行通货膨胀的时候，太平天国也曾铸造当十直到当千的各等大钱和一文的小钱，这种钱的正面有"太平天国"、背面有"圣宝"字样，这种钱流通于湘鄂及长江流域一带。据云太平天国钱都比咸丰钱精美，含铜也较多，大概太平军据有江南富庶地区，财政上还不象清统治区那样窘困。那时太平军各将领就地铸钱，形式文字也稍有参差。至于当时的银两，本非官铸，自然依旧流通。

三、新式铜元

（一）新式铜元酝酿和铸造经过

如前所述，清朝末叶，铜价昂贵，各官钱局停铸制钱，又因制钱熔毁很多，所以它的流通额大减。光绪二十三年（1897

年）江西道监察御史陈其璋曾奏请"铸大小铜元三品，一品重四钱，中品半之，下品又半之，以补制钱之不足。"他还指出以机器制造铜元有利无弊，陈说："需铜少而值钱多，利一。成色定而抵值准，利二。分为三品，市廛适用，利三。不穿中孔，工省价廉，利四。铜色精莹，人知宝贵，利五。往来便于携带，利六。鼓铸愈多，银价自长，利七。行用既广，物价亦平，利八。以言乎弊，则不禁自绝者四：花纹精工，难以伪造，一也。铢两分等，私铸难混，二也。值钱既多，毁熔无利，三也。抵值既准，兑换无可低昂，四也。"① 当时清廷已准许他的建议，然而未见实行，因为那时恢复铸造制钱的主张，仍占上风。后来制钱越来越缺，重铸又赔累甚巨，清政府走投无路，才于光绪二十六年（1900年）先在广东铸造铜元。那时广东正闹着制钱慌，而当时的总督正是洋务派的李鸿章，所以在这年就首开风气，铸造机制铜元了。

　　广东最初铸造的新式铜元每枚重二钱，成色为铜九五，白铅四，锡一，币面铸"光绪元宝"四汉字和"广宝"二满字，周围有"每百个换一圆"字样，背面中央有团龙花纹，周围有英文"广东一仙（KWANGTUNG ONE CENT)"。这好象是要把新铸铜元当作银元的辅币，事实上仅仅是模仿香港铜仙，并无丝毫改革币制的意愿。到光绪三十年（1904年）铸造的铜元就把"每百个换一圆"改铸为"每枚当制钱十文"，背面英文字一仙也改为"十文"（TEN CASH）了。这就是又把铜元与制钱联在一起，属于银两系统了。后来铜元对银两或银元都没有一定的比价，对制钱的法定比价虽始终未变，但实际上

---

① 印鸾章《清鉴纲目》。

也不能维持。

新铸机制铜元整齐精致，在流通中受到欢迎，政府也大得铸造利益，于是下令沿江沿海各省仿广东之例都开铸铜元。那时铸造铜元约有三成以上的利润，可作为财政的重要来源，所以直隶、山东、江苏、浙江、福建等十几个省都纷纷向外国采购机器，大量生产铜元。各省所铸的光绪元宝铜币，面上均有省名，字样花纹也稍有不同。据光绪三十一年（1905年）户部奏称，"铜元开铸已有十七省，设局多至二十处"①。这是铸造铜元的全盛时代。

（二）铜元的滥铸和贬值

各省既然贪图铸造的厚利，就必然导致滥铸，于是铜元就发生了变质和贬值。据海关报告，光绪二十八年至三十一年（1902—1905年）之间，铜元九十枚左右就可换银币一元。其后各省增加铸造额，以其铸币利益为财政来源，致成滥铸，铜元充斥于国内，其价值逐渐低下，到光绪三十四年（1908年）每银币一元可换铜元一百二三十枚了②。

铜元跌价之原因，实由于币面价值与所含铜质相差甚大，同时铸局太多，铸额过巨。光绪三十年时，铜元铸发总数估计为十七万万枚，次年即激增为七十五万万枚。有些省以过剩的铜元向邻省减价倾销，有些省禁止铜元入境以保权利，并常常发生纠纷，使币制益形紊乱。

这里，我们应该一提的是铸造铜币需用的原料问题。前面已经讲过，自太平天国革命后滇铜减产，运输也很困难，国内缺铜问题早已存在，那么大量铸造铜币所需铜斤从何而来呢？

---

① 《中国近代币制问题汇编》第4册，第236页。
② 见张家骧《中华币制史》第5编，第35页表。

熔化旧钱和制钱是原料来源之一，但绝不是重要的。那时铸钱所需的铜斤主要是购自日本。根据海关册报，铜类进口价值自同治七年至光绪二十八年（1868—1902年），每年从未超过关银二百万两，到光绪三十年（1904年）进口铜激增至九百多万海关两，光绪三十一年（1905年）更增加到三千一百多万两。这两年正当国内各地大量铸造铜元的时候，可以看出其中的秘密。而且更有甚者，因当时各厂都急忙地要大铸铜元，深恐来不及抢先出产，就向日本购买铸好的铜饼，等于半成品，只须加印花纹和字样，即可行使，这说明铸币的赢利已先被日本分润了一部分。

当时清政府也知道各省自铸铜元的流弊，为了收回铸造权并使铜元整齐划一，决定设立户部造币总厂于天津，统一铸造，并将各省铸造局改为分厂。光绪三十一年（1905年）五月开始铸造"大清铜币"四种，即当二十重四钱，当十重二钱，当五重一钱和当二重四分，成色定为紫铜九五配白铅五，不过后来实际铸行的仅当二十和当十两种，当二的未铸造，当五的也极少。在设立造币总厂的同时，清政府还颁布"整顿圜法章程十条"，其要点是：严定成色重量，规定各种铜元的铸造成数、限制流通数量、禁止倾销牟利等[1]，其后并限制各省铸造铜元的数量，直至下令各省停铸。所有上述的措施，固不失为整理铜元制度和挽救其价值的办法，但那时并不能一一贯彻实行，因各地封建割据势力强大，各省已开之造币局厂势难停废，因而仍然继续铸发，其紊乱情况并无减少。至光绪三十四年（1908年），当十铜元的市价由当九当八直下落到当六文半。宣统元年

---

① 见张家骧《中华币制史》第 2 编，第24—27页。

（1909年）银元每元可换铜元一百七八十枚。小民的日常收支均为铜元，铜元跌价，物价上升，给他们带来更大的窘困。宣统二年又颁布"币制则例"，定铜币为二分、一分、五厘、一厘四种，这是又拟将铜元作为银元的辅币，但尚未实行，清帝国就被推翻了。

总观清末十二年间的铜元制度所以导致纷乱和铜元继续贬值的原因，其主要者有三点：第一，铜元在整个货币系统中的地位始终未曾明确，最初以它和银元联系，后来又和制钱银两联系，最后又拟与银元联系，举棋不定，没有改革币制的全盘计划。按当时银元本已畅行，如政府明白规定铜元作为银元的辅币，按照辅币的铸造和发行办法管理，把它置于有限法偿的地位，是合乎当时实际需要的。然而清朝当局从来不知主币与辅币之分，而是把各种银铜货币都作为具体的实币来投入流通，因各种货币相互间实际价值比率的变动，自然就影响它们市面价格的波动，这不是靠币面上的规定所能制止的。铜元本为不足值的货币，要它发挥良好的作用必须建立和健全整个的货币体系，而清政府只用它补救制钱的不足，从这一错误观点出发，就必然导致后来铜元跌价的命运。第二，铜元无限制的铸发是产生各种严重问题的直接原因。那时铜元无论是对银元或制钱的比价都是名义上的，它属于名目货币的性质，如果铸额无严格限制，币值必然跌落，这与滥发纸币一样，所不同的只是铜元的价格低落有个最后的下限，即不能降到它所含金属的价值之下，过此则自然发生熔化问题了。清末各省铸造铜元，完全着眼于财政收入，借口用铸币赢利举办新政，而增铸不已，形成滥铸。据梁启超估计①，自光绪三十年至三十四年（1904

---

① 见梁启超《各省滥铸铜元小史》。

—1908年）五年间，各省所铸铜元达一百二十余亿枚。而且那时占人口90％的农村，还有制钱在流通，根本不能吸收这样巨额的铜元，所以到宣统年间铜元的价值已跌落到将及它的下限了。第三，清代末期政令不能及于各省，无法控制各省的铸币权限，不但造成逾量滥发，而且引起畛域的分界，致这一省禁用那一省的铜元。铜元过剩的地区，就自行打折扣发放，反之，也有些边陲地区缺乏铜元，因交通阻塞及其他种种限制而不能及时运到。铜元在地区间分布的不合理引起地区间的差价，从而有许多商人从中操纵行情，靠买卖和私运铜元牟利。

私铸机制铜元不象制钱那样容易，必须具有相当高的技术设备才行。那时发现的私铸多是"洋私"，即由日本运进的铜板。日本浪人在中国私买制钱出口，毁成铜板。"天津、上海租界，公然运铜板到埠，开炉铸成铜元，欲用何省字样，登时有钱模印之"[①]。可见当时清政府的腐败无能，再加上帝国主义的侵略势力，在货币制度上是不会有什么出路的。清朝所遗留下的这种铜元紊乱局面，后来又成为民国政府的重要货币问题，而且情况愈加严重。我们于第九章内叙述之。

第三节　清代的国家纸币

清代的通货中包含两种性质的纸币：一是由政府发行，强制通用的国家纸币，二是由典当业、银钱业等所发行的银钱票。前者是从货币的流通手段职能产生的，后者是从货币的支付手段职能产生的。狭义的纸币专指政府强制通行的不兑换纸币，

---

① 《清朝续文献通考·钱币6》。

这是我们在本节所要讲的，至于可兑换的私人组织所发行的银票钱票属于信用货币，我们将在以后各章述及之。

一、顺治年间的发钞

满洲人是金人的后裔，他们对祖先那段滥发纸币的历史有着深刻的印象，同时也接受了元明以来纸币膨胀的历史教训，所以，满洲人入关以后，对于发行纸币采取非常慎重的态度，只有在财政万不得已时才为之，度过难关就立刻废止。

清顺治初年在北方要肃清闯王的军队，在南方要镇压鲁王和永明王旗帜下的反抗，军费开支浩繁，大概由于入关后掠夺了大量财富，财政尚可勉强支持，所以没有借助于纸币的发行。但到顺治八年（1651年）国内局势已定，却感到治理上的财政困难，这是由于前几年的过度开支的影响到这时才暴露出来。《通考》上说，"顺治初年，经费未定，用度浩繁"，可见财政上已呈现入不抵出的现象，因而"仿明旧制，造为钞贯与钱兼行"。"是年始造钞一十二万八千一百七十二贯有奇，自后岁以为额，至十八年即行停止。"①

这种钞贯的制度和流通情况，因缺乏资料，不知详细，但史书既云仿明旧制，大概和"大明宝钞"差不多。自顺治八年至十八年（1651—1661年），如果每年按限额发行，则总数也不过一百二十多万贯。钞票不多，流通时间又短，似无重要影响。

自此以后清政府有一百九十多年没有发行过钞票。乾隆时对外扩张，虽耗用国帑甚巨，却没有发行纸币。

二、咸丰前发钞的议论

嘉庆十九年（1814年）政府财政已露出困难。那时有个侍

---

① 《清朝文献通考》，卷13，及《清史稿·食货志·钱法》。

讲学士蔡之定，奏请行用楮币（即纸币），受到朝廷的惩处。清帝谕："所奏泥古迂谬，断不可行。前代行用钞法，其弊百端，小民趋利若鹜。楮币较之金银，尤属作伪，……且国家经费量入为出，不致遽形匮乏，何得轻改旧章，制未兴而害已滋甚乎？……该学士系文学之臣，以迂腐之见率陈奏牍，实属越职。蔡之定着交部议处，以为妄言乱政者戒。"① 可见清朝当局不采用纸币的态度。道光十七年（1837年）王鎏著《钞币刍言》大胆主张禁银而行钞。他的主要论点是（1）钞票在国家统治之下，可以无限制地发行，"以它物为币皆有尽，惟钞则无尽，造百万即百万，造千万即千万"。(2) 万物之利权收之于上，布之于下，即皇权有绝对权威。(3) 外洋不得以其币行于中国。《钞币刍言》不过私人发表一种见解，当时也引起社会的议论，有赞成和反对两种意见，对他所说的"造百万即百万，造千万即千万"多持否定态度，认为历史上钞法难行而易败，正是由于这样的无限制发行的原因。但当时朝廷认为王鎏不是官吏，兴不起什么风浪，对这些议论却不闻不问，采取"见怪不怪，其怪自败"的态度。

直到咸丰二年（1852年），太平天国革命战争已经爆发一年多了，福建巡抚王懿德奏请行钞以济军需，朝廷还是以"该抚所请改钞法之说，应毋庸议"作答复，但口气已稍缓和，不是"妄言乱政，交部议处"了。同年九月左都御史花沙纳又奏请行钞法，又被王大臣等会同户部议驳，认为"与其用久未奉行之法而收效稽迟，不如就以前本有之财以力图周转。"这时清政府的财政已面临枯竭，其所以故作镇静者，是因铸造大钱或发

① 《皇朝掌故汇编·钱法2》。

110

122

行钞票两者之间尚有举棋不定之势。到咸丰三年，太平军革命战争已继续两年之久，东南富庶地区已被太平军占领，当时"军需、河饷糜帑已二千数百万两，以致度支告匮，筹划维艰"①，清朝当局再无考虑之余地，是年二月在态度上就来个大转弯。二月间上谕说："钞法由来已久，本朝初亦行之。近日诸臣纷纷陈请此事，原以济国用之不足。既非废银用钞，亦非责商交银，部库出入通行，并不令稍有畸轻畸重。正当行之久远，俾天下咸知钞为国宝，与银钱并重。……著户部妥议速行。其各银号钱铺所用私票，仍令照常行用"②等等。清政府下此决心完全是要利用发行钞票"以济国用之不足"，并没有考虑到对广大劳动人民造成的恶劣影响。

三、官票宝钞的发行及其失败

咸丰三年（1853年）五月开始制银票，由花沙纳和王茂荫会同户部堂官主持此事，先在京师使用，再颁发各省一律遵办。同年十一月又颁行钱钞章程，钱钞与银票相辅而行。

"官票"亦称银票，以银两为单位；"宝钞"又名钱票或钱钞，以制钱为单位。官票有一两、三两、五两、十两及五十两多种，用高丽纸印制，上端有"户部官票"汉满文字，中间印着银两数目，花纹字画用蓝色刷印，银数用大字墨戳，略仿大明宝钞，但比它小些。宝钞有二千文、一千五百文、一千文、五百文和二百五十文几种，用厚白纸印刷，上端印"大清宝钞"四汉字，中间印着制钱文数，花纹字画也是蓝色，但比官票小些。

---

① 《中国近代货币史资料》第 1 辑，上册，第328页。
② 同上，第343页。

这种官票和宝钞原规定出纳皆以五成为限,民间完纳地丁、关税、盐课及一切交官等款,皆须钞票与银钱相辅而行。但事实上各级政府官员竟于收入时少收或拒收票钞,于支付时多搭或全用票钞,然后再按规定搭配成数缴库,营私肥己、破坏钞票的信用。所以官票宝钞发行不久在京师就发生阻滞,首先在军营发饷受到阻碍,以后在市面也打折扣。咸丰四年三月主张行钞力的户部侍郎王茂荫即奏陈钞法窒碍难行,奏请四条补救办法:(1)钱钞可以取钱,(2)银票可以取银,(3)店铺用钞可以易银,(4)典铺出入均搭现钞。他还在奏折内表示对当权大臣不满,最后要求引咎辞职。这使清帝懊怒,对王大加申斥,说他"只知专利商贾,不知大体",传旨严行申饬①。其实,当时王茂荫是否代表商人的利益,这点我们且不去管它,但他所提的四条补救办法,却完全脱离当时的实际情况,是根本行不通的。清廷发行票钞的目的,就是用来抵补财政支出,哪里会有许多银两制钱用于兑现呢?王茂荫的主观愿望是不可能实现的。

当时清廷为了推行官票宝钞,也曾制定一些办法,例如要在各省设立官钱局,由地方政府或商人筹集资本承办收发票钞,但到咸丰四年除福建、山西和陕西外,其他各省均拖延不遵办。咸丰五年清政府颁行钞法章程,规定民间完纳银粮凡是应搭官票的改换宝钞。这是由于官票的面额较大,流通中先受到阻滞,而宝钞尚能勉强行使,从而采取相互调剂的办法。但这样做,不过是自欺欺人,于事无补。咸丰五年廷谕:"河南省州县于征收钱粮时,专收银钱,不收票钞;解司之时,则收买

<hr />

① 见《中国近代货币史资料》第1辑,上册,第390—393页。

112

票钞，按五成搭解，以致商民于票钞不知宝贵。现在票银一两，宝钞一千，均止易四五百文。河工领款，系八成票钞，二成现银，所领票钞难于行使，每遇险工，无以抢护。山东省潘库于各领款则照二成搭放，而于州县解款并不搭收，至票钞更形壅滞。"① 可见各省地方政府利用票钞从中舞弊的情事。那时只有福建一省忠于清政府，遵令强制执行，加紧剥削人民，以致激起人民的反抗酿成暴动。

到咸丰七年清政府又拟定补救办法，竭力加强票钞发行网，减少搭配比例，并拟积极鼓铸制钱，以便尽可能的兑现，但事实上票钞的流通阻滞情况并无好转，票钞仍继续贬值。咸丰十年京城银票一两市价仅值二百余文，而实银则值六千有余。钱票每千仅值当十钱一百余文，后来每千只抵十余文。纸币急速贬值，而欧美等国商人贱价收买纸币，仍按原规定五成的比例交纳海关税，从而乘机捞了一把。至此，清政府不得不急令户部及各省收回和撤销所发票钞。历时不及十年的官票宝钞制度就随着它的咸丰皇帝的"驾崩"也"寿终正寝"了。

① 《咸丰东华录》，转引自杨端六《清代货币金融史稿》，第112页。

第五章　清代银钱比价的变动

　　清代通货的纷乱复杂情况，已如第四章所述，然而整个清代自始至终流通中最主要的货币只有两种，即银两与铜钱。银两和铜钱作为货币同时流通，而彼此之间却没有固定的价值联系，因此银与钱的比价时常变动。清初顺治二年（1645年）以后，清政府想维持钱一千合银一两的比价，特别是十年（1653年）以后所铸的"一厘钱"，直接标明钱一文值银一厘，即千文合银一两，但时间很短，到十七年（1660年）停铸。再过两年就收毁了。自此以后直到终清的二百多年间银钱比价一直摇摆不定，成为清代货币制度方面最重要而又最复杂的问题。

　　清初规定银一两合钱一千的比价虽只维持了短短的几年，但这个规定，却成为后人衡量银钱比价的标准，即银一两值制钱的数目，若在一千以下，就称为银贱钱贵，若在千文以上，即称为银贵钱贱。当然，这个标准是很粗略的，因为它舍去了许多不定的因素，如制钱的法定成色、重量的变动，各省镇局铸钱成色、重量的不同以及私铸小钱等等。我们以银一两等于钱千文的大致标准来衡量整个清代的银钱比价，约可分为三个时期：顺治到嘉庆中期约一百六十多年的相对稳定时期；嘉庆中到咸丰初约五十多年的银价激烈上涨时期；咸丰中到清末约五十多年的银钱比价回落时期① 。下面分别概述三个时期的基

---

　　① 三个时期的划分是采用杨端六《清代货币金融史稿》第３篇的分期法，其中部分资料亦多出自杨著。

114

本情况，其中着重讲述嘉庆至咸丰年间银钱比价激烈变动的问题。

第一节　顺治到嘉庆中期

这一时期，银钱比价大都偏低，一般在一千文以下。顺治二年（1645年）钱"七文准银一分"，即银一两合钱七百文；康熙二十三年（1684年）"每银一两仅得钱八九百文"，雍正中，"其时银价每两易钱七八百文"；乾隆十年（1745年）陕西每银一两"只易钱七百二三四十文"；直到嘉庆十一年（1806年）以前，一直是"钱价昂贵"。其间也有几次在千文以上，例如康熙九年（1670年）、三十六年到五十六年（1697—1717年），还有雍正七年（1729年），乾隆五十六年到六十年（1791—1795年），这里除康熙年间那次因"小钱"关系持续了二十一年外，其他几次时间都很短，幅度也不大。

这一时期银钱比价为何偏低，即为何银贱钱贵？又何以有几次银钱比价偏高，即银贵钱贱？当时人们认为，银贱钱贵是由于钱少，而钱少由于私毁，私毁又因官钱太重。康熙十二年（1673年）九卿议言："铜价所在高昂，而毁千钱已可得铜八斤有余。铜价浮于钱价，直可获利以倍，非严立科条，不能禁其不毁制钱也。"[1] 康熙二十三年管理钱法的吏部左侍郎陈廷敬在杜制钱销毁之弊疏中说："钱日少而贵者，盖因奸宄不法毁钱作铜牟利所致。鼓铸之数有限，销毁之途无穷，钱安得不贵乎？"[2] 同样地，对几次暂时发生的银贵钱贱现象，则认为是由于钱

---

[1] 《清朝文献通考》，卷14。
[2] 《皇朝经世文编》，第53卷。

多，而钱多是因官钱过多和私钱充斥。顺治十四年（1657年）清帝在谕旨中说："各省开炉太多，铸造不精，以致奸民乘机盗铸，钱愈多而愈贱。"① 总而言之，无论是银贱钱贵或银贵钱贱，据当时的看法，其原因都单在钱的一方面。

我们认为，这种出自钱的唯一方面的看法是不完全的。就一般而论，银钱比价变动，其原因可能在银，也可能在钱，或银钱兼而有之，然而清代前期银钱比价变动的原因主要在银，而不在钱。因为在清初的一百多年中，绝大部分时间是银贱钱贵，其所以如此，固然因为铜价浮于钱价，毁钱为铜有利可图；而铜价上涨却因银价相对下降。清初的一百多年间，铜钱一般呈现紧缩现象，制钱对白银的价格很高，白银一两换制钱七八百文到八九百文，所以用铜钱计算的物价较低；而以白银计算的物价，却有上涨的趋势，即银价下跌（乾隆时，用铜钱计算的物价也有上涨，这是由于铜钱减重所造成的）。银价对于铜价的相对下降，是因为白银大量从国外输入。清初一百多年间，社会经济有了新的发展，对外贸易增加，白银输入也随之增多。白银的源源流入，就使得顺治初年到嘉庆十二年期间银价较低，银钱比价呈现出相对稳定的趋势。

清政府为了维持银钱的约略比价，不使钱价过低或过昂，从制钱方面采取了一系列措施。为对付制钱的私铸私销，采取加减钱的重量办法。雍正时，有谕旨说："铜重则滋销毁，本轻则多私铸，原宜随时更定，筹备变通，斯可以平钱价而杜诸弊。"② 当钱重私销盛行时，则减轻制钱的重量；反之，当钱轻私铸盛行时，又加重制钱的重量。从顺治到嘉庆的一百多年间，

① 《清朝文献通考》，卷13。
② 《清朝文献通考》，卷15，

116

128

曾多次加减钱的重量。例如，康熙二十三年（1684年）由每文重一钱四分改为一钱，就是由于当时私销过多才实行的。这是清政府第一次减轻制钱的分量。但当制钱减重后，铸钱变为有利可图，于是私铸蜂起，钱价下跌，物价上涨，这时又要加重钱的分量。康熙四十一年（1702年）又从每文重一钱改回一钱四分。雍正十二年（1734年）又改为一钱二分。为解决钱少钱多的问题，采取的措施是加减制钱的铸发数量，使之适应流通的需要。对于宝源、宝泉二局，采用增减卯数，对于各省镇局，则是全部或部分开铸或停铸，增减炉数和增减卯数。顺治初年到嘉庆十二年，各省镇局曾全部停铸三次，即顺治十四年（顺治十七复开）、康熙元年（康熙六年复开）和康熙五十九年（嘉庆元年复开）。此外，时而停开某省镇局，时而复开某省镇局，以及增减个别局的炉数卯数，差不多每隔几年就发生一次变动。

另外还有一种措施是采用搭收搭放的办法，来调剂制钱的流通。搭收就是银钱并收，如顺治十四年（1657年）户部建议改变过去"省直征纳钱粮，多系收银"的办法，而改为"银钱并收，以银七钱三为准。"[1]搭放就是对官俸、兵饷等以银钱按成配给，如康熙六十一年（1722年）户部建议"八旗发给月饷，暂以银钱各半搭放"，雍正元年（1723年）"放饷为两月一次，银八钱二配给"[2]。

这一时期银钱比价变化本来不大，清政府库里又掌握着比较充足的银铜两种货币材料，尤其白银供应充足，因而这时采取的一些调剂钱值的措施也能起些作用，所以银钱比价表现出

---

[1] 《清朝文献通考》，卷13。

[2] 同上，卷14、15。

相对的稳定，虽银价稍低但无大波动。

第二节　嘉庆中到咸丰初期

在这一期间由于银价暴涨导致银贵钱贱的现象，使中国货币问题开始了历史性的变化。中国币制从此就与世界发生了联系，白银本身价值的变动和它流入流出国界的情况，也造成国内的货币问题。所以我们在此应作较详细的叙述。

一、银贵钱贱概况及其原因的分析

银钱比价经历了一百六十多年的相对稳定时期，到了嘉庆十三年以后，便发生了激烈的变化，银价突然昂贵，变为"钱贱银昂，商民交困"了①。嘉庆二十三年（1818年），"银价增昂，每两换钱一千三百余文"②。到道光十八年（1838年），"每银一两换制钱一千六百有零"③。道光二十五年更增至"京中纹银每两易制钱几及二千文，外省每两易钱二千二三百文不等"④。自嘉庆十三年至咸丰六年（1808—1856年）近半个世纪是银价激烈上涨时期，银每两换制钱数由一千二三百文涨至二千文以上，为清朝开国一百六十余年来所未有，这对清朝统治者的震动很大。为此，清朝统治者从皇帝到大臣，从朝廷到地方，都对此议论纷纷，探索原因，思谋对应的方策。

那么，这一时期银贵钱贱的原因何在呢？对此，当时人们的认识并不一致。很多人认为，银贵钱贱是因为人口越来越

①　《皇朝政典类纂》，钱法2。
②　《皇朝政典类纂》，钱币7。
③　《筹办夷务始末》，第2卷。
④　《皇朝政典类纂》，钱币4。

118

多，费用越来越大，"钱由官铸，岁岁而增之，银不能给也"①。这种观点似乎有道理，乾隆、嘉庆年间人口确实增加很快。据《清史稿》载，乾隆二十九年（1764年）全国人口为二亿五百五十余万，六十年（1795年）为二亿九千六百余万，嘉庆二十四年（1819年）为三亿多，道光二十九年（1849年）为四亿一千万以上，即八十五年人口增长一倍。人多费用广，流通中的货币量是要相应地增加的。但是，人口和费用的扩大是长期而缓慢的，何以嘉庆、道光年间银价突然昂贵呢？再者，货币流通需要量的增加，对白银和对铜钱的需要量应大致相同，那为什么银贵而钱贱呢？也有不少人认为，清政府重视白银而轻视制钱，用银之处多而用钱之处少，"历代所铸之钱流行宇内，然自小民日用之外，殆无用钱之处，此制钱所以日轻也。部司库藏皆以银为出入，此纹银所以日重也。"②这种观点也没触及问题的要害。因为重银轻钱是清朝开国以后就决定了的国家政策，并非嘉庆、道光年间才发生的现象；而且实际上嘉庆中已将乾隆年间部库积银七千余万两"亦渐耗矣"，既然铸钱的数量仍旧，放银的数量增多，更不应产生银贵钱贱的后果。还有些人认为银贵钱贱是由于私铸小钱所致，铜钱本身的重量减少了，自然钱贱而银贵了。据道光三十年（1850年）的上谕说，每月发放给八旗的饷钱中，每千搀杂数十文小钱。这种观点自然有理，但用它说明银价少量上涨（如10％）是可以的，而当时银价却是成倍上涨，因此这也不足以说明问题。总之，上述几种认识，虽然各有所见，但都不是银贵钱贱的主要原因。

　　银贵钱贱的主要原因是白银大量外流，而白银外流又是由

---

① 《筹办夷务始末》，第3卷。
② 《皇朝政典类纂》，钱币4。

于鸦片的大量输入。持这种观点的人越到后来越多，这才算找到了症结的所在。

二、鸦片输人引起的白银外流是银贵钱贱的主要原因

清代道光以前，中国一直是白银入超的国家。白银自明代中叶以后取得了主要货币的职能，但中国白银出产很少，所需白银主要来自外国。

中国是世界上文化发展最早的国家，资本主义的萌芽并不比其他国家发生得晚，中国生产的丝、茶、瓷器等早在国际市场上享有盛名。同时中国广大农村又主要是自给自足的自然经济，对外国商品需要甚少。因此，那时候的对外贸易，几乎是单方面的货物出口，货物出去，白银进来，外国船到中国来，所带之物，十分之九是白银。根据东印度公司的记录，自康熙二十年到道光十三年（1681—1833年）的一百五十三年间，仅欧洲船只输入中国的白银，可约略估计的，当在八千万两以上。如果加上来自菲律宾和日本等地的白银，恐怕有几亿两之多①。

一向白银进口的中国，从道光年间起转为白银出口的原因，主要是鸦片的大量输入。根据东印度公司的记录，鸦片第一次输入中国是在康熙四十三年（1704年），数量很少。雍正七年（1729年）曾下令禁止，鸦片输入数目每年只有两百箱（每箱约百斤）。乾隆二十二年（1757年）东印度公司取得了印度鸦片的专卖权，于是鸦片贸易迅速发展。乾隆三十八年年输入约一千箱。嘉庆以后，输入数目激增，每年约四千箱；道光初每年为八千多箱，末年增到三万箱以上；咸丰年间每年到过六万多箱。为简明起见，兹将魏建猷根据李圭鸦片事略及

① 见彭信威《中国货币史》，第854页。

马克思的鸦片贸易论文的数字所列历年鸦片输入统计表列于后①。（见表三）

（表三）　历　年　鸦　片　输　入　统　计　表

年　　代	公　元	箱　数	价值（元）	备　　注
嘉　庆　五　　年	1800	2,000		（1）每箱约百斤。
二十一年	1816		2,500,000	（2）凡只举箱数未标明价
二十二年	1817	3,210	3,567,000	值，或只标价值未举箱数
二十五年	1820	5,147		的各年份数字，均系根据
道　光　元　　年	1821	7,000		马克思论文，这种数字当
二　　年	1822	4,628	8,314,600	较李圭的更可靠，由此也
四　　年	1824	12,639		可见李圭所列的数字远较
六　　年	1826	9,969	9,601,085	实际数字小。
七　　年	1827	9,535	10,425,075	（3）摩尔斯的中华帝国国
八　　年	1828	13,736	12,533,115	际关系史中亦载有历年鸦
九　　年	1829	13,990	12,057,157	片输华数字，与本表多有
十　　年	1830	18,760	12,904,263	出入，不具录。
十一年	1831	14,225	11,504,263	
十四年	1834	21,785		
十七年	1837	39,000	25,000,000	
咸　丰　六　　年	1856		35,000,000	

　　在天津条约（1858年签订）以前，鸦片输入一向为走私性质，没有海关数字可查，所以表三所列数字都不十分可靠，但从中仍可看出嘉庆道光年间鸦片输入的大概。仅就这个表来看，从道光初年到道光末年，每年耗银从一千万元左右增加到二三千万元。须知，清政府在嘉庆道光以前，每年国家总收入不过四千八百余万两（漕粮约四百万石除外），中央和地方合计每年总支出还不过三千五百万两。这样对照来看，可知鸦片输入耗银数目之巨，是当时社会经济所负担不起的。清朝统治者也感

---

　　①　魏建猷《中国近代货币史》，第5页。

到了问题的严重性，惊呼"若再数年间，银两愈贵，奏销（国家开支）如何能办，税课如何能清，设有不测之用，又如何能支"了。

人们最初认为纹银外流是由"夷商"用低色银元易我足色纹银所致。其理由是：纹银成色比洋钱成色一般要高8％，而当时在广州以纹银兑换外国银元还要把银子打7％～8％的折扣。据两江总督林则徐等人在道光十六年（1836年）的一份奏折里说，从前洋钱流入内地，其成色比纹银为低，其价值比纹银为贱，近来苏松一带，洋钱每元换到漕纹八钱一二分以上，比三四年前，每元价值实已抬高一钱。他还算了一笔帐：查苏州工商辐辏，洋钱行使最多，每元加价一钱，十元即加一两，以一百万元而计，即已潜耗纹银十万两了①。这样看来，洋人用洋钱大量套购纹银出口，自然要造成现银外流了。

然而，照林则徐的估计，洋钱行使最多的苏州，以一百万元计，也只不过耗银十万两，但当时白银短缺的现象已相当严重，每年耗银已达上千万两。随着国内白银日少而银价日昂，朝廷内外逐渐认识到，鸦片大量输入才是引起白银大量外流的主要原因。道光九年(1829年)御史章沅奏粤洋通市不得违例私易银钱请议禁止章程折："至鸦片烟一物，流毒滋甚，该处伪标他物名色，夹带入粤，每岁易银至数百万之多，此岂寻常偷漏可比。"②道光十三年（1833年）林则徐、陶澍在奏折中说："鸦片烟由洋进口，潜易内地纹银。此尤大弊之源，较之以洋钱易纹银，其害尤烈。盖洋钱虽有折耗，尚不致成色全亏，而鸦片

---

① 《中国近代货币史资料》第1辑，上册，第49—50页。
② 《中国近代货币史资料》第1辑，上册，第3页。

以土易银，直可谓之谋财害命。"① 道光十七年（1837年）上谕说："御史朱成烈奏，银价昂贵，流弊日深，请饬查办一折。所奏甚是。银钱价值两得其平，方于国计民生均无窒碍。近来钱价日贱，自系纹银不足所致。推原其故，固由于风俗奢侈，耗于内地，而禁烟（即被禁之烟—鸦片）一物贻害尤甚，耗银尤多。若如所奏，广东海口每岁出银至三千余万，福建、浙江、江苏各海口出银不下千万，天津海口出银亦二千余万，一入外夷，不与中国流通，又何怪银之日短，钱之日贱也。"② 道光十八年（1838年）鸿胪寺卿黄爵滋在奏折里说得更具体：臣窃见近来银价递增，非耗银于内地，实漏银于外夷也。盖自鸦片烟流入中国，粤省奸商勾通巡海兵弁，运银出洋，运烟入口。道光三年以前，每岁漏银数百万两，"自道光三年至十一年，岁漏银一千七八百万两，自十一年至十四年，岁漏银二千余万两，自十四年至今，渐漏至三千万两之多。此外福建、江浙、山东、天津各海口，合之亦数千万两。以中国有用之财，填海外无穷之壑，易此害人之物，渐成病国之忧。日复一日，年复一年，臣不知伊于胡底。"③

朱、黄奏折所引数字未必确实，但从中可以清楚地看出，朝廷内外对于嘉庆道光年间银贵钱贱的主要原因是鸦片大量输入而引起的白银大量外流，在这一点上的认识越来越明确，并痛切地感到了问题的严重性。至于鸦片战争以前白银流出的数额究竟有多少，因无全面的统计资料可查，我国史学界历来根据当时的一些奏折来估计，认为鸦片战争前的十年间(1830—1839

---

① 《中国近代货币史资料》第1辑，上册，第16页。
② 同上，第28—29页。
③ 同上，第30页。

年），平均每年白银外流在一千万两以上①。近年来有人对此提出不同意见，认为这种估计数字偏高，他们估计十九世纪三十年代因支付贸易逆差所流出的白银，平均每年约合银五六百万两②。即使这样，则十年间流出的白银和银元仍是巨大的数字。

三、银贵钱贱的后果及清政府采取的对策

鸦片输入，白银外流，以致银贵钱贱，其后果极为严重，下自普通老百姓，上至清朝统治者，都受到了很大的震动。

银贵钱贱最直接最主要的受害者，是农民、小手工业者和小商人。因为当银价比钱价激烈上涨之时，用铜钱表示的农产品和小手工业品的零售价格基本上不变，所以当农民和小手工业者出卖自己的劳动成果时，他们的收入并没有增加；可是银价高昂了，当他们必须用铜钱换取白银以缴纳各种赋税时，就要付出更多的铜钱，因而他们的实际负担就随着银价的上涨而加重。这种情况，对于广大劳动者的打击是很沉重的，就连镇压太平天国革命的大刽子手，当时任邢部左侍郎的曾国藩也不得不承认这一点。他在上疏中说："东南产米之区，大率石米三千，自古迄今，不甚悬远。昔日两银换钱一千，则石米得银三

---

① 严仲平等编《中国近代经济史统计资料选辑》，第28—29页。"鸦片战争前夕中国每年的白银流出量，即使是保守的看法，似乎也决不在一千万两以下。"杨端六著《清代货币金融史稿》指出："这些奏折指明一个事实，即鸦片战争以前十年间因为鸦片走私进口而岁耗内地纹银决不在一千万两以下"，并详细地驳斥了马士所说"这不是事实"的话"是毫无理由的。"《中国通史简编》甚至估计高达三千万两。

② 李伯祥、蔡永贵、鲍正延的文章，《关于十九世纪三十年代鸦片进口和白银外流的数量》，载《历史研究》1980年，第5期。文章认为，当时的某些奏折是从鸦片进口直来判定"漏银"的，而不是从整个进出口贸易的逆差来估计的，因而是错误的；并进而指出，即使按鸦片进口数量作出估计，其数额也没有那样大。他们估计十九世纪三十年代因支付贸易逆差所流出的白银，平均每年约为七八百万元，合银五六百万两。

124

两。今日两银换钱二千，则石米仅得银一两五钱。昔日卖米三斗，输一亩之课而有余。今日卖米六斗，输一亩之课而不足。朝廷自守岁取之常，而小民暗加一倍之赋。"① 这里，曾国藩明白无误地承认，由于银贵钱贱，农民的实际负担增加了一倍多。当然，他说的并非全是真话，所谓"朝廷自守岁取之常"，不过是溢美之辞，欺骗之语，试想正值镇压太平天国起义、军费浩大之时，要统治阶级不直接加重人民的负担，那是绝对不可能的。商人的处境也是如此。他们出售商品收进铜钱，而成批进货和纳税却都要用银，自然在银钱兑换上发生损失。就连当时的盐商也在叫苦："银价日昂，盐务尤被其累。盖民间买盐用钱，商人赴场领盐纳税俱用银。银价加昔日一倍，即系以一岁完两岁之课，是病商也。"② 不过盐商是领引专卖制度，他们可用抬价办法，把一部分负担转嫁给人民，但在银钱比价剧变时也会受些损失。

　　银贵钱贱不仅仅是经济问题，而且会酿成严重的政治问题。小民钱粮难纳，而统治阶级却不会因此减轻对人民的盘剥，恰恰相反，还是日益加重，人民不堪其苦，以致"激成抗拒"，连曾国藩也不得不承认这一点。他说："州县全力以催科，犹恐不足，往往委员佐之。吏役四出，昼夜追比，鞭扑满堂，血肉狼藉。……自银价昂贵以来，民之完纳愈苦，官之追呼亦愈酷。或本家不能完，则锁拿同族之殷实者而责之代纳。甚至锁其亲戚，押其邻里。百姓怨愤，则抗拒而激成巨案，如湖广之耒阳、崇阳，江西之贵溪、抚州。此四案者，虽闾阎不无刁悍之风，亦由银价之倍增，官吏之浮收，差役之滥刑，真有日不聊生之

① 《曾文正公奏议》，奏稿卷1。
② 《中国近代史资料》丛刊，《鸦片战争》1，第526页。

势。"① 他的陈述除诬蔑人民有"刁悍之风"外，其他决非过甚之词。鸦片战争后的十年间，全国各地农民起义此伏彼起，不下一百多次。中国历史上规模最大、坚持时间最长、影响最深的农民革命战争—太平天国起义，就是在这样情况下，于1851年（咸丰元年）爆发的。这次革命，给了清朝统治者以沉重的打击。

鸦片输入，白银外流，银贵钱贱，这对清政府的影响是多方面的，也是很严重的。大量鸦片的输入，不仅损害了人民的健康，而且也加重了清政府的财政困难。鸦片战争以前鸦片输入属于走私性质，不仅影响着清政府的关税收入，而且导致白银外流；国内农业、手工业和商业的停滞与破产，影响着清政府的各项赋税收入；人民群起反抗，直接动摇着清朝的统治；而为镇压人民的反抗，又增一重巨大的财政耗费。因此，这时的清廷十分困难，捉襟见肘，穷于应付。道光二十六年（1846年）内阁学士朱嶟在谈到当时清政府财政困难的窘况时，叹息道："府库日虚，征求益急。当此之时，会计之司左支右绌，一筹莫展。"②

面对着银贵钱贱所引起的严重后果，朝廷内外议论纷纷，并苦思焦虑，筹谋对策，以便维持他们的统治。但因对银贵钱贱的原因认识不同，故所提出的对策也不一致。归纳他们的意见，按照时间的先后，有以下几种措施：

第一，禁银出口。当时既然认为银贵钱贱是由于银少，银少是由于外流，很自然地就想到了禁止白银出口这个办法。早在"嘉庆十四年间，因有银两偷漏出洋之弊，奉旨饬查，经两

---

① 《曾文正公奏议》，奏稿，卷1。
② 《皇朝政典类纂》，钱币4。

广总督会同海关监督奏明申禁在案。"① 道光二年（1822年）朝谕准御史黄中模之奏，"著广东督抚、海关监督，派委员弁，认真巡查出口洋船，不准偷漏银两。仍不时查察，如有放纵之员，即行参革治罪。"② 其后两广总督李鸿宾等两次拟定严禁官银出洋私货入口章程，指出"惟纹银出口，必不可不实力严禁，……再加申明，以严偷漏。"③ 从以上简单引证可以看出，大约在道光十年前的几十年间，朝廷上下反复议论禁银出口之事，正好说明这项措施并没有解决问题。事实上，鸦片进口不能禁止，白银外流自然也禁止不住。

第二，禁止鸦片入口。弃本就流的禁止纹银出口的办法既然行不通，于是人们便转向禁止鸦片入口上打主意。道光十一年（1831年），冯赞勋奏陈夷人夹带鸦片烟入口积弊请饬查严禁折，主张"驱逐烟匪，严治快鞋，严拿窑口"④ 道光十八年（1838年）黄爵滋在请严塞漏卮以培国本折中，列举当时的各种对策，认为严禁海口、禁止通商、查拿兴贩等都不能实行，而主张"加重罪名，严治吸食"。当时湖广总督林则徐赞成他的意见，说："儆顽心而回颓俗，是不得不严其法于吸食之人也。"⑤ 那时吸食鸦片的人数众多，不仅王公、大臣、地主、官僚，而且在中产阶级中甚至所谓下流社会也极普遍。要禁吸鸦片，必先断其来源。所以禁止鸦片入口的主张，呼声愈来愈高，到接近鸦片战争时，达到最高峰。随后林则徐被命为钦差大臣，到广东查禁鸦片，应该说，这种主张，抓住了银贵钱贱问

① 《清代外交史料》，道光朝1。
② 《中国近代货币史资料》第1辑，上册，第2页。
③ 同上，第7页。
④ 《清代外交史料》，道光朝4。
⑤ 《中国近代史资料选辑》，第29页。

题的关键，是正确的，也是有进步意义的，但由于英帝国主义的蛮横和清朝统治的腐败，鸦片战争以失败而告终。战后，自然也就少人再提禁烟一事了。

第三，重视制钱。这种主张针对银贵钱贱是由于国家重银轻钱的认识而提出的。既然国家重视白银导致银贵，若重视制钱必能改变钱贱之弊，这是符合逻辑的推理。道光十七年（1837年），包世臣在《再答王亮生书》中说："银之用广，富贵家争藏银，银日少。……欲救此弊，惟有专以钱为币，一切公事皆以钱起数，而以钞为总统之用，辅钱之不及。"① 吴嘉宾在《钱法议》中说："请银钱并收，起运留支俱银钱各半，永为经制。"② 当时清政府的措施不过是银钱搭配收支的办法，实际上不能挽救银贵钱贱之弊，且违背货币材料由贱金属向贵金属过渡的客观规律，因此也是注定行不通的。

此外，还有议行大钱、禁银行钞、自铸银元等各种主张，分别想以大钱、纸币和自铸的银元来济银之不足。这些主张，若作为改革币制的建议提出，还有些道理，但欲以此解决银贵钱贱之弊，则几乎是风马牛不相及。比如自铸银元，所能解决的只能是洋钱和纹银间的比价问题，而不能解决纹银和制钱间的比价问题，其道理是显而易见的。行用大钱和纸币，在咸丰年间皆付诸实施，造成一次严重的通货膨胀，已于第四章内述及。

第三节　咸丰中到清末

银钱比价经嘉庆至咸丰年间的激烈上涨，咸丰七年（1857

① 《皇朝政典类纂》，钱币3。
② 《中国近代史资料》丛刊，《鸦片战争》1，第525页。

128

年）以后逐渐回落。这年王茂荫等在奏折里说，江浙银价向来每两换制钱二千有零，现在每两仅易制钱一千一百余文①。梁启超在《各省滥铸铜元小史》里说，同治光绪年间所用的制钱，其质与量比过去都没有增加，而"钱价乃能逐渐腾涨，几于以一千文能易一两，骎骎乎复康雍之旧"。人们对这一时期银钱比价回落的原因大致有三种看法。第一种看法是中国贸易出超，纹银大量进口。冯桂芬在《显志堂集》中说："咸丰五年，泰西诸国大水，桑尽扑，中华丝市骤盛，一年中卖丝至六七千万两，各货及鸦片不足抵，则运银偿之，银遂骤贱以迄于今。"② 这时银每两可易钱千四五百文。第二种看法是外国人收买铜钱装运出口。咸丰七年（1857年）王茂荫等人的奏折说："江浙银价向来每两换至制钱二千有零。自英人收买制钱，钱即涌贵。以钱易银之数渐减至半"，这时银每两易制钱一千一百余文③。第三种看法是中国铸钱日少，世界银价日跌。光绪二十一年（1895年）两江总督张之洞在奏折中说："各省停铸制钱以来，市用铜钱日见其少，加以私销不绝，钱价因之日昂。"④ 梁启超在分析同治光绪年间银钱比价"骎骎乎复康雍之旧"的原因时指出：太平军占领南京以后，政府见铸钱无所获利，各省钱局率皆闭歇，民间私铸亦无利可图，故钱之供给日少；中国人口每年平均约增加百七十万，一切交易大半以钱，故钱之需求日加。太平天国以后，对外贸易渐保平衡，加以光绪十七年（1891年）以后世界银价骤落，于是钱价涨而银价跌⑤。

① 《咸丰东华录》。
② 转引自杨端六《清代货币金融史稿》，第221页。
③ 《咸丰东华录》。
④ 《南皮张宫保政书》，第9卷。
⑤ 《中国近代币制问题汇编》第3册，第77—78页。

129

以上三种意见，总括起来说，一是由于钱少，一是由于银多，唯有梁启超提到了世界银价下跌，但仍未作为主要原因。其实，把当时中国半殖民地半封建社会的通货放到国际环境中去观察，就会比较清楚地认识到，这一时期银贱钱贵的主要原因是银价下落。据1904年"美国国际汇兑委员会报告"：1882－1902年的二十年间，银对于金跌价49.7%，而铜对于金只跌价26.6%[①]。这就是说，以金为标准，银与铜虽然都有跌落，但银比铜下落得更多，因此，这一时期的银钱比价变动，与其说是由于钱贵，莫如说是由于银贱，更为恰当。当时银贱的原因主要有两条：一是白银生产力的增加，二是白银需求的减少。全世界的白银生产，自十七世纪以来每年约在千万两左右，十九世纪前四十年每年增加到约二千万两，十九世纪底更达到每年平均一亿两以上。比如，1851－1860年共生产白银二亿四千余万两，1901－1910年则生产十五亿二千余万两，也就是说，后一个十年生产的白银为前一个十年的六倍多。[②]而恰恰在白银生产力大增之时，白银的用途却大减。这时候世界各国先后从银本位或复本位过渡到金本位或金汇兑本位，也有些国家虽未改用金本位，但停止自由铸造银币，于是大批白银抛向国际市场，银价便大幅度下跌。

这一时期由于铜价跌落幅度比白银小，钱贵而少，这必然给商品流通和广大人民的生活带来很多不便。当时不少人指出，钱价涌贵，"兵民交困"、"官钱日乏，商民病之"。光绪二十一年（1895年）两江总督张之洞在一份奏折中说："窃查各省停铸制钱以来，市用铜钱日见其少。……邻省皆禁运钱出

① 《美国国际汇兑委员会报告》，第56页。
② 见彭信威《中国货币史》，第358页。

130

境，以致市面愈不流通。小民生计艰难，商贾即多折阅（音shé，折阅犹言折本，亏本）。民间完纳丁漕厘课，大为苦累。百事窒碍，民情惶扰，时值岁暮，生事可虞。"[1] 同年御史王运鹏在奏折中更表示忧虑。他甚至认为，若日本以其所获甲午战争赔款一万万两白银购买中国铜钱出口，就可买尽中国制钱，而中国产铜不多，官方无力挽回，民间又不能不用，其必至于溃败决裂，造成严重后果[2]。

　　既然当时人们认为银贱钱贵的主要原因在于钱贵，那么他们想出的办法就都旨在解决钱贵问题，如主张铸钱加炉加卯，改用机器铸钱等等，以便增加钱的供应。此外，咸丰年间为济钱的不足，还曾铸过大钱和颁行钞法。然而这不但与调剂银钱比价无补，还造成一次通货膨胀，给人民带来更大痛苦。光绪十年以后，开始用机器铸钱，这是我国铸币技术上的一大进步，但对于调剂银钱比价却无能为力。世界性的银价跌落，清朝统治者并不认识，即使能够认识，也无力改变，所以他们企图维持银钱比价的努力当然不会成功。

　　清代自开国以来即以银两和制钱并行，国家收支和巨额贸易虽多用银两，但一般的货币流通，主要还是制钱，所以在清中叶以前的货币问题，和过去历代一样，在铜钱方面而不在银两，也就是钱重、钱轻、私铸、私销及铜价等问题。当然，在钱的后面，也隐藏着银价的波动问题。及至鸦片战争前后，随着外来资本主义势力的侵入，中国的货币问题开始发生了变化，即由制钱转移到银两，银价的涨落已成为货币问题的中心。这一时期，国内白银大量外流，造成银贵钱贱的严重现象，

---

① 《南皮张宫保政书》，第9卷。
② 《皇朝政典类纂》，钱币1。

使封建社会长期成长起来的货币制度发生了根本的动摇，并使中国币制更加纷乱复杂，形成半殖民地半封建社会经济基础的一部分。此后，中国再也不能闭关自守，在货币方面无法摆脱世界银价波动的影响，所以那时银贵钱贱问题虽然引起朝野极大震动，而任何措施都无济于事，等待后来世界银价跌落，问题才自动解决。然而世界银价低落的同时，金价也逐渐上涨，所以到十九世纪末叶以后，国外金银比价的变动又给中国货币制度带来新的更大的问题，对中国经济的影响也更加严重。这将在第十章中论及。总之，中国境内的金银产量都有限，无论用金或银为货币都难以自给。加以当时经济落后，对外贸易入超，处处仰给于外国，货币材料的供需又为世界金银价格的变动所左右，在此情形下欲谋求比较健全的货币制度，真是"戛戛乎难哉"!

132

第六章　清代封建性质的信用机构及其业务

清代信用机构的复杂程度也为中国历史上所仅见。既有古老的高利贷信用的当铺，也有自明代中叶以后产生的钱庄，和与钱庄性质相近的银号，以及官办的银钱号，还有清代出现的封建色彩极为浓厚的票号。此外，鸦片战争之后，外国资本主义银行相继在中国开业，吸吮着中国人民的膏血。清代末期，民族资本银行也开始出现。这些性质不同、规模各异、业务亦各有侧重的信用机构同时并存，体现着中国由封建社会向半殖民地半封建社会转变的若干特点。除在华外国银行和本国民族资本银行留待下面两章分别介绍外，本章仅就上述数种封建性质的信用机构和它们的主要业务分别叙述之。

第一节　典当业

典当业俗称当铺，是中国最古老的信用机构。据考证，最早称为质库，约出现在南北朝时期，到唐代已相当发达[①]。典当业是一种高利贷资本，经营以物品抵押的个人放款为主。清初典当业发展较快，资本额也有扩大。明朝时一家典当业的资本

---

① 见《南朝甄法崇传》和《唐会要》，第85卷。

额一般在一万两之下，清朝大当铺的资本额常在五万两以上。

"典当"二字，近世人们多并用，连为一辞，认为是一回事，也有说大规模的称"典"，小规模的称"当"的，另有把典当业按其规模的大小和取赎期限的长短分为典、当、质、按、押五种。不过这些名称上的区别并无重要意义。典当物的种类很多，一般以"估衣"一项为大宗，此外还有"首饰"、"铜锡"、"钟表"及"杂项"。估衣包括皮、棉、单、夹、纱各种男女衣服、各种衣料、绣片等；首饰即金、银、珠、玉、镶嵌各种首饰；铜锡即各种铜铁器皿；钟表包括大座钟、怀表、手表、各种挂钟等；杂项范围较广泛，包括各种古董、字画、碑帖、各种家具、陶瓷器等。典当物取赎时间长短不一，分为六个月、一年、二年、三年等等。典当业的利息率，清朝效法明朝的规定，每月取息不得过三分。一般说来，典当物价值越小、取赎时间越短的，利息率就越高。典当物到期不能取赎，就成"死当"，物品由当铺自行处理。因此，饥寒交迫的劳动人民为解燃眉之急的小额典当，受剥削最重。据乾隆年间湖州府志记载康熙年间的情况说，"湖郡当息，向例十两以上者每月一分五厘起息。一两以上者每月二分起息。一两以下每月三分起息。贫农衣饰有限，每票不及一两者多，隔一、二年，本息科算不能取赎，每多没入。"但清代中叶以后，几乎所有典当都不论期限和额度，一律按三分计息。当铺剥削之重，不仅在于利率之高，而且还在于处理"死当"物品，因接当时一般按物品价值对半贷款，对旧衣服常按价值的三分之一，到满期不赎，当铺转卖时常获一两倍的额外利益。另外还有许多舞弊行为，例如，当铺用两种戥子衡量金器饰，兑进兑出轻重有差，从中欺骗顾客。广大劳动人民受当铺的剥削、欺诈，是罄竹难书的，

134

因此常激起平民的反抗，各地砸当铺的事清末时尤甚。

经营典当业由于有大利可图，很多地主、官僚和商人都争相投资，故清代典当业特别发达。这是旧中国的一大特点。如康熙三年（1664年）全国有大小当铺两万多家①，其中山西省最多，有四千六百九十五家，其次是广东省，有二千六百八十八家②。当铺之多是世界各国所少见的。但到清代中叶以后，典当业的数目逐渐减少，光绪十四年（1888年）已减为七千数百余家③，但每家当铺的资本额却在增大。大致乾隆年间每家小当铺的资本约在一二千两，到咸丰年间北京的最小当铺的资本也在二万两以上。当铺的利润也在增厚。光绪十四年，因河工需款，政府令各省每一当铺缴银一百两，作为预完二十年当税；光绪二十年，复因海防筹饷，每座当铺捐银二百两。可见清政府已把当铺的税捐视作一项财政来源。

当铺的日常业务，主要是收当和取赎。当铺营业季节性较强，所谓春当秋赎，成为普遍风气。腊月正月营业最为繁盛，时当年关，平民及小工商业者缺钱使用，成群结队向典当贷款；另一部分当户年关收入较丰，或因点缀年节，须将所当之物设法取赎回来，故此时当铺门庭若市，应接不暇。据张焘《津门杂记》说，天津县属城乡四十余家当铺，"一进腊月，则烂其盈门，柜台伙计，已有应接不暇之势，柜外人声鼎沸，纷如乱丝，从日出起直至日昃，迄无宁晷，至岁底数日，人数尤多，事情尤琐，大除夕，城乡当铺，一律向不关闭，纷纷一

---

① 康熙年间规定每年五两的当铺税，当时每年可收十一万多两，照此推算当有两万多家。

② 见《大清会典事例》，卷245，《牙帖商行当铺税》。

③ 见《清朝续文献通考》，卷47。

夜，竟有守候终宵者，至元旦日出，人数始稀。"①

当铺不仅放款，而且还接受存款，发行信用货币。在官银钱号尚未设立之前，国库及地方各库款项多存放典杂各商生息，或竟直接以库款投资开设当铺，称为"官当"。四川重庆夔州二营兵饷四万一千九百余两，由官方自行设典生息充尝，每年得息银五千三四百两②。道光二年（1822年）江南总督孙玉庭等奏请于司库筹拨银两生息，获得批准，照所请"即于江苏藩库耗羡等项下，拨银十万两，发典生息，每年共得息银一万二千两"③。连清皇室婚丧大事、园陵工程及帝后日常生活等项开销，也有一部分来自"官当"之利息。当时绅商富户的现款，也多交与典当存贮取息。大官僚则以当铺作为营运资金的处所，借给当铺取利。嘉庆初宣布和坤的罪状中，就有借款十余万于通州附近之当铺、钱店，以生利息一条④。这里所谓借款，用现在的话说，就是向当铺存款。当铺接当时，有时不付现钱、现银，而是付与可以随时兑现的钱票、银票，信用好的当铺所发的钱票、银票，自然能在一定范围的市面流通，于是便成了信用货币。当时大当铺发行银钱票的事情，是相当普遍的。

清代当铺的势力相当大。清初闹钱荒，政府企图利用当铺的力量稳定物价。乾隆年间北京城内外有大小当铺六七百家，政府想拨一批银两给它们充作资金，要它们吸收铜钱送官局发卖，可见它们有操纵钱价的力量。到咸丰年间政府发行大钱及

① 转引自钱亦石《近代中国经济史》，第48页。
② 见《清朝文献通考》，卷17。
③ 《道光东华录》。
④ 见彭信威《中国货币史》，第944页。

136

票钞，也曾利用当铺搭收搭付办法推行这项通货膨胀政策。由此可见，典当业在当时已经成为与政府和官僚合作的金融机关，而不仅仅是高利贷信用机构了。

清代末期，由于全国信用机构的发展，当铺业务的范围逐步缩小，发行银钱票和公款业务为官银号和私营钱庄银号所代替，存款业务也逐渐减少，然而它的本业即抵押放款却始终不衰。这一高利贷信用机构直到解放以后，才随着封建制度的消灭而告结束。

第二节　钱庄和银号

钱庄和银号是中国封建社会后期出现的信用机构，是从银钱兑换业务发展而来的。在北方各省及华南多叫作银号，长江流域及上海多称为钱庄；也有把规模较大的叫做银号，而把规模较小的叫做钱庄或钱铺；很多地方是两种名称并存的。总之，钱庄和银号在性质上没有什么差别。

清代银两、银元和铜钱流通的复杂情况造成了这种兑换业的发展。当然，兑换银两和银钱币，不可避免地还要附带评定金银成色和重量，这就抢去了旧有银楼（金店）的部分业务。后来，一些规模较大、资本较多的钱庄，逐渐经营起放款的业务。钱庄放款对象，主要是商业行号，每年都对丝、茶、糖、棉、烟、麻各行业发放大量贷款。此外，也办理工业放款，不过因当时工业尚不发达，故放款数量较小。钱庄银号放款的利息率，比典当业要低得多。乾隆年间典当利率大概总在二分以上，而钱庄放款利率多为一分左右。钱庄银号在乾隆年间已相当活跃，银钱比价的波动，多少受它们的操纵。到嘉庆道光年间，它们的势力更大。当时钱庄银号的存款业务已相当发达，除私人存款外，也往往收存政府的公款。它们特别愿意揽存政府公款，不仅由于公款数额较大，还因公款的存入能使它们的信誉大增，从而能获取更多的私人存款。

钱庄银号除经营钱币兑换和存放款业务以外，还发行钱票、银票两种兑换券。这两种兑换券，随时可以兑换铜钱和纹银，其性质与后来清政府所发行的不兑现的纸币完全不同。钱票、银票究竟从何时开始发行，尚不确知，想来是随着钱币兑换业务的发展而逐渐发展起来的。但有一点是很清楚的，就是到乾隆、嘉庆、道光年间，银钱票的流通已相当广泛。道光年间人们探究银贵钱贱的原因时，曾有人把钱庄的票钞流通视为主要原因，这种说法遭到当时很多人的反对。例如林则徐说:"钱票之通行业已多年，并非始于今日，即从前纹银每两兑钱一串之时，各铺亦未尝无票，何以银不如是之贵?"① 又贺长龄说:"今日之银票其每岁所会兑，盖数倍于钱矣，而银乃日贵，更何得以钱贱之故归咎钱票乎?"② 我们不管这个问题的争论，但由此可证明在道光以前银票和钱票已经盛行流通了。

当时清政府对私营庄号发行银钱票采取不干涉态度，听其自然。那时钱庄银号往往贪图发行的利益，无限增发，从而钱票银票超过它们资本的许多倍，一遇风吹草动，便因不能维持兑现而倒闭，使持票人蒙受损失。咸丰、同治年间，钱庄银号倒闭的情况相当严重。如咸丰三年（1853年）二月中旬，因太平天国革命曾引起北京钱业界一次挤兑风潮，持票人一齐去钱铺兑现，昼夜填街塞巷，人人争先恐后，以致钱铺措手不及，

---

① 《林文忠公政书》，湖南奏稿，第5卷。
② 《皇朝政典类纂》，钱币3。

纷纷倒闭，一天之内就关闭了两百多家。一些商店也因受牵连而停业。

晚清几十年间，是钱庄银号的最盛时期。它们的活动中心，先在北京，同治以后渐移到上海。光绪二年（1876年）上海单是汇划庄就有一百零五家之多。所谓汇划庄，即由上海的大钱庄组织一个汇划总会，作为相互清算机构，凡加入汇划总会的钱庄就叫做汇划庄。此外尚有一百多家小钱庄。清末，钱庄在法律上已包括在银行之内，据光绪三十四年（1908年）颁行的《银行则例》所列举的银行业务，如票据贴现、短期拆息、存款放款、买卖生金银和兑换、代收票据、发行汇票及银钱票等，都为钱庄所经营。但每一家钱庄却有一定的经营范围，并不都能具备所有这些业务。

外国银行势力侵入中国以后，钱庄银号不但没有衰落，反而更加兴盛。它们与外国银行互相勾结，互相利用，共同榨取中国劳动人民的血汗。外国银行设在大的通商口岸，只对洋行发放贷款，一般不贷款给中国工商业，而钱庄银号却与通商口岸和内地的工商业往来密切，从而起着搭桥的作用。在进出口贸易中，钱庄银号站在洋商和华商之间，直接为外国资本服务，从中分润其利。例如，上海洋商要办一批内地土货，委托上海华商采办。上海华商大都与本地钱庄往来，将所领货款交于上海本地钱庄，钱庄即作一票据或信函，通知其内地有关系的庄号照付；或者开具迟期兑付的汇票（俗称申票），交于华商，华商携票到采办地点，将票卖与当地钱庄（即贴现），取得现款（或取得该钱庄的庄票），借以偿付所购货款。（内地钱庄则将该项申票加价卖与赴沪办货的商人。）进口贸易的情况也是一样。当洋商把货物运到中国的通商口岸时，一些代销外国货的

139

华商就请求钱庄开出庄票，以便向洋商付款。外国银行只接受钱庄的庄票。由此可见钱庄与外国银行的密切关系。不仅如此，外国银行还对钱庄银号发放信用贷款，即所谓"拆票"，就是钱庄依其欲拆借的金额，作一庄票，存入外国银行作为担保而取得贷款。这种拆借方式本来早已通行，是同业间临时通融筹码的一种办法。外国银行也接受了这个办法，向钱庄进行短期放款。拆票的利率谓之"银拆"，随银根的松紧定大小，幅度很大。光绪三十二年（1906年）上海钱业中有一条规定："以公同议定银拆改以七钱为度"。所谓七钱，即每银千两一日利息为七钱的意思。按照年利计算，合二百五十五点五两，即25.55%，可见利息率是相当高的。拆息按日计算，清结期限很短，不可能积欠过一个月，然而这只是明盘。实际上经办此项业务的外国银行买办并不照七钱为度的规定，往往暗中抬高利率，多得的利息便装入自己的腰包。有的买办还自设钱庄，更能左右逢源。拆票最盛时期，上海一地约有千数百万两，每庄拆进之款最多者约在七八十万两左右。天津、汉口等地都有这种拆借办法。当时钱庄的流动资金，主要靠从外国银行拆进，而外国银行放款给钱庄，不仅为它们的剩余资金找到出路，还有利于洋货的倾销，并由此操纵中国钱庄银号的业务活动，使之成为它们的附庸。在华外国银行设立之后，到中国民族资本银行取代钱庄的主要业务之前，钱庄在中国金融市场上担任了买办性质的开路工作。当然，钱庄在这段历史时期内对中国工商业的发展和城乡之间的经济联系以及开展国际贸易等方面也起了一些积极作用。

在钱庄的兑换业务中有一种"洋厘"，即银元的行情。银元最初称"洋"，每枚重库平七钱二分，合漕平七钱三分，其行情

140

涨落限厘位为止，所以叫做洋厘。我们在第四章已经讲过，在清末几十年中，银元（包括本洋、鹰洋及中国银元等）已经广泛流行，商业授受多用银元，但习惯上的记帐单位却仍用银两。每枚银元的价格用银两表示就是洋厘。例如上海某日的洋厘为七钱三分二厘五毫，即是每枚银元折合上海规元的数目。天津、汉口、广东等地的洋厘各按当地通用银两表示之。每当茶、丝、棉、粮等上市时，因内地已习用银元，前往采购货物的商人需求大量现洋，这时若供应不足，洋厘就上升，反之，当银元需求的淡季，洋厘就会下降。但其升降幅度不会很大，因为银元本身重七钱二分，若洋厘过高，则存银者必争易银两，反之洋厘过低，则大家又争将银两易成银元。这种金融市场的自发势力，就控制住洋厘只能在较小的幅度内变动。

洋厘的行情都是由各都市的钱庄银号所组成的钱业公会规定，它们根据各种通货的供求变动情况，每天议定标准行情，有时早市和午市也有所不同。当时钱业公会每日公布的通货行市包括洋厘、银拆、小洋（银角）、铜元等，都按银两折算，此外还公布每枚银元兑换铜元数额的标准行市。可见清末的钱庄和银号对于各种通货的相互兑换，具有很大的影响力量，同时它们在兑换业务中利用行情的变动进行投机倒把和操纵，使本来已经复杂的各种通货愈加复杂了。

第三节　票　　号

票号是清代的重要信用机构，最初专门从事汇兑业务，又称"票庄"、"汇票庄"或"汇兑庄"。又因票号多为山西人所开办，故又称为"山西票庄"，在广东则称为"西号"。

关于票号的起源，众说不一，多数人相信的一种说法是，乾隆嘉庆年间，山西平遥人雷履泰在天津开设日升昌颜料铺，由于所贩颜料中，有铜绿一种，产于四川，要运现银往四川支付，既不安全又不方便，于是雷履泰在四川设立分号，就地吸收现款，以抵购买铜绿之款。此项营业，不仅节省现银运送的费用和避免可能遭到的损失（如被抢劫等），因此汇兑业务逐渐发展起来，并推广到其他商埠。到道光初年（1821年），日升昌颜料铺便改为专营汇兑的日升昌票庄了①。其后，平遥有蔚字五联号、祁县有合盛元、太谷有志成信等票号相继出现，到咸丰十年（1860年）山西票号发展到十七家，形成了平遥、祁县、太谷三帮。同治（1862—1874年）以后，江浙商人也有开设票号的，称为南帮票号。

汇兑这种业务本来早已有之，唐之飞钱，宋之便换，明清之会票（即汇票），但这些都是由政府办理或商人兼营，只是到清代中叶以后才出现这种专营汇兑业务的票号组织。票号最初只为商人办理埠际间的汇款，后来又有政府和官吏的公款汇兑。票号的发达，大概在咸丰、同治年间。那时国内各地治安不好，不便于运送现银，清政府在对太平天国和捻军作战的时候，各省的协饷需要输送中央，中央也有款项需要汇往各省，这些款项，便都通过票号办理汇兑。同治六年（1867年），左宗

---

① 票号何时开始设立，世说不一。《中国经济全书》说始于清初顺治年间。商务印书馆所编《第一回中国年鉴》说是乾隆初。杨荫溥著《上海金融组织概要》说：“票号之起源，实始于有清乾隆之际。”范椿年著《山西票号之组织及沿革》说：嘉庆二年，日升昌颜料号经理雷履泰创立日升昌票号。卫聚贤著《山西票号之最近调查》说，日升昌于道光十年由颜料行改为票号。彭信威著《中国货币史》说：“该庄平遥总号的经理说是道光年间，北京的经理则说是道光十一年。”我们采用的是许涤新主编的《政治经济学辞典》的说法。

棠为镇压西北农民起义，向上海洋商借款一百二十万两，此项现款就是交由上海的山西票号汇到山西运城的。光绪年间票号每年汇兑款项当在几百万两到二千余万两。

票号因为以汇兑为主，所以采取分支连锁制，多在外地设立分庄或联号。据调查，光绪年间全盛时期，分号共有四百一十四家，分布于二十一个省和蒙古、新疆等地。据《中国经济全书》说，日昇昌、蔚泰厚、志成信等票号的分号，都有三十余处。汇兑的方法，除汇条外，还有所谓符节或飞符，作为凭证，多用银铸，形式或方或圆或椭圆。一种飞符总是分作两半，彼此有往来的联号各存一半，汇兑时两符相合为凭。汇兑手续完成后，飞符的另一半退回原发出汇票的机关。

票号的业务，除了汇兑以外，还有存款和放款。到了后来，存放款业务更加重要，而存款又是汇兑和放款的基础，形成以他人的存款从事汇兑和发放贷款。如日昇昌等票号，其资本不过十余万两，而存款则多至数百万。户部银行设立之前，清政府没有国家银行，所有公款，在京则存国库，在省则存藩库。公款暂存票号，不付利息。官僚所以愿意将公款寄存票号，一则以票号营运资本充实，最讲信用，没有危险，再则以票号汇兑敏捷，一到解款时，一纸公文则可办妥。而且清政府虽对公款不收利息，但经手官吏却可与票号勾结，从中取酬。政府官吏也多愿将其私蓄存入票号，利息虽只二三厘，但票号却为他们严守秘密，随时可把款汇往他们家中，遇事还代为隐匿。票号的放款，重点也在官僚。因为对官僚发放贷款，可以取得同他们的联系，而且本利也有保障。那时候交通不便，读书人进京赴考，往往先将川资委托票号汇兑。举子会试获中或谋求复职的人，在未授官之前，为了应付场面和行贿等，也多向票号借钱。票号也极愿承做这种放款。因为，（1）官吏一到任便有钱，还款不困难；（2）利息很大，而且往往先扣，例如借一万两白银，仅交现银七千，其余三千作为扣息，日后仍还万两；（3）同这些官吏发生交情后，官吏辖内的官款就会存入票号，自然不付利息；（4）同官吏有了交情就能提高本身的地位，不但有种种实际的便利，而且商民也会更信任他们，对业务的扩展大有好处。

票号的利润来源不仅是汇兑业务所得的汇水，其存放款利息之间的差额也很大。如上所述，票号吸收的公款不付利息，官吏存款的利息很低，或不付利息，但对官吏的放款，利率却往往高达一分，对钱庄拆放也常在六七厘以上，这个利率差额带来很大的利润。当时各地银两成色平砝不一，票号从中巧取暗吃，得利亦不少。在光绪甲午到庚子（1894—1900年）的几年间，山西票号每家每年的盈利大约均在其资本额的二三倍以上，是当时获利最多的金融机构。

票号经营大多采用独资或合资的无限责任制，股本分为银股和身股，出资者为银股，出力者为身股。身股之设，为票号主用以笼络票号中的高级职员。三四年结算一次大帐，按股分利。票号中的全部大权都操在大掌柜（即总经理）之手，职务的分配，伙友的进退，营业的伸缩，都由大掌柜一人独断。山西票号用人，多为本乡本土。如果某人被任为分号经理，其家属即被留在总号中，作为人质，以资保证。与家属通信，也必先由总号检查。分号经理薪金照例不付，私人一切费用连同社会应酬等，均由票号开支。三年任满，分号经理回总号报帐，经过严格检查，好的优予报酬，否则加以惩罚，甚至没收其财产。招募伙友，条件苛刻。如志成信票号所定规则，年龄必须

144

156

在十五岁以上，二十岁以下；身高须满五尺；身家清白；五官端正，毫无残缺；语言辩给，举动灵敏；善珠算，精楷书；而保证人必须与总号有利害关系。还有的票号的招收伙友规则，除年龄身家等大致相同外，更须仪态大方，习于礼貌，书算合格，不惮远行者，方为合格。

票号和钱庄当时同为信用机构，但它们的性质、组织和营业各不相同。钱庄的性质是兑换，票号是汇兑（当然二者都有存放款业务）。钱庄是独立经营制，营业范围只限定本地方，外埠不设分店。票号为分支连锁制，分号遍及全国。钱庄势力范围以长江以南为中心，多为江浙人所开设；票号则以北京和黄河流域为大本营，大多数为山西人所主持。在业务方面，票号代理国库、省库，钱庄包揽道府县库；票号多与政府官吏来往，存款以官款为大宗，放款只借给钱庄、官吏及殷实商家，钱庄多与商人来往，存放款则以一般商人为对象，还与外国商人、外国银行关系密切，买办性较为突出；票号专注重交结官吏，一般不与外商和外国银行直接往来，封建色彩较浓，钱庄做贴现、兑换、买卖金银、交换票据等业务，票号均不兼做。

由于票号的经营管理制度十分保守，因此后来不能适应形势的发展，而招致失败。票号的主要业务是汇兑，但在光绪三十三年（1907年）以后，此项业务骤然减少，这对它们是致命的打击。光绪二十八年到三十二年（1902－1906年）的五年中，年汇兑总额平均为一千五百三十万两，光绪三十三年到宣统三年（1907－1911年）的五年间，下降为年平均二百五十八万两[1]。存款放款的业务也都衰落。查其原因，主要是这时期各省

---

[1] 见陈其田《山西票庄考略》。

官银号及户部银行、交通银行等相继设立，票号所作公款生意多被夺走。此外，票号放款专重信用，不用抵押，一经变乱，所放之款不能收回。当时银行吸收存款，利率六至八厘，而票号则死守二三厘或不行利的旧例，因而存款减少。面对这种不利形势，票号墨守成规，不思改进。当袁世凯为北洋大臣时（光绪二十九年），曾招山西票号的人办直隶官银号，他们拒不奉命。筹办户部银行时（光绪三十年），户部尚书又邀请他们入股，也没有参加。光绪三十四年（1908年）在北京的三帮票号经理联名致函山西总号，请准改设银行，各总经理固执己见，反对组织银行，因而没能成功。这样，待到辛亥革命爆发，各地票号资金损失很大，便纷纷倒闭。连领袖太谷、祁县、平遥票庄五十余年，曾为全国金融业注目的志成信票号，也因资金周转不灵而宣布倒闭。由票号改组为私营银行号者为数极少。胜极一时的山西票号遂绝迹于金融界。

第四节　官银钱号及其他

官银钱号，顾名思义，是清政府官方设立的金融机构，但也有招商设立，官督商办的。清初叫做官钱局或官钱铺，后来也有称官银钱局或官银号的。十九世纪中叶以前，官银钱号的业务大致不外兑换银钱和倾铸银锭。清初时银贱钱贵，私营典当、钱庄等操纵兑换之柄，从中取利。清政府有鉴于此，设立官钱局，发放钱文，调节钱价不使过昂。待到钱价平稳时，又将官钱局停办。这种官钱局主要设在北京，因为握有铸钱大权的宝泉、宝源二局均在北京，而官钱局的任务，不过是铸钱二局的一个附属机构而已。当时的官银钱号主要从事兑换，调节

146

银钱比价。至于倾铸银锭，各省藩库运库各有官银匠，开设银号，专司倾铸交库。各州县也设有官银号，将征收的铜钱都兑换成白银，铸成银锭上缴省库。

太平天国革命爆发以后，清政府财政愈形拮据，被迫铸大钱和发行钞票，这时官银钱号则成了推销大钱及钞票的机关。咸丰三年（1853年），户部的奏折中说："拟请暂行银票期票，仿照内务府官钱铺之法，开设官银钱号以便支取。……并请于京城内外招商设立官银钱号三所，每所由库发给成本银两，再将户工两局每月交库卯钱由银库均匀分给官号，令其与民间铺户银钱互相交易，即将户部每月应放现钱款项一概放给钱票，在官号支取，俾现钱与钱票相辅而行。"① 这是清政府设立官银钱号发行不兑换纸币的开始。

清政府为了推销大钱及钞票，不独在北京设立官银钱号，从咸丰四年（1854年）开始也令各省照样设立。但当时清廷的封建统治已成强弩之末，各省对此不予重视，除福建、山西、陕西几省外，其他均未见行动。已经设立的，情况也很糟。官银钱号的委员依仗权势，牟利舞弊，肆行横蛮剥削，激起人民的强烈反抗。咸丰三年（1853年）御史善福奏称：北京"官钱铺散放兵饷，任意扣折，掺用小钱，并该铺商人强横异常，不准取钱人详细点数。"② 咸丰八年（1858年）清帝谕旨指出："据御史陈濬奏，闽省钱法壅滞，物价昂贵，民生日蹙。推原其故，皆由官钱局委员于银价则高下任心，票根则有无莫辨，虚出虚入，买空卖空，以及亏短侵挪，种种弊端，不可穷诘。"并派

---

① 《皇朝政典类纂》，钱币3。
② 《咸丰东华录》。

人"彻底清查，严行惩办"①。陕西、山西官钱局的情况也是如此。

官银钱号在咸丰年间虽然不为各省督抚所重视，但由于发行贬值货币及不兑换纸币的大有利益，到光绪二十年以后，各地便争相设立。光绪二十二年（1896年），张之洞率先奏请设立湖北官钱局并发行钱票银元票。他在奏折中说："湖北省钱少价昂，商民交困。……臣等与司道熟商，惟有设立官钱局，制为钱票银元票，……通行湖北省内外。此票与现钱一律通行，准其完纳丁粮厘税。……有此官钱局之钱票银元票流播民间，庶可补现钱之缺乏。"②接着，各省纷纷设立官钱局号。光绪二十年以后所设立的机构大都冠以省名，如陕西官银钱号、湖北官钱局等。某些省的机构名称先后不同，如吉林原设立通济官钱局，后改称永衡官帖局，后又改名为吉林官银钱号。有些省份的官银钱号不止一家，如新疆有迪化官钱局、伊犁官钱局、阿克苏官钱局等。江苏则在南京有裕宁官银钱局，在苏州有裕苏官银钱局。到清朝末年全国有二十四家官银钱号，几乎所有各省都设立了自己的金融机构。

各省的官银钱局号都发行纸币，种类繁多，一般是银两票、银元票、铜元票、制钱票，无主币辅币之分，同时并行。纸币面额的大小也因地而异。各省纸币只能在该省区内行使。这些都充分反映清末币制的混乱情况。当时清政府对各省发行纸币并无明文规定，各省均按当地和当时的习惯和需要自行决定，其发行准备金或有或无，发行额或多或少，信用有好有坏，市价有高有下，有的省票可以兑现，有的不能兑现，情况极为混

---

① 《咸丰东华录》。
② 《皇朝政典类纂》，钱币3。

杂。晚清币制之乱，至此已达顶点。直到宣统二年（1910年）清政府才颁布《纸币兑换条例》，规定官银钱号发行纸币的章程，尚未见诸实行清朝就灭亡了。入民国后各省官银钱号都改组为各省地方银行。

除北京和各省都设有官银钱号外，各通商口岸还设有海关银号，隶属于海关道。它比一般省份设立的官银钱号为早，在五口通商以后便设立了。海关银号的业务是替政府负责征收关税的，虽名为银号，却不开展信用活动。当时各口岸海关银号的经理大都由洋行买办充任，善于媚外欺内，对华商、外商差别很大。例如，天津海关收税用的行化宝，在折合海关平时，对华商按行化一百零六点五两合关平一百两，而对外商则以一百零五两合一百两。这是当时半殖民地和黑暗势力相结合的产物。

清代封建性质的信用机构除上述当铺、钱庄、银号、票号和官银钱号以外，还有一些商店，特别是香蜡铺，也兼营些小额的信用业务，如存款放款等，有的还发行钱票，在当地市面流通。

另外，当时的银炉，北方多称炉房，也有兼营信用业务的。银炉本以冶银铸宝为专业，但北方的炉房由于资力比较雄厚，多兼营存款、放款、汇兑等业务，甚至还发行票据以代现银流通于本地。当时营口的炉房最为著名。咸丰八年（1858年）中英天津条约签订，牛庄辟为通商口岸，而后来开埠时牛庄口岸设在营口，东三省与关内各地及国外的贸易逐渐发达，营口便一跃而成为东北的商业和金融中心。当时营口一地流通中的货币只有制钱，银元尚少见于市面，通用银两（牛庄银两重五五五点一英厘，成色九九九）也极少。外地商人到营埠采购东北特产者，所携它省银两，必先委托当地炉房熔铸成营银方能使用，但当时炉房的业务能量有限，远不能满足各方的需要，于是就由炉房收到顾客的银两后折成营银（并扣除工耗等费）出一凭条（收据），凭此采购货物，在市场上辗转流通，与现银无异。这种炉房凭条称为"过炉银"，或叫"过帐银"，类似九八规元，也是一种虚银两，只是作为商业往来的清算工具，作为记帐单位。后来商务更加繁盛，商家认为这种过炉银凭条比现银授受更为简便，因而与各炉房开立往来户，有现银即存入炉房，无银时向炉房借款，请求发炉银凭条，这样营口炉房就成为调剂市场的金融机构。

炉银凭条只有在三、六、九、腊月的初一日即所谓"卯期"才能提取现银，其他时日只用作转帐工具。所以又叫"银码"。因为凭条是期票性质，含有三个月（卯期）的利息，所以在开户存款时以及卯期续存时，炉房照例给予存款人以升水，升水多少随当时银根松紧而定，平时约为2‰到6％。营口炉房全盛时期共有二十余家，每卯流通于市面的银码约二千余万两，几乎垄断了当地的金融活动。但后来各炉房放出的银码过多，到卯期常有挤兑现象。光绪二十一年（1895年）中日战争和光绪二十六年（1900年）义和团之役，营口银根几度吃紧，常不能如期开卯，信用已渐低落。至日俄战起（1905年），日本侵占营口，迫令各炉房清卯，遂至多数破产。后因新式银行兴起和银元通行，这盛极一时的炉房业就衰落下去了。

150

第七章　外国金融势力的侵入

外国金融势力侵入中国，早在鸦片战争之前。最初，外国银行通过资助其本国的对华不平等贸易，间接地掠夺中国的财富。鸦片战争后不久，外国开始在中国设立银行，对中国进行直接的剥削。甲午战争前后，资本主义各国完成了向帝国主义的过渡，资本输出占有更重要的地位。与此相联系，在华外国银行的数目增加，业务迅速扩展。第一次世界大战期间，因为各帝国主义国家忙于战争，在华外国银行暂呈萎缩。战后又卷土重来。它们凭借帝国主义攫取的种种政治经济特权，勾结中国的统治阶级和封建势力，利用发行钞票，经管中国的赔款和借款，垄断中国的国际汇兑和对外贸易，打击中国的民族金融业和工商业，残酷地盘剥中国人民。下面，我们分别介绍这些方面的情况。

第一节　外国银行在中国设立与发展概况

欧洲是资本主义发展最早的地区，十五六世纪就出现了银行，那时银行仍带有高利贷性质。1694年设立的英格兰银行是资本主义第一家大银行，开始即以年息六厘放款。随着资本主义经济的迅速发展，银行就遍设于欧洲的港口和城市。在资本

151

主义向外侵略扩张之际，银行起着开路先锋的作用。先是以资金支持本国对经济不发达国家的不平等贸易，后来便直接地在落后国家设立银行，从事更为贪婪的侵略和掠夺。通过鸦片战争，外国资本主义用枪炮敲开了中国清王朝闭关自守的大门，在"南京条约"签订后的第三年，外国银行便在中国的土地上设立了。

最早在中国设立的外国银行是丽如银行，后改称东方银行（Oriental Banking Corporation），是道光二十五年（1845年）在香港设立的。丽如银行是英国的一家小银行，总行原来设在印度的孟买，1845年改设伦敦，并在香港设立分行。五口通商以后，中国的对外贸易中心逐渐从广州移到上海，于是该行于1848年也在上海设立了分行，1884年停业。丽如银行在上海的三十几年间，营业很兴盛①。

自1845年丽如银行在香港设立分行之后，到1894年中日甲午战争为止，英、法、德、日四国在香港和上海设立的银行共有十四家，计英国九家，法国二家，德国二家，日本一家。其间关闭了六家，所以在1894年还存在的银行只有八家，计英国五家，法国、德国和日本各一家。英国是最早侵略中国的资本主义国家，其力量占在华银行的绝对优势，远非其他国家所能比拟。在这些银行中，比较重要的有以下几家：

英国的麦加利银行（The Chartered Bank of India, Australia and China），1857年（咸丰七年）在上海设立分行。因其开设的时间较早（仅迟于丽如银行），而影响又远较丽如银行为大，所以后来有不少人误以为该行是外国在华设立

---

① 丽如银行的中文译名很多，除丽如银行外，还有东洋银行，东亚银公司，东方银行等，因而后来有的人弄不清其底细，误把同一家银行当作几家银行。

的第一家银行。该行在香港称"渣打"银行，是英文译音，在上海和天津等地称"麦加利"银行，是以上海分行第一任经理的名字命名的。麦加利银行在中国开设的目的，是为便于英国在澳洲、印度和中国的贸易，故其业务以存款、放款、汇兑为主，而兼发行钞票。

英国的汇丰银行（Hongkong and Shanghai Banking Corporation），1865年（同治四年）在香港设立总行，同年在上海设立分行，随后又在中国许多城市设立分行。该行在中国的银行史上占有极重要的地位，几十年间，握有保管中国关税盐税的大权，对中国的财政金融具有一种支配作用。后面将专节作较详叙述。

德国的德华银行（Deutsche Asiatische Bank），1889年(光绪十五年)由德国几家大银行投资设立。总行设在上海，1890年营业，分行设在青岛、济南、天津、汉口、北京等地。该行经济势力颇大，曾在中国发行过银两票和银元票，参加对华贷款的帝国主义银行团。1917年北洋政府对德宣战后停业。战后总、分行相继复业。

日本的横滨正金银行，总行设在日本横滨，自1893年起，陆续在中国上海、天津、汉口、北京、营口、大连、铁岭、长春等地设立分行。该行在中国曾发行纸币，参加对华贷款的帝国主义银行团。以正金银行为首的日本金融势力在东北特别雄厚，尤其是在日俄战争之后，极力排斥俄国势力，企图取得垄断地位。

法国的东方汇理银行（Banque de l' Indochine），是一家殖民地银行，成立于1875年，总行设在巴黎，却作为越南的中央银行。1891年（光绪二十年）在香港设立分行，1899年

153

在上海设立分行，后来在汉口、天津、北京、广州、梧州等地设立分行。该行在华曾发行纸币，并参加银行团对中国贷款。

此外，甲午战争之后，帝俄为了与其他帝国主义争夺势力范围，于1895年（光绪二十一年）成立了华俄道胜银行（Русско-Китайский Банк），次年，中国政府存入该行五百万库平两白银，并分享红利，于是就叫做"合办"。总行设在彼得堡，在中国的分行有上海、汉口、天津、北京、牛庄、大连、吉林、张家口等十几处。华俄道胜银行是除英国汇丰银行之外的最重要的外国银行，在我国东三省的势力很大，日俄战后，遭受打击。1910年（宣统二年）同北方银行合并，改称俄亚银行，而在中国的名称不变。十月革命以后，在俄总行被苏维埃政府收归国有，巴黎分行改为总行，继续在中国营业，直到1926年巴黎总行因搞外汇投机失败而清理，在华各分行也跟着倒闭。

上述六家银行，连同后来设立的美国花旗银行和大通银行，是外国在华银行中最有代表性的几家。尤其是汇丰、德华、横滨正金、东方汇理和华俄道胜五家银行，曾共同组成"五国银行团"（花旗银行曾参加该银行团时称"六国银行团"，后退出），垄断清政府和北洋政府的外债借款。

十九世纪末叶，西方资本主义各国先后进入帝国主义阶段，资本输出继商品输出占据了主要地位。这时外国银行积极在中国增设总行和分支行，扩展业务，作为帝国主义对华侵略掠夺的工具。除上述横滨正金银行凭借日本战胜中国的条件，大力在华增设分行外，日本金融资本为了向中国南部扩充经济潜力，于1898年（光绪二十四年）在台北设立台湾银行总行；为了向南满北满一带扩张，朝鲜银行在安东设立了分支机构；此外，还有中日合办的正隆银行，于1906年（光绪三十二年）设在营口，代理大连金库及关东州的收税事务；中德日合办的北洋保商银行，1910年（宣统二年）在天津设立总行；第一次世界大战以后，日本的住友、三井、三菱等垄断金融公司也相继在中国开设。在中国设立银行较迟的美国，1902年（光绪二十八年）设花旗银行(National City Bank of New York)上海分行，以后在各大城市相继设立分行。美国的大通银行(Chase National Bank) 1921年起在上海天津等地开设分行，它是外国在华银行中设立较迟的一家重要银行，是美国垄断资本在华的金融中心，其势力可与汇丰银行和横滨正金银行相抗衡。国民党政府于1931年发行关金券时，其外汇准备金即存放于该行。此外，荷兰的荷兰银行，比利时的华比银行等外国银行，也都于二十世纪初来中国开业。

鸦片战争以后，中国成了几个帝国主义共同宰割的半殖民地，外国银行在华进行经济侵略，都各有其"势力范围"。例如，英国的汇丰银行以香港、上海及长江流域一带为其主要活动范围，而以开辟市场为主要任务。日本的横滨正金银行以全中国的重要城市为其活动范围。朝鲜银行以朝鲜为根据地，向我东北华北一带进行活动。台湾银行以台北为根据地，向我福建、华南一带进行活动。法国的东方汇理银行以越南为根据地，向我云南、广西、贵州等省进行活动。美国的花旗银行等以上海为中心，积极向天津、汉口、广州、福州等大城市发展。还应指出，随着帝国主义在华势力的消长，外国银行的"势力范围"也有变化。例如，俄国的华俄道胜银行曾以我国东北为其主要"势力范围"，但是日俄战后，随着军事上的失败，俄国的银行势力大受挫折，而为日本银行势力所排斥；德国的德华银行过去以山东省为其主要"势力范围"，第一次世

155

界大战时该行被中国政府没收而停止营业，战后虽曾恢复活动而势力大减。

第二节　外国银行的侵略与掠夺

外国在中国设立的银行，都是非法的。它们在中国营业，并没有得到中国政府的许可。关于这一点，帝国主义自己也不讳言。1904年美国政府任命的国际汇兑调查委员会就曾直率地承认："这些银行（指外国银行）在中国营业并未和中国政府订立契约。中国政府并不曾颁发特许状。它们仅仅是在中国人隐忍之下进行的。它们受到列强势力的保护，享受租界以内的外国财产所有者及外国商人的特权，自然包括领事裁判权在内，如果这种权利也推广到普通商人的话。"①即便是后来经中国政府许可成立的所谓"合办"银行②，其实权也操之外国，对中国的侵略掠夺也与外资银行无异。

外国银行对中国的侵略与掠夺，除大力资助本国商人扩展对中国的不平等贸易外，主要表现在发行钞票，对华投资，经管中国的赔款和借款，垄断中国的国际汇兑和对外贸易几个方面。

一、发行钞票

发行钞票本来是一国政府的特权，然而中国是半殖民地，不能保有这种权利。外国银行在中国设立之后，大都在中国发行钞票。外国银行发行的钞票分为两类，一类用中国的货币单

---

①　《美国国际汇兑调查委员会报告》，第47页。

②　所谓"合办"银行，除华俄道胜银行外，还有民国以后设立的中法实业银行、中华汇业银行（中日）、中华懋业银行（中美）、北洋保商银行（中德日）、华威银行（中国挪威）等。

156

位，一类用外国的货币单位。用中国货币单位的又分为银元券和银两券，麦加利、汇丰、德华、花旗等银行都发行过这两种钞票。这些钞票在长江流域有很大的势力。用外国货币单位的，如帝俄在东三省发行的卢布票，日本于日俄战争时在东北发行的军用票，后来日本横滨正金银行发行的金票，以及华南所通行的英商银行发行的港币等。在外国银行的钞票中，流通最广、信用较著的是汇丰银行所发行在，其次为麦加利银行、花旗银行、华俄道胜银行、横滨正金银行、朝鲜银行、东方汇理银行、德华银行等所发行的。其他如台湾银行的钞票，只在福建省境内流通；荷兰银行的钞票，只在上海租界内流通；其他中外"合办"银行的钞票多半在北京、上海、汉口、天津等地流通。这一类银行发行数量也较少。

外国银行的纸币在中国境内流通的（包括在华外国银行发行的纸币和不在华银行发行的纸币而在中国境内流通的）究竟有多少，中国从来没有比较完整的统计，因此很难计算出确切的数字，不过可以肯定，其数量是相当庞大的。献可《近百年来帝国主义在华银行发行纸币概况》一书指出："约在清朝末年至1918年间，是外籍银行纸币在中国流通最多最广的一个时期，最低估计，约有中币三亿一千零三十万三千六百四十四元左右。"作者还整理出一系列年份的数字，如1912年为四千三百九十五万元，1916年为六千五百三十四万元，1921年为二亿一千二百三十八万元，1925年为三亿二千三百二十五万元。这就是说，从1912年到1925年的十三年间，外国银行纸币在中国的流通量增加七倍多。特别值得注意的是，1921年和1925年外国银行钞票的流通量竟大大超过中国本国银行所发行的钞票数量。1936年的《全国银行年鉴》指出，截止1935年底，"东方

157

汇理银行在云南省境内，汇丰银行在广东省境内，朝鲜银行在东三省各地所发行的纸币流通量，比当时中国本国银行的发行额还要大"①。

外国在华银行依靠它们本国的政治势力，不经中国政府许可，擅自发行纸币，发行额均秘而不宣，准备金究竟有多少，也不予公布。中法实业银行因过量发行钞票不能兑现而倒闭（1921年）；华俄道胜银行因投机失败，奉总行命令，立即宣布在华分行停业清理，并坚持按俄国的法令处理（这时帝俄政府早被推翻），使中国人民蒙受很大损失。美国的友华银行准备金只占发行额的50％，却宣称什么"十足准备"，欺骗中国人民。

对于外国在华银行发行纸币，侵我主权，当时的中国统治者昏庸无能，不敢公然出面干涉，但是中国人民却进行过有效的抵制和斗争。1919年"五四"运动以后，中国人民相率自动拒用外国银行的纸币，日本的横滨正金、台湾、朝鲜等银行在关内各地发行的纸币，不得不被迫收回，不敢继续大量发行。抗日战争时期，代表中国民族资产阶级的上海总商会对英、荷银行在沪发行纸币，提出强烈抗议，指出外国银行发行纸币是非法的，不得当作货币使用，并警告中国商民不得接受外国银行的纸币，使得帝国主义在华银行十分狼狈，不得不赶快收回钞票，停止发行。至此，除日本在我东三省继续发行以外，外国银行在华发行纸币基本完结，只是在全国革命胜利前夕，美钞和港币又一度通行，但随着人民革命的胜利，也很快被肃清。

二、对华投资

外国人在中国投资，开始于鸦片战争。但直到甲午战争之

① 引文及数字见献可《近百年来帝国主义在华银行发行纸币概况》，第35、37、50、58页，历年数字引用时改以"万"为单位，万以下四舍五入。

前，列强对中国的掠夺，是以商品输出为主。十九世纪末，各资本主义国家完成了向帝国主义的过渡，资本输出就具有了特别重要的意义。甲午战争之后，列强对中国的掠夺，就变为以资本输出为主了。这时，在华外国银行的性质也随之改变，即从过去主要替工商业担负支付中介的职能，变成了与工业垄断资本溶合在一起的金融资本统治的中枢。帝国主义各国通过它们在华的银行对中国进行投资，残酷地剥削和掠夺中国人民，这样，在华的外国银行就成为帝国主义侵略中国的执行机构。

帝国主义国家依靠它们在中国攫取的种种特权，在华大规模地投资。二十世纪初，各国对华投资已达八亿美元，到第一次世界大战前，增加到十六亿多美元。

外国人对华投资，半数以上用于商业、进出口以及与此相关的运输、银行和保险事业，而工矿生产事业所占比重很小。因此，外资的扩展，并不能促进中国基础工业的发展。试看下表：（见表四）

（表四）　　　帝国主义各国对华投资统计表　　　单位：百万美元

时 项目	1914年		1931年		1936年	
	金额	百分比	金额	百分比	金额	百分比
进出口及商业	143	8.8	484	14.9	409	13.5
金　融　业	6	0.4	215	6.6	754	24.9
交通与运输业	531	33.0	846	26.1	436	14.4
制　造　业	111	6.9	376	11.6	291	9.6
矿　　　业	59	3.7	129	4.0	60	2.0
一般政府借款	330	20.5	428	13.2	477	15.8
其　　　他	430	26.7	765	23.6	600	19.8
合　　　计	1,610	100	3,243	100	3,027	100

（1.表内资料引自张郁兰《中国银行业发展史》，第126页表。

从表四可以看出，1931年以前，外国资本以投资交通运输部门为最多。在这类投资中，又以轮船业为重点。外国轮船利用非法享有的内河航行权，成为帝国主义进行商品侵略的先锋队，致使中国的轮船业受到严重打击，长期得不到发展。例如，英国的怡和洋行和太古洋行两大公司的轮船横行在中国沿海及内河的广大水域，操纵了中国的沿海航运和对外贸易，而中国人自己办的轮船招商局自辛亥革命以后一蹶不振。中国早期的铁路也都由外国投资建筑，管理权操在外人手中，铁路运输与铁路建筑权相结合，成为帝国主义倾销商品和掠夺物资的基干。

"七七"事变以前，金融业上升到外国在华投资的首位。帝国主义各国对中国金融业的投资，1914年只有六百三十万美元，占全部对华投资额的0.4%；1931年增加到二亿一千四百七十万美元，占全部对华投资的6.6%；1936年更增加到七亿五千四百万美元，占全部对华投资的比重提高到24.9%。而工矿业合计（不包括东北），始终不过占10%几。

各帝国主义国家在华投资的发展很不平衡，表现了它们之间的激烈竞争和势力消长。英国在华投资最早最多，直到抗日战争以前一直占据首位。中日甲午战争以后，帝俄和德国开始活跃，到二十世纪初期，英、俄、德共占外国在华投资的85%。第一次世界大战期间，日本一跃而超过法国，接近德俄，至"九一八事变"时，日本已与英国争魁，待到抗日战争前夕，更超过了英国，成为在华最大的投资国。美国的势力也在逐步扩大，第一次世界大战前，还不及法国的三分之一和德国的五分之一，到"九一八事变"前已超过德法，成为仅次于英日的第三大投资国了。

160

172

特别值得注意的是，外国人在华的投资，大部分并非来自外国，而是出自中国本身。其一部分是对中国的原始掠夺，如战争赔款；一部分则是其在华企业利润的积累。根据1930年美国商人的报告统计，它们输进中国的资本不过占投资总额的36％。不仅如此，外国人历年从中国收回去的资本利润，已超过它们所输入的资金。以事业投资而论，自二十世纪初期到抗战爆发以前，外国输入中国的投资总数不过十余亿美元，而同期自中国所汇回的利润却达二十亿美元。抗日战争前夕外国人在华全部事业投资不过二十几亿美元，可以说这全部是在中国积累的资本了。

在此还应当考虑到，有许多外国人在中国是白手起家的。比如：英国永丰洋行的创办人费尔卡，于二十世纪初提着一个皮包只身来到天津，寄居在法商华顺洋行内，作为一个行贩，收购少量猪鬃出口。后来积累了一点资本，与人合伙开设了永丰洋行，在内地大量收购猪鬃，不出几年，就垄断了猪鬃出口生意，成了"猪鬃大王"。在其业务最盛的十几年间，每年出口猪鬃价值七百余万美元。费氏由来华时两手空空，不到三十年财产积累达千万以上。类似这样的事例很多，足可说明有些外商并没有带来什么资本，却攫取大量财货满载而去了。

三、经管中国的赔款和借款

鸦片战争以后，清政府多次对外赔款，这些赔款都要通过外国在华银行办理。几次战争赔款，共达关平银七亿余两。其中《南京条约》赔款二千一百万元，相当于清政府全部财政收入的三分之一；《马关条约》赔款二亿三千万两，超过当时岁入近两倍；庚子赔款四亿五千万两，据说是按当时每一中国人"罚"银一两计算的。各国银行通过经办中国的赔款，不仅赚取了一大笔"手续费",而且进一步控制了中国财政经济的命脉。例如庚子赔款，由汇丰、东方汇理、德华、华俄道胜、横滨正金、花旗、华比、华意、荷兰安达等九国银行经收。《辛丑条约》规定，各国派一名银行董事，共同负责收存中国政府所交赔款本息，并分给有关各国。1911年底上海外国银行会议作出决定，成立"银行国际委员会"，确定其职权不仅监督1900年以前中国所欠以关税为担保的外债的偿付，而且也包括庚子赔款的偿还在内。中国海关向为外国人把持，海关税款一直存入英国汇丰等银行，并由它们定期分配给其他银行偿付赔款和借款，根本不通过中国政府。

中国政府举借外债，都要由在华的外国银行经手，它们通过经管这些借款，对中国人民进行残酷的掠夺。清政府借外债开始于1865年（同治四年），到中日甲午战争（1894年）前的三十年间，共借款六次（其中有一部分是由在华洋行如怡和、三井等承借的），总数约四千万两，连利息不过五千七百万两，海关税抵补有余，因此到甲午战争时，除极小数额未曾偿还外，都已还清。甲午战争之后，骤增对日赔偿军费款二万万两，赎回辽东半岛款三千万两，第一次（每半年一次）就要交出八千万两，第二次五千万两，余款三年付清，而清政府每年收入只有八千万两，除了大借外债以债抵债外，再也没有别的办法。

各帝国主义国家借款给中国，既是对华投资的重要内容，又是达到从政治上控制中国政府，以便攫取更多特权的手段。甲午战争以前，清政府借外债，多由总税务司英国人赫德主持，以海关税作为担保，期限短，利息重，向来是英国在华银行的一宗好买卖。甲午战争后清政府急需巨款，赫德建议清政府大借外债。几个帝国主义国家为了借款给清政府，同时排斥它国

162

势力，进行了激烈的竞争。俄国人要夺取英国的经济利益，凭借"干涉辽东半岛"有"功"，向清政府抢到了第一笔生意，即与法国合借一万万两，年息四厘，三十六年还清，以海关税为担保。英国便联合德国向清政府抗议。当时英国公使宣称，如不向英国借款，将不惜诉诸武力。这样的威胁竟然成功，即由英德合借一万万两（合一千六百万英镑），年息五厘，三十六年还清，以海关税为担保，而且三十六年期内不得改变海关行政。这就是说，英国人将继续把持海关，不许它国插手。清政府借到二万万两后，两次支付赔款共一亿三千万两，再除去经手人的回扣、佣金、经办人员报酬等三四千万两外，所余无几。1897年（光绪二十三年）清政府准备再借一万万两，又引起各国第二次大争吵。结果又是英德获胜，借款由汇丰银行和德华银行承当，银数一万万两（合一千六百万英镑），八三折扣，年息四厘半，四十五年还清。主要条件是长江流域的权利不得割让于它国，借款由海关税收入及一部分厘金、盐税为担保，四十五年内不得改变海关行政。请看，帝国主义借款给中国，就是这样赤裸裸地攫取政治特权！从1895年（光绪二十一年）到1899年（光绪二十五年）的五年间，清政府共借外债七次，银三亿七千万两。借款愈多，丧失主权愈多，国家愈穷，半殖民地化的程度也就愈深了。

到了北洋政府时期，军阀混战不已，军费开支浩大，更是靠借款度日。北洋政府不但承认清朝的外债，还继续大量举债，十几年时间，共借外债三百八十七次，金额合计十二亿七千九百六十余万元。例如，1913年袁世凯为取得帝国主义的支持，打击南方各省的革命势力，曾以办理"善后"为名，向英、法、德、俄、日五国银行团借款，史称"善后大借款"。借款总额二

163

千五百万英镑（合银二亿四千余万两），八四实交，年息五厘，以盐税、海关税为担保，四十七年还清，本息共计六千七百八十九万多英镑。借款合同规定，中国须请外国人协助管理盐税征收事务，并在各地成立盐务稽核所。从此，继海关税之后，盐税也被"银行团"控制。关盐两税，一向是旧中国财政收入的大宗，其管理支配之权竟落入外人之手。又如段祺瑞当政时，曾多次向日本借款，总数达日金五亿以上，通称"西原借款"。日本帝国主义通过这项借款，掠夺了东北及山东、福建等省的路矿特权。国民党新军阀上台以后，继续大借外债，数额之巨，远远超过了清政府和北洋政府。据统计，从1928年到1936年举借的外债，包括"美麦"和"美棉"借款，共约合三亿四千七百万元。抗日战争开始到1942年，国民党政府向英国借款一亿一千八百五十万英镑，向美国借款七亿四千七百八十万美元。抗日战争后期至战后国内战争时期，国民党政府完全依靠美国的借款。据统计，向美国的借款连同赠与和救济剩余物资等共达五十九亿一千四百余万美元。国民党如此大借外债，中国的主权丧失殆尽，几乎全部拍卖给美帝国主义了。

四、垄断中国的国际汇兑和对外贸易

在华外国银行凭借种种政治特权和经济实力，垄断了中国的国际汇兑和对外贸易。

国际汇兑向来是在华外国银行的重要业务。外国在中国设立的银行比中国自己的银行早五十多年，即使在中国有了自己的银行以后，外国银行的势力也远比中国银行强大，因此，中国的国际汇兑向来由外国银行垄断。英国的汇丰银行操纵中国的外汇牌价，每天早晨九点半钟，上海汇丰银行挂牌公布各外汇市价，全上海即以此作为汇价标准。全国各地的汇丰银行又

164

参照上海的牌价，根据当地外汇供求情况，决定各地的外汇市价，便是该地的汇价标准。这就是说，全中国的外汇市价，都是由汇丰银行决定的。该行可以通过抬高或压低外汇市价，来掠夺中国人民，大发其财。例如，每当汇丰银行向中国交付借款时，就故意抬高外汇市价，以便少付银两；而当中国支付赔款或借款本息时，它又故意压低外汇市价，从而多索银两。一高一低，使中国两受其害。

在华的外国银行与外国洋行相勾结，垄断了中国的对外贸易。本来，许多外国银行和洋行的股东同属于一个财团或有着密切的关系，因此银行与洋行互相依赖就很自然了。外国银行通过国际汇兑、进出口押汇、打包放款、信用透支及外汇结算等各种方式，给洋行以资金周转方面的便利和支持，使之得以放手在中国市场上高价销售外国商品，廉价掠夺中国的原料资源，双管齐下，贪婪地吸吮中国人民的血汗。

在华外国银行还与中国旧的金融机构钱庄相勾结，将其掠夺的黑手由通商口岸伸向全国四面八方，以至穷乡僻壤。在华外国银行与中国钱庄的关系向来十分密切，惟有钱庄发行的庄票能被外国银行所接受，外国银行还对钱庄放款。这样外国银行就通过钱庄与中国商人间接地联系起来。中国的钱庄一般规模较小，资力有限，因此，当外国货运抵港口之时，外国银行就以资金供应钱庄，钱庄再贷放给中国商人，以便推销外国商品。每当收购农副产品或其他原材料的时候，钱庄同样要向外国银行拆款，再贷给商人，以便为外商收购。所以中国钱庄扮演的是买办角色，配合了外国银行对中国对外贸易的垄断。

关于帝国主义列强对华的投资和借款方面，毛泽东同志曾经指出："帝国主义列强还在中国经营了许多轻工业和重工业的

165

企业，以便直接利用中国的原料和廉价的劳动力，并以此对中国的民族工业进行直接的经济压迫，直接地阻碍中国生产力的发展。"[1] "帝国主义列强经过借款给中国政府，并在中国开设银行，垄断了中国的金融和财政。因此，它们就不但在商品竞争上压倒了中国的民族资本主义，而且在金融上、财政上扼住了中国的咽喉。"[2] 毛泽东同志的这两段话最精辟地概括了当时帝国主义对华侵略的罪行。

第三节　汇丰银行

我们在一般地介绍了在华外国银行的情况以后，再回过头来比较详细地叙述一下占有特殊地位的英国汇丰银行。

汇丰银行的正式名称叫做"香港上海股份银行"，"汇丰"是中国人给它起的名字。汇丰银行是由在远东多年富有经济侵略经验的英国大洋行和资本家集资创办的，资本初为五百万港元，分为二万股，每股二百五十港元，后来改为一百二十五港元一股。总行设在香港，上海设管辖行，另外在汉口、厦门、福州、天津、北京、广州、烟台、青岛、哈尔滨、大连、沈阳、汕头、重庆以及欧美各国设有分行。在新中国成立以前的八十余年间，汇丰银行一直以中国为其经营的重点。它凭借政治特权，造成业务经营上的优势，由控制中国的金融市场进而掌握了中国的财政经济命脉。在中国逐步沦为半殖民地半封建国家历史的每个环节，我们都可以看到汇丰银行的罪恶活动。早在一百多年以前，英国侵略者就曾坦白地招认："在东方的全体企业中，无论在发展的速度方面，在成就的可靠方面，在影响

---

[1][2]　毛泽东：《中国革命和中国共产党》，《毛泽东选集》合订本，第592页。

的广泛方面，在基础的稳固方面，在前景的美妙方面，很少有几家赶得上汇丰银行。"①

汇丰银行通过承办中国政府的借款②，不仅获得了高额利润，而且控制了中国的财政大权。从1865年开业到1927年的六十余年间，汇丰银行共向中国政府提供借款八十二笔，累计折合白银三亿五千多万两。其中，从1874年到1890年清政府共借外债二十六笔，金额四千一百三十六万两，汇丰一家贷了十一笔，二千八百九十七万两，占借款总额的70.04％。甲午战争之后，俄、德、法等国银行加入竞争行列，它们都把贷款作为对中国进行瓜分和划分势力范围的主要手段，而当时汇丰银行仍占贷款总额的38％。这些借款，利率高（最高达一分五厘），折扣大（最大到实交83％），期限短（最短不满一年），再加上外汇汇率差价、债票面额与市场价格的差价以及手续费等各种盘剥，银行所获得的利润高得惊人。比如，甲午战争以后，汇丰联合德华给清政府承担各一万万两的两次借款，汇丰银行分到的手续费竟达二百万两。

1880年天津分行设立以前，汇丰银行每年纯利润为一百万港元左右，天津分行成立以后，汇丰与清政府的关系更加密切，借款也就更多，纯利润随之陡增，达到二百万港元以上，1902年已接近三百万港元。从1921年起，每年纯利润超过一千万港元，到1930年竟达到二千零七十二万港元，超过了该行当时资

① North China Herald office: A Retrospect of political and Commercial Affairs in China, the Five years 1868—1872。87页。

② 汇丰银行承办中国政府的大额借款，一般是采用发行债券的方式，在伦敦金融市场上推销。证券交易所对此项债券的市价也常有变动，当时中国称之为"外债行情"。

本的总额。1930这一年分配的股票红利，高达资本额的95％，即每一港元股本这一年分到红利九角五分。无怪乎当时英国的喉舌说："汇丰这样高的利润是伦敦任何银行所未曾有过的"。事实上不但英国本土的银行未曾有过这样的高额利润，就是在它的海外银行网中，汇丰也是首屈一指的。当然，纯利润不完全来自对中国的借款，但对中国的借款始终是其利润的主要来源。

中国政府向汇丰银行借款，主要以海关税为担保，后来又加盐税、厘金和常关税作补充。关税是清政府岁入的大宗，在甲午与庚子年间（1894—1900年），每年约三千余万两。盐税也是一项重要的收入。以关盐两税作抵，就是把国家主要税收的支配权，拱手交给了汇丰等银行。1927年以前的几十年间，每年平均有一亿数千万元的税款通过汇丰银行汇集和转拨。不仅关盐税款一直存放汇丰银行，甚至中国海关总税务司的一些帐户，也为汇丰银行直接掌握。中国政府想动用关税盐税抵偿外债后的多余之款，也须经汇丰银行同意。由于中国有些内债是以"关余"、"盐余"为担保的，汇丰银行无异于又取得了保管中国内债基金的权利。

十九世纪末和二十世纪初，帝国主义各国对中国铁路借款争夺非常激烈。某条铁路由某一国贷款筑造，则该国的势力就扩张到这一铁路的区域，形成一个经济统治中心。汇丰银行与另一个英国垄断资本集团怡和洋行，合组了一个"中英银公司"，专门对中国进行筑路借款，相继对沪宁、广九、沪杭甬、粤汉、京赣及津浦南段等铁路借款。通过这些借款，英国控制了这些铁路沿线的广大地区，操纵了这些地区的原料和其他资源。根据借款合同的规定，英国人担任了许多条铁路局的总会

168

计和总工程师。

汇丰银行通过勾结中国当政大员，得以吸收巨额存款，为其营运资金提供了便利。该行创办之初，主要是吸收在华英国企业周转中的闲置资金，由于多为小额，1865年存款总额只有三百三十八万港元。经过十年经营，到1875年也只有一千一百五十二万港元。但自天津分行成立，与清政府关系更加密切，存款额便急骤地增加了。汇丰银行在为清政府提供贷款的过程中，结识一批当政人物，这些人就成为该行的重要存款户。因为汇丰银行资力雄厚，信用可靠，更重要的是该行坚持"银行向规，何人存款，不准告人"的规定，被视为寄存赃款的安全可靠之所；再者该行存款可以随时换成外汇。这样一来，从清政府的王公、贵族、达官、显要，到北洋政府的官僚、军阀，再到国民党政府的新官僚、新军阀，一脉相承，纷纷把自己剥削、搜刮、贪污、受贿所得赃款存入汇丰银行，银行只付给低微利息，或者不给利息，甚至反而收取保管费。当时政治风云多变，汇丰对于某些倒台的人的存款甚至不予承认，而白白捞得大量款项。1885年该行存款总额为六千五百六十一万港元，1913年增至二亿九千八百一十九万港元，1932年又增至九亿三千一百六十三万港元，到中国解放前夕的1948年，存款总额已达十八亿零七百八十一万港元，相当于1865年存款总额的五百三十四点八倍。这样的巨额资金，反转来又成为汇丰银行对中国进行经济侵略和掠夺的资本。

汇丰银行凭借着政治特权和经济实力，垄断了中国的国际汇兑。汇兑是汇丰银行的重点业务，而国际汇兑又是汇兑业务的重点。从十九世纪八十年代开始到二十世纪二十年代末，在半个多世纪中，汇丰银行用于国际汇兑的资金，经常占其运用

169

资金总额的三分之一以上，个别年份则高达二分之一。1898年（光绪二十四年）盛宣怀在一份奏折中说："汇丰之设，已三十余年，气势既盛，根底已深，不特洋商款项往来，网罗都尽，中行决不能分其杯羹，即华商大宗贸易，亦与西行相交日久，信之素深。"[1] 这就是说，"洋商款项往来"乃至"华商大宗贸易"，都被汇丰银行所垄断。汇丰银行既然垄断中国的国际汇兑，也便一手操纵外汇牌价，利用外汇牌价的涨落，对中国进行巧取豪夺。据有人统计，汇丰通过这项汇价的扬抑，从1921年到1925年的五年间，仅在其经理的借债方面，就从中国政府手中额外获得了一百八十九万两白银[2]。至于中国的外贸商人在汇价上受其剥削者为数当更多了。1935年以后，外汇牌价名义上改由国民党政府的中央银行挂牌公布，实际上仍受汇丰银行的支配和操纵。

汇丰银行在中国大量发行纸币，盘剥中国人民。该行在中国发行的纸币有银元券和银两券两种。银元券分为一元、五元、十元、五十元、一百元五种；银两券分为五两、十两、五十两及一百两四种。从十九世纪八十年代起，中国的通商口岸几乎无一处没有汇丰银行的钞票流通。据统计，1870年底汇丰的纸币发行额为一百七十一点四万元，1880年底为一百九十四点五万元，1890年底为六百四十七点八万元，1910年底为一千五百九十九万元，1921年底为四千四百零三万元，到抗日战争前夕的1936年底发行额竟达到一亿二千七百六十三点六万元，比1870年增加七十多倍[3]。汇丰银行发行的纸币在中国境内流通

① 《愚斋存稿初刊》第2卷，第30—32页。
② 见杨荫溥《上海金融组织概要》，第184页。
③ 汇丰银行纸币发行额参见献可《近百年来帝国主义在华银行发行纸币概况》，第76—77页表。

的究竟有多少，没有确切统计资料，一般以其发行额的三分之二作为在中国的流通额，那么，1936年底的流通额约为八千五百零九万港元（当时港元与中国银元价值基本相等）。这一年汇丰银行的资本总额为二千万港元，其纸币发行额或流通额都远远超过了资本总额。实际上，从1900年以来，其发行额就一直大于资本总额。这种超额发行，是任何国家的法令所不容许的。

汇丰银行扩大纸币发行，往往采用乘人之危的办法。1916—1918年间发生"京钞风潮"，京津一带中国银行和交通银行的纸币低于票面值约二三成折扣行使，这时汇丰银行大量增发纸币，打击中国国家银行的纸币信用。1919年"五四"运动爆发，全国各地人民排斥日货，拒用日本银行发行的纸币，迫使日本横滨正金、朝鲜、台湾等银行不得不收回在关内发行的纸币，这时汇丰又乘虚而入，扩大其纸币在中国的流通范围。1921年中法实业银行倒闭，中交两行在京津一带发行的纸币再度被挤兑，汇丰又趁火打劫，这一年它的纸币发行额比1919年猛增50%。汇丰银行正是利用"巧取豪夺"，千方百计地掠夺中国人民的财富。特别应该指出，抗日战争胜利以后，汇丰银行所发行的港币又大量在我国华南及各大城市流通，和美钞一起成为交易计价和流通的工具。据统计，到1949年汇丰的港币在中国流通的约有六亿元以上，严重地扰乱了中国的金融和物价，掠夺了中国的大量物资和资源。

此外，汇丰银行从早期就经营金银买卖业务，从事货币投机活动。针对中国当时以白银作为主要货币这一特点，汇丰在银价跌落的一个较长时期，收进大量白银存在库中，为后来对清政府和北洋政府提供白银借款。这样做，不仅赚取了高额利润，而且在各外国银行的竞争中加强了自己的地位，为以后攫

171

取更大的政治经济特权作了必要的准备。这种金银投机活动，汇丰银行的资本家视为成功经营的得意之笔，在汇丰银行百年史中津津乐道，活现出投机家的可憎嘴脸。1935年以后，由于美国实行白银政策的结果，世界银价大涨，汇丰又将其所存白银大量抛出，牟取暴利。仅1935年8月21日这一天，汇丰就从上海交由英国邮船一次运走白银合一千一百五十万元。据不完全统计，仅1935年的两个月之内，就使中国两千万银元外流，使中国货币流通乃至整个经济受到严重的打击。

随着中国革命在全国的胜利，汇丰银行在华各分行相继停业（上海设有该行清理处），汇丰银行对中国人民八十余年的剥削与掠夺至此才宣告结束。

172

第八章　中国的银行业

旧中国的金融界，在国民党中央银行成立之前，有三种势力：一是外国在华银行，代表帝国主义侵略势力；二是旧式钱庄代表封建势力；三是新式银行代表资本主义势力。这三种势力是相互矛盾着的统一体，支配着整个中国的金融事业，形成错综复杂的状态。关于前两种金融势力，在第六和第七两章已经讲过，本章则专述新式银行的创立、发展及其变化的情况。

中国人设立的第一家新式银行是中国通商银行，成立于1897年(光绪二十三年)。最早的国家银行是清政府设立的户部银行，成立于1904年（光绪三十年），迟于通商银行七年。至清翦覆灭以前，先后设立的银行还有浙江兴业银行、交通银行、四明银行、浙江实业银行等和其他一些省官银号（官钱局）改组的地方银行。民国以后，中国的银行业迅速发展，特别是第一次世界大战期间和大战结束之初，更是银行业蓬勃成长的时期，盐业、金城、大陆、中南四家银行和上海商业储蓄银行，都在此时期设立。1920、1921两年全国新设银行达五十余家。国民党南京政权建立之后，到抗日战争爆发之前，中国的银行业继续发展，同时国民党政府的金融垄断势力也逐步形成。抗日战争期间，一方面是官僚资本继续加强金融垄断，另一方面是民族资本银行因正常业务受阻而更多地从事商业和外汇投机。待到抗战胜利后，官僚金融垄断地位达到了高

173

峰，而民族资本银行则在日益严重的通货膨胀之影响下，业务经营愈形困难，只能挣扎度日，直到人民革命胜利之后才获得新生。关于这些经过情况将在本章和十二章分别论述之。

第一节 中国"新式"银行业的兴起

一、中国的银行之创立

中国的新式银行业创立于外国在华设立银行的五十多年以后。它们的兴起是当时形势发展的产物。

首先，中国近代产业的发展为银行的设立创造了条件。明朝中叶出现的资本主义工商业的幼芽，在强大的封建势力包围和重压下艰难而缓慢地发展着，到十九世纪四十年代的鸦片战争，帝国主义势力又侵入中国，从此，中国便一步一步地走向半封建半殖民地深渊。因此，十九世纪末兴起的中国的银行业，从一开始就打上了半封建半殖民地的烙印。

鸦片战争之后，外国资本主义的暴力掠夺，给中国人民带来深重灾难，但在客观上也为中国近代工业的产生和发展提供了某些条件。十九世纪六十年代以后，清政府内部的"洋务派"官僚开始创办军事工业。1862年（清同治元年），李鸿章在上海设制炮局；同年，曾国藩在安庆设军械所；1865年（同治四年)李鸿章、曾国藩在英美协助下设立江南机器制造总局，制造枪炮和轮船；1866年左宗棠在法国协助下设立马尾船政局，制造轮船。此后各省督抚都设立大小军火局。七十年代以后,由军事工业扩展到民用工业，经营方式也由完全官办到官督商办，官商合办或完全商办。1872年至1880年间李鸿章在上海创办轮船招商局；在天津设开平矿务局和电报局。1890年（光绪十六

174

年）又成立机器织布局，此后纺织工业逐渐增加，成为中国产业界的重要部门。1891年张之洞在汉阳设立浏阳铁路局，开采大冶铁矿和萍乡煤矿，1893年在武昌设织布、纺纱、制麻、缫丝四局。1894年盛宣怀在上海设华盛纱厂。这些都是官商合办或官督民办的企业。当时洋务派官僚兴建的厂矿投资究有若干，未见统计，据1899年（光绪十五年）户部奏称，洋务每年用银二千余万两，由此估断，投资数目是相当大的。至于民族资本经营的近代工业，最早的当推1872年陈启源在广东南海设立的机器缫丝厂，1882年黄佐卿在上海创办的公和永丝厂，这些都是商人资本所办的较大之工业。在1872—1894年间（同治十一年至光绪二十年），商办企业总计有厂矿五十四家，资本四百八十万四千三百七十元。①

甲午战争失败后，帝国主义加紧侵略中国，由日本带头，俄、英、美、法等帝国主义国家依据"利益均沾"的原则，群向中国扑来。到1911年以前，清廷已被迫开辟了八十二个商埠，并在十六个城市划定了租界；与此同时，外国资本象潮水般地流入中国。1895年到1911年（光绪二十一年至宣统三年），外资厂矿已达一百二十家，据不完全统计，资本总额已达九千三百二十三万元。外国资本在中国设厂，无疑是为了掠夺中国的原料和榨取中国便宜的劳动力，但正如列宁所说，资本的输出，在所输到的那些国家中，是要影响到那里的资本主义的发展，且异常加速这种发展的。在外资厂矿的刺激下，中国工业资本也活跃起来，据统计，1895—1911年间，中国资本设立的厂矿有四百四十九家，资本额一亿三千八百万元。②

---

① 严仲平《中国近代经济统计资料选辑》，第93页。
② 《近代史资料》，1954年，第2期。

以上是辛亥革命以前中国近代产业发展的基本情况。随着产业的发展，商品交换与商业经营范围不断扩大，对资金的需求随而增加，信用工具的采用也愈广泛，这就为中国银行业的产生和发展创造了条件。

其次，外国在华银行凭借政治上的特权和业务上的优势，通过经营清政府的赔款和借款，掌握了中国的关税，垄断了中国的国际汇兑和对外贸易，赚取了惊人的利润，这也刺激着中国自办银行的要求。

关于外国在华银行的情况，已如上章所述。这里要指出的是，中国第一家银行设立之时，已是英国的丽如银行设立五十二年、汇丰银行设立三十二年之后，麦加利银行、横滨正金银行、东方汇理银行、德华银行和华俄道胜银行等此时都已设立。当时这些外国银行虽然反对中国创设银行，但外国银行在客观上却树立了榜样，中国人要步其后尘，自设银行。中国通商银行创办时即以汇丰银行为楷模，处处效法办理。通商银行最初章程还专列一条汇丰的盈利情况："汇丰银行开办之初，招股一千万元，股分亦系分期限收现，查光绪二十二年结报，除历年分利外，已积存公积六百万元，保险二十五万元，发出通用银票九百余万元，各处存款六千一百三十七万余元，存金约五千七百十九万余元，汇单一千四百八十一万余元，现计每股本银一百二十五元，股票（每股）可售三百七十五元，已加至二百五十元之多"。利之所在，是刺激当时官僚买办创设银行的动力。至于那时说什么自办银行"杜洋商之挟持"、"挽外溢以足国"等等，不过是官样文章，因为他们知道，帝国主义在华银行树大根深，中国新设立的银行只能从其巨大的利润中分得一杯残羹，正如所谓"但使华行多获一分之利，即从洋行收回一分之权"而已。

最后，也是最重要的一点，是清政府财政上出现了严重的困难，统治阶级想通过创设银行，增加财源，摆脱财政上的困境。十九世纪后半叶清政府的财政异常窘迫，其主要原因，一是镇压太平天国革命，军费浩繁；二是对外赔款，远远超出了清政府的偿付能力。甲午战争对日赔款计银二亿三千万两，而当时清政府的岁入仅有八千万两。1889年（光绪二十五年）户部的奏折谓："近年大费有三：曰军饷；曰洋务，曰息债。息债岁约两千万，洋务亦需两千余万，军饷约三千余万，此三项七千余万矣。……收入短少一千数百万两。"这不过是庚子以前的情况，庚子赔款又增四亿五千万两，三十九年还清，本息共达九亿八千余万两，辛丑条约后赔款一项从第一年到第九年每年须交付一千九百万两，可见清廷入不敷出的数额又增加一倍以上。

在此形势下，清朝官员乃纷纷奏议开办银行，作为增加财源解决财政困难之策。1894年（光绪二十年）盛京将军依克唐阿条陈请行钞票并设立银行折说："方今时事急迫，仓卒聚亿万之财，收亿万之利，舍钞票别无良图；欲行钞法，舍银行无以取信。"① 1895年顺天府尹胡燏棻上变法自强折，指出："中国不自设银行，自印钞票，自铸银币，遂使西人以数寸花纹之券，抵盈千累万之金，如汇丰、德华、有利等洋行之钞票是也；以低潮九成之银，易库纹十成之价，如墨西哥、吕宋、日本等国之洋钱是也。"建议"京城设立官家银行"，"购极精之器，造极细之纸，印行钞票，而存其现银于银行。"② 1896年盛宣怀上

---

① 《中国近代币制问题汇编·纸币篇》。
② 《中国近代货币史资料》第1辑，下册，第637页。

自强大计折，称："西人聚举国之财，为通商惠工之本，综其枢纽，皆在银行。中国亟宜仿办，毋任洋人银行，专我大利。中国银行既立，使大信孚于商民，泉府因通而不穷，仿借国债，可代洋债，不受重利之挟持，不吃镑价之亏折，所谓挽外溢以足国者，此其一也。"[1] 就这样，在经过几番周折和筹备之后，清政府批准的中国第一家中国通商银行才在上海宣告成立。

从上述中国的银行设立的历史背景，可知中国近代产业之发展是银行设立的基础，而清政府的财政需要则是银行设立的直接原因，至于外国在华银行势力的膨胀和利润的丰厚也在某种意义上刺激了中国银行业的兴起。在此历史条件下产生的银行，与封建统治和帝国主义的关系，则不难想见。因此中国的银行业从其产生伊始，就带有浓厚的封建性和买办性。这些特点，从以后的表述中可看得更为明显。

二、中国银行业的畸形发展

从1897年中国通商银行成立，到清朝覆灭的十五年间，官商两方面设立的银行总共有十几家，其中比较重要的，除中国通商银行和清户部奏请设立的户部银行外，还有邮传部奏请设立的交通银行，浙江兴业银行，濬川源银行，信成银行，四明商业储蓄银行。另外还有浙江、广西、直隶等省由官银号（局）改组成的省银行。

民初以后，中国银行业有了显著的发展，尤其是第一次世界大战期间和大战结束之初，更为银行业的黄金时代。民初银行有十四家，到1920年和1921年，适当欧战告终之际，两年新设银行突然达到五十余家。据沈雷春主编的《中国金融年鉴》统计，

---

① 《愚斋存稿初刊》第1卷，奏疏1。

178

全国银行资本总额，1912年为三千六百二十五万四千九百一十九元，1920年为五千一百九十七万八千零七十七元，1925年为一亿五千八百一十六万零四百七十一元。① 即从1912年到1925年，十三年间增长四倍多。到二十世纪二十年代初，旧中国比较重要的银行均已成立。

这一时期中国银行业之所以迅速发展的原因有二：一是由于欧战关系，帝国主义各国都卷入战争漩涡，大战结束后，还要医治本国的战争创伤，不久又发生了1920～1921年的经济恐慌，使得帝国主义无力东顾，这种形势有利于中国民族工商业的发展。民族工商业的迅速发展，带来了社会经济的繁荣，金融市场因之而活跃。同时，外国银行都在战争中受到削弱，被迫放松了对中国的压力，也给中国银行业带来了发展的机会。二是北洋政府时期，军阀连年混战，财政严重困难，依靠借债度日。于是经营北洋政府发行的公债券成了刺激银行设立和业务发展的重大因素。北洋政府从1912年到1925年共发行公债十九次，总额达八亿七千余万元，实收六亿一千万元，此外还有特种库券、盐余借款、各银行的短期借款以及垫款等达一亿六千九百余万元。北洋政府财政总长周自齐在给大总统的呈文中哀叹道：……"寅支卯款，习以为常，不待届期取回，早已支拨净尽，故以需款急迫之时，无非向各种银行重利凑借，或以有价证券贱价售变以济穷，但能稍救眉急，不惜忍痛一时。……日积月累至于今日，几于无一用款，不仰给借贷。"② 北洋政府发行

---

① 1981年第5期《学术月刊》发表唐传泗、黄汉民的文章指出，1912年至1920年中国银行业的资本额和银行家数，历来都是引用北洋军阀农商统计部发表的统计数字（以上年鉴即如此），这些数字既不完整，差错也较多。据他们的统计，银行的资本额1912年为二千七百一十二万二千元，1920年为八千七百八十二万九千元。

② 《银行月刊》第1号。

的公债,大都交由各银行承销。而银行又极愿承购政府公债,因为经营公债有很多好处。回扣大, 一般有百分之几到百分之十几、二十几的回扣。利息高, 月息一般名义上在七八厘之间,但加上回扣,手续费,汇水等,实际利率高达二三分, 最高有达五分以上者。公债券又可作发行准备和储蓄存款准备。根据当时的规定, 银行发行钞票, 一般须有50%～60%的现金准备(金银)和40%～50%的有价证券,而有价证券主要就是公债。此外, 银行手中握有大量的公债券, 还可以在证券市场上进行投机, 牟取暴利。利之所在, 争相趋之。人们见办银行有厚利可图, 于是投向银行的资本迅速增加。这就不难明白, 在军阀连年混战之时, 中国的银行业非但没有衰落, 反而迅速发展的根本原因。本来, 银行的发展应该伴随着产业的发展, 而在此时期只因承销政府公债的厚利, 银行乃如雨后春笋纷纷设立,可见其发展是畸形的。

国民党政府建立之后, 到抗日战争爆发前夕, 中国银行业有了进一步的畸形发展。据统计, 1928--1937年全国新设立银行一百三十七家, 倒闭三十一家, 1937年全国银行总行数为一百六十四家, 分行数为一千六百二十七家。这一阶段银行的发展, 也不是建立在产业发展的基础上, 恰恰相反, 当时的国民经济日益陷入破产境地, 而银行业"繁荣"的原因, 仍然是经营公债。从国民党政府上台到抗日战争爆发时, 共发行国内公债二十七亿七千二百万元, 相当于北洋政府所发公债总额的四倍多。公债的继续增长, 给各银行开辟了利润的来源。而且在国民党统治下的广大农村濒临破产, 内地金融枯竭, 现金流向都市(特别集中于上海)的情况下, 又为设在都市中的银行扩大吸收存款和扩展房地产等业务提供了条件。

180

第二节　国家银行

——中国银行与交通银行

一、中国银行和交通银行的设立与扩充

中国银行的前身是清政府的户部银行，户部银行成立于1904年（光绪三十年）。是年户部会同财政处联合请求由户部试办银行，其奏折说："中国向无银行，各省富商所设票号、钱庄大致虽与银行相类，特公家未设有银行相与维系，则国用盈虚之大局，不足资以辅助。……现拟先由户部设法筹集股本，采取各国银行章程，斟酌损益，迅即试办银行，以为财币流转总汇之所。"[①]奏准银行章程三十二条，其要点有：第一，资本银四百万两，分为四万股，每股库平银一百两，由户部认购二万股，其余二万股，无论官民人等，均准购买；第二，专作收出放款项，买卖荒金荒银，汇兑划拨公私款项，折收未满限期票据及代人收存紧要物件；第三，该行归国家保护，凡遇市面银根紧急，青黄不接之时，可向户部请给库款接济；第四，公家既认买二万股，即为最大股东，可选派银行总办一人，副总办一人，另设理事四人，监事三人，由股东公举；第五，拟印纸币，分库平银一百两、五十两、十两、五两、一两五种，通行银元票亦如之；第六，户部出入款项均由该行办理，凡有可用票而收发者，均须用该行纸币，其他商号之票不得掺用。由于当时民间认股毫不踊跃，结果政府先拨出二十万两，于第二年在北京西交民巷开业，其余资本数目，到光绪三十四年陆续收足。户部银行的总行设在北京，另在上海、天津、汉口、库伦、恰克图、张

---

① 《中国近代货币史资料》第 1 辑，下册，第1037页。

家口、烟台、青岛、营口、奉天等处设立分行。1906年9月户部改为度支部，1908年7月所属户部银行改称大清银行。同时奏定大清银行则例二十四条，比原户部银行则例有所修正。其要点为：（1）确认该行为国家银行，由国家饬令设立，予以特权，诸如有代国家发行纸币之权，准许经理国库事务及公家一切款项，并代国家经理公债及各种证券；（2）该行资本由四百万两增为一千万两，划为十万股，官商各半；（3）该行正副监督和董事，由度支部提名，经股东会公举，呈度支部派充。1911年10月辛亥革命爆发，次年初，大清银行改组成中国银行。1913年4月，北京临时参议院通过中国银行则例三十条。则例明确中国银行为中央银行，股本总额为银元六千万元，分为六十万股，每股一百元，政府先认垫三十万股，余数由私人购买；由政府先交所认购股份三分之一以上，银行开始营业，同时招募商股；则例还规定该行设总裁、副总裁各一人，由财政部报政府任命；设董事九人，监事五人，由股东会选任。八月，北京中国银行开始营业。各省在原大清银行的基础上亦陆续成立中国银行分行。

交通银行为1907年（光绪三十三年）由清政府邮传部奏准设立。该部拟设交通银行的奏折说："臣部所管轮、路、电、邮四政，总以振兴实业挽回利权为宗旨，即如借款所办各路存放款项，向由分储，各立界限，此盈彼绌，不能互相挹注。且由欧汇华，由华汇欧，又不能自为汇划，而镑亏之折耗，犹其显者也。……拟由臣部附入股本，设一银行，……名曰交通银行。将轮、路、电、邮各局存款，改由银行经理，就臣部各项散款合而统计，以握其经划之权。"① 并拟就银行章程三十八条，其

① 《中国近代货币史资料》第1辑，下册，第1060页。

要点：第一，交通银行纯系商业银行性质，邮传部附股设立，官股四成，商股六成，均照商律办理；第二，轮、路、电、邮各局所存储汇兑揭借等事，都由该行承担；第三，仿京外银号及各国银行，印刷通行银钞，分百元、五十元、十元、五元、一元五种；第四，资本银五百万两，分为五万股，每股库平足银一百两，邮传部认购二万股，余三万股，无论官民，均准购买；第五，邮传部为最大股东，可派总理、协理。

我们在此应附带指出，交通银行本来是国家银行，何以其章程却强调"纯系商业银行性质"呢？其实，类似情况，中国银行也有。1915年参议院对中国银行则例曾进行过一次辩论，争论的焦点即为中国银行究以官商合办或商办何者为宜？当时主张商办的意见却占上风。交通银行之所以要诡称"纯系商业银行性质"，一言以蔽之，就是官家名声太臭。用当时的话说，这样做是为"尽除官场习气，以昭信实"。辛亥革命以后，1914年交通银行改定章程，股本总额增为一千万两，除原有经理"四政"以外，并得代理国库、经付公债本息、代收税款、办理国内外汇兑等业务。

1927年国民党政府成立后，立即着手建立其金融垄断体系，首先把势力伸向中国银行和交通银行。因为这两家银行是当时资力雄厚、信用较著的老牌银行，在银行界有举足轻重的影响。1928年和1935年先后对两行进行改组，并两次增加官股。关于中交两行改组及增资情况，在第十二章再作论述。自此，中交两行完全被国民党政府所控制，成为官僚垄断金融资本的重要组成部分。

二、两行与政府和民族工商业的关系

中国银行和交通银行既是清政府和北洋政府的国家银行，

后又成为国民党政府的特许银行，因此它们与历届政府的关系自然极为密切，而与民族工商业联系很少。

中、交两行与历届政府的密切关系，首先表现在两行的主持人上面。户部银行成立之后，清政府任命户部郎中陈宗妫为银行总办。改称大清银行之后，正副监督初为张允言、黎大钧，后来是叶景葵、陈锦涛。这些人也都是清末官僚。从民国初年到1918年，中国银行的总裁从吴鼎昌、孙多森、王克敏到冯耿光更换了十一人，他们或属皖系，或属直系、交通系，也有由保皇会蜕变而来的进步党成员。从1917年至1927年中国银行的大权一直控制在大买办、大官僚王克敏和冯耿光的手里。1928年国民党政府改组中国银行为特许国际汇兑银行，该行召开了临时股东会，推举张嘉璈为总经理（他是中行较长时期的掌权者），并由国民党财政部任命李铭为董事长。1935年中国银行再次改组，张嘉璈改任中央银行副总裁，中国银行总经理一职由该行常务董事宋汉章兼任，由宋子文担任董事长。1944年又由孔祥熙兼任董事长。全国解放前夕，孔祥熙让出了董事长的职务，并指示该银行成立新的董事会，宋汉章为董事长，席德懋为总经理。1949年初，该行的董事长和总经理等人在解放上海的炮声中逃跑了。人民革命胜利以后，中国银行接受社会主义改造，改组成专门经营外汇的银行。交通银行掌权人物的情况与中国银行大致相仿。例如，北洋政府时期被人称为"财神"的交通系主脑梁士诒担任总理。他支持袁世凯称帝，增发交通银行纸币三千万元，引起该行停兑。又如，曾在国民党政府时期担任过交通银行董事长的钱永铭早在"四·一二"之前就与蒋介石取得了联系。1926年9月，北伐军到达汉口，江浙财阀为了拉拢蒋介石，筹集现洋四十万元，由钱永铭为代表，秘密

184

去汉口献金慰劳。

两行与历届反动政府的密切关系，还表现在两行开办的目的都是为了解决财政与军费问题，在业务经营上都把筹措军费支持政府当作自己的最主要的任务。

清政府财政处和户部请求设立户部银行的奏折明确指出，设立银行就是要银行成为"财币流转总汇之所"，"以维财政"，换言之，即通过设立户部银行以解决财政困难。民国以后，军阀连年混战，北洋政府更迭频繁，但不管是直系、皖系或奉系，谁控制了北京政府，谁就首先要把中国、交通两银行抓到手里，作为解决军费的手段。早在袁世凯当政的时候，人们就把中国银行的总裁称作"帮帐房"，因为当时的财政总长不过是袁政府的"帐房"，总长之下的中国银行总裁，自然只能为"帮帐房"了。袁以后的情况也大体如此。

从北洋政府到南京政府，国内战事频仍，在争权夺利中，军队是最起作用的，"有军则有权"，谁的军队多，谁的权力就大。因此，大小军阀都千方百计地拥兵割据，军费开支浩大。据统计，北洋政府时期，军费开支比清末增加甚多，1918年军费实支数达二亿四千万元，占岁入总额的54%以上，1925年更达到60%。南京政府成立后，为了维持其庞大的军队，军费开支愈多，到抗战爆发以前，每年实支出额保持在三亿多元之谱，一直占岁入总额的60%以上。如此巨大的军费开支从何处而来？众所周知，当时由于战乱不止，工农业生产萎缩，对外贸易长期逆差，关盐等税除还债赔款外所剩无几，依靠苛捐杂税、横征暴敛也远不能解决如此巨大的支出。于是筹措经费的任务便主要落在银行身上。中国银行和交通银行既为国家银行，自然首当其冲，责无旁贷。银行为反动政府筹措军费之道，一是通过承购政府发行的公债对政府提供借款，二是通过膨胀发行纸币对政府垫款，两者是同一性质的不同方式而已。

两届政府发行的国内公债，都由银行承销。特别是中交两行，都把经营公债列为重要职能，载在两行的则例中。长期以来，两行既是公债的主要经销者，又是主要购买者。1918年—1927年，中国银行持有的公债券面额约在三千六百余万元至八千五百余万元之间，1928—1935年约为一亿元左右，1936—1939年持有额，则从二亿元增加到四亿余元。1931—1934年期间中国银行持有的债券额占债券发行总额的10％以上，最高占13.6％，居全国银行之首位。交通银行同样握有大量公债券，例如，1927年底有价证券（其中主要为公债券）一千一百余万元。通过经理公债，两行给予当时政府极大的财政支持，使之得以镇压革命运动和进行反革命内战，同时两行也从中赚取了巨大利润。抗日战争时期，从1937年12月到1944年7月，国民党政府先后发行公债金额，折合战前的法币，约为三十五亿四千余万元。主要是由中央银行、中国银行、交通银行和中国农民银行以向财政垫款的形式发行。即国民党政府用这些公债作为抵押，向这些银行借款。中国、交通两银行还积极参与举借外债的活动，特别是中国银行，在经办外债款项收付的过程中，获得巨大利润。

中、交两行筹措军费支持政府的另一途径则是膨胀发行纸币，对人民进行超经济的掠夺。纸币发行混乱是旧中国的特点。1935年11月国民党实行法币政策之前，全国拥有发行权的银行，除中央、中国、交通和农民四银行外，共有三十余家，发行额为三亿零一百四十八万元。这些银行发行纸币，没有充分的现金准备，信用很差。1917至1918年间，各省因扩充军备，滥发纸币，致使其价值狂跌，山东、直隶、河南等省银行，更因之而倒闭。1934年夏，新疆也因滥发纸币关系，使当时上海银元一枚，可换新疆纸币（银两票）一百六十两。另据报告，四川所发纸币总值超过三千三百余万元，而现金准备只有三百余万元。中国、交通两行情况虽然较好，但同样准备不足。中国银行1914年发行一千六百四十万元，1918年增至五千二百一十七万元，1927年更增至一亿五千九百万元，比1914年增加八点七倍。交通银行1914年发行银两票五百九十六万库平两，合银元八百二十七万元，1918年发行额增加到三千五百一十四万元，1927年又增加到六千五百一十万元，比1914年增加六点九倍。实行法币改革前的1934年，中国银行发行额为二亿零四百七十一万元，交通银行为一亿一千二百五十一万元，是我国发行额最大的两家银行。众所周知，当时政府的公债大都是保证不足或无保证的发行，而这些公债又可作为银行扩大发行钞票的保证准备。换言之，政府发行公债愈多，银行发行钞票也愈多，银行对政府的垫款也就愈增加。据统计，在1918年至1928年的十年内，中国银行持有的公债券（面值）从四千万元到一亿元，其发行钞票从五千二百一十七万元到一亿七千二百三十万元，对政府的垫款从六千五百余万元到一亿三千五百余万元，占该行各年放款总额的27％～44％左右。

关于中国银行和交通银行与工商业的关系，在1928年两行改组以前，两行对民族工商业的存放款业务额量均不很大。改组后，情况稍有变化。例如，中国银行在其报告中提出该行要"谋国民生产力之增加"，"当力谋以低利资金辅助大小工商业"，但实际上变化并不大。1929年以后的几年中，对政府的垫款非但没有减少，反而大幅度增加，1929年为二亿零四百六十四万元，占贷款总额的49.9%；1930年为二亿三千一百三十八万元，占48.9%；1931年为一亿八千一百一十七万元，占47.2%；以后各年的垫款数字虽略有减少，但仍占41.9%～43.9%之间。至于工业贷款，从1929年到1936年，只占贷款总额的4.1%～13.3%之间。民族工业企业由于资本小，技术差，在同帝国主义在华企业和官僚资本企业竞争中，经常处于不利地位。中交两行为解决放款户不能按期归还贷款的矛盾，采用由放款改变为投资的办法，即通过放款，把整个企业"拿过来"。如青岛义利油坊，原是中国银行青岛分行的放款户，因无力偿还贷款由中行向它增加投资三四百万元，把整个油坊都控制在中国银行手中。再如江苏启东县大生第二纱厂，原为中交两行的放款单位，1933年后营业失败，停业清理，1936年由中交两行以一百万元承购，抵偿银行贷款。中交两行接收经营后，于抗日战争期间又将该厂贱价卖给孔祥熙之子孔令侃所办的扬子公司，"化公为私"了。抗战以后，两行直接投资于生产事业更多。例如中国银行1943年底各分行投资生产事业，共计九十二个单位，投资金额为二亿五千余万元；1946年底投资总额为二十一亿八千万元（此项投资额和下列1947年的投资额，都含有货币贬值因素）。另据记载，截至1947年10月止，投资单位为一百三十七个，投资金额为二百七十一亿元。这表明金融资本与工业资本已经溶合了。

三、两行与其他商业银行及外国在华银行的关系

当新式银行业兴起之时，中国早已存在着外商银行和钱庄、票号。清末新创立的银行却无一家是由钱庄或票号发展而来的。随着清王朝的覆灭，封建色彩极浓的票号没落了，但钱庄却保存下来，并且还有所发展。因为，钱庄的资历比银行老，当外

国银行侵入中国时，是先与钱庄勾结的，在帝国主义垄断的进出口贸易中，钱庄充当了重要的买办角色；而且钱庄多作信用放款，更适于当时中国尚不发达的产业需要。因此，中国的新式银行兴起之后，形成了与旧的封建信用机构并存的局面。但从总的趋势看，钱庄的势力渐趋下降，其地位逐步被银行所取代。新式银行同钱庄相较，毕竟规模大，资力强，经营管理方面也比较先进，因此，它们在中国资本主义工商业的发展中，所起的作用越来越大，与外国在华银行的关系也越来越密切，以致成为比钱庄更重要的买办。至于中国银行和交通银行，更为银行取代钱庄的重要角色。民国以后，作为重要发行银行的中交两行，为了扩大其发行，对钱庄和其他非发行银行实行"领券制度"，凡领券的钱庄，只交六成现金、三成保证、一成本票，即可领用十足的现钞。这种制度实行以后，各钱庄贪图领券利益，"头寸"大部分集中在中交两行，于是中交两行同钱庄之间已经变成了主导与从属的关系。

中交两行与其他商业银行的关系，概括说来，不外是相互利用和相互竞争的关系。中交两行作为国家银行，在国民党政府的中央银行成立之前，一直居于银行界领袖的地位，除前述对非发行银行实行"领券制度"外，对各银行均发放贷款，融通资金。当两行本身资金周转不灵之时，其他银行也多设法予以支持。因为银行之间有着共同的利益，一家银行倒闭，其他银行也会因为业务牵连而遭到损失。如1916年中交两行钞票发生停兑风潮时，上海以浙江兴业银行董事长叶揆初为核心，组织了一个中国银行商股股东联合会，为上海中国银行维持兑现而努力。在同业的大力支持下，上海中行得以维持兑现。再者，有许多银行的董事、经理等，同时又是其他银行的股东，利害关系更为密切。如1935年中国银行的董事中，包括了全国各重要银行的主持人。象交通银行的董事长钱永铭，上海银行的总经理陈光甫，盐业银行的总经理吴鼎昌，金城银行的总经理周作民，浙江实业银行的董事长兼总经理李铭，中国通商银行的董事长杜月笙，中央银行的席德懋等人均曾任中国银行的董事。上层人物既交互为董事，他们下属的次要人物当然互通声气，相互融通。中国银行的内部组织和管理章则及会计制度是当时最新式的，被公认为这方面的楷模，多为其他银行所效法，因而在经营管理方面各银行也多相似之处。

另一方面，由于旧中国统治阶级内部政治派系极为复杂，各个银行分属于不同派系势力，每个银行又都有自己的利益，因此它们之间便发生些明争暗斗。中交两行身为国家银行，标榜不与其他商业银行争利，不过是官样文章，实际不但力争，而且还依靠国家银行之有利地位，来争夺其他银行的业务，损害其他同业。例如1925年中国银行副总裁张嘉璈从财政当局得知"九六公债"无法整理的消息，于是指令中行将所有"九六公债"券四五千万元，陆续随市吐出，并采用放放收收的办法，制造假象，欺骗他行，把市价维持在较高的水平上。中行将所得全部售价，又趁外汇行市低落的机会，换进欧美债券。事后不久，"九六公债"市价大跌，从五六十元直跌到十几元，同时汇价飞涨，外汇债券行市上升，中国银行从中获取了很大的利润。而其他认为政府会整理"九六公债"因而大量买进该债券的银行，却蒙受了很大的损失。

中交两行与帝国主义在华银行的关系，简括而言，就是有很大的依赖性。它们既同外国在华银行站在一起，共同盘剥中国人民，又要借助外国在华银行的势力，来维护它们作为半殖

190

202

民地的国家银行的地位。

关于半殖民地半封建的旧中国的三种金融势力的关系问题，过去曾有人作过形象化的描述："外国银行，一手抓住在中国穿西装的金融资本家，一手抓住穿长袍马褂的金融资本家，利用这两位服装整齐，彬彬有礼的富翁，来支配全中国的金融"。这真可谓维妙维肖！中国银行和交通银行，依赖外国银行的支持，维护其国家银行的地位。1916—1921年之间，在上海的汇丰、德华、正金、道胜、东方汇理五家外国银行经常聚会，中国银行有时亦被邀参加。可见中行与外行关系的密切；参加外国银行的聚会并非经常而是"有时"，又说明中行的"次等"成员身分。外国银行不仅财大气粗，而且消息灵通。每次风潮来时，总是它们先察觉，汇丰、麦加利等银行就会支持中国银行出来维持市面，如对钱庄开放拆票，息价照七厘计算，以压平市场利率，表面上款项是由中国银行拆出，实际上背后有汇丰、麦加利的"头寸"。有一两次还由汇丰、麦加利从香港装大条、银元来维持上海市面。1916年发生"京钞风潮"时，上海的中国银行在外国银行和中国同业的支持下，拒不执行总管理处"暂停兑现"的命令，维持兑现，获得成功。当时外国银行曾为上海中行融通了一百多万银元，并给了中行其他方面的支持。但在这次"风潮"中，北京的中交两行却得不到外国银行的支持，相反，当时外行也拒绝接受中交钞票，使北京、天津中交两行的信用低落，更难维持兑现，而外国银行则乘机扩展其外钞势力。由此可见，汇丰等行对中国银行的关系时而拉拢时而排斥，翻手为云覆手为雨，无非是维护他们自己的利益。正如主子对仆人有时假装笑脸，有时痛加责骂，喜怒无常，无非是使仆辈更加俯首听命而已。

第三节 商业银行

——"北四行"

一、"北四行"的建立和发展

"北四行"是旧中国北方的金融业资本集团，包括盐业银行、金城银行、大陆银行和中南银行，分别成立于1915、1917、1919和1921年。盐业、金城、大陆三家银行都是北洋军阀与官僚投资兴建的，中南银行的大股东虽是南洋华侨，同样依附于北洋军阀。

如前文所述，第一次世界大战期间及大战结束之初，帝国主义暂时放松了对华侵略，中国的民族工商业出现了短暂繁荣的景象，对资金的需要很迫切，特别是当时的北洋军阀政府财政困难，大量发行公债，银行承销公债有厚利可图，这就刺激了对银行投资的兴趣，"北四行"就是在此背景下先后建立起来的。在北洋军阀政府的支持下，"北四行"在一定程度上操纵了华北的金融业务，成为当时仅次于中交两行的重要金融机构。

盐业银行是由张镇芳发起成立的。张是袁世凯的亲戚和亲信，曾久任长芦盐运使，熟悉盐务。他认为如开设银行以经理盐务收支，必能获得巨利，因而向袁世凯建议，获准成立了盐业银行。盐业银行的大股东除张外，都是北洋军阀，如张勋（曾任长巡阅使），安徽督军倪嗣冲，湖北督军王占元，袁世凯的侄子袁乃宽，山东督军张怀芝等人。起初，张镇芳自任总经理，张勋、袁乃宽任协理。1917年张镇芳因参与张勋复辟活动而被捕，吴鼎昌乘机夺取了总经理职位。张获释后，出任董事长，吴继续任总经理。一直到抗日战争爆发以后，总经理的职位才交由代理董事长任凤苞兼代，但实权仍掌握在吴的手中。盐业银行的资本1915年创立时定为五百万元，计官股二百万元，私股三百万元，但未收足，官股只收以盐务署名义投资的十万元，开幕时总股款只有六十四万元。1917年吴鼎昌任总经理后，增募股份，帐面股本为一百二十五万元，并决定三年增至五百万元十足收齐。1921年又决定将资本增至一千万元。这时盐务署的十万元官股为该署人员购去，这样，盐业银行资本就尽为商股了。

金城银行是由周作民发起成立的。取名"金城"，系取"金城汤池，永久坚固"之意。周作民曾任北洋政府财政部库藏司司长，交通银行稽核课主任。周认为官场多变，交行同官场一样，全是"五日京兆"，因此自己要筹办银行，以作长远之计。但由于本人两手空空，于是鼓动安徽督军倪嗣冲及其亲信王郅隆出资办银行。倪、王拥有许多工商企业，看到办银行不仅有利可图，又可为自己的企业提供周转资金，因此一拍即合。1917年5月金城银行成立，王郅隆被推为总董，周作民任总经理。金城银行的股东中，曾任北洋政府的总统、总理、总长和各省督军的人物颇多，如黎元洪、徐世昌、梁士诒、熊希龄、曹汝霖、周自齐、孙传芳、吴佩孚、王占元等等。此外，股东中尚有金融权要多人，如吴鼎昌、任凤苞、钱永铭、周作民、胡笔江等。后来虽然吸收了一些工商业者、经济学者以及洋行买办为股东，但北洋军阀官僚以及金融权要所占股本额的比例始终居于绝对的支配地位。1927年北洋政府垮台后，股东会、董事会逐渐为银行资本家所掌握。金城银行成立时资本定为二百万元，实收四分之一，即五十万元。至1919年1月，资本收足二百万元，是年10月，增资为五百万元，次年3月收足。

1923年计划增资为一千万元，但至1927年仅收足七百万元。1932年7月国民党政府财政部验资，规定以实收数目七百万元为资本定额，以后资本额即未再增加。

大陆银行的创办人为谈荔孙。谈在辛亥革命前曾任大清银行稽核，1912年参与筹组中国银行，中行成立后历任该行要职，1919年又调任北京中国银行经理。在这段经历中，谈结识了不少北洋军阀、官僚及金融界人士。1919年春乃联合冯国璋、张勋、李纯、齐燮元、倪嗣冲以及金融权要张嘉璈、钱永铭等人，出资兴办大陆银行。该行筹备之初，即推谈荔孙为董事长，后谈辞去北京中行的职务，以全力办理大陆银行，任董事长兼任总经理。1933年谈病死后，董事长先后由钱永铭、颜惠庆担任，总经理一职一直为许汉卿担任。大陆银行成立之初，额定一百万元股本，实收五十万元向北洋政府申请注册。1919年增资为二百万元，1924年再增资为五百万元，1926年又决定扩充资本为一千万元，实收七百五十万元，1930年第四次增资，收足股本一千万元。

中南银行为印尼华侨黄奕柱委托金融权要胡笔江所创办。因黄在国内人地生疏，又不熟悉银行业务，故经人介绍，结识了曾任交通银行北京分行经理的胡笔江，黄即委托胡代为组织银行。银行取名"中南"，即中国与南洋华侨合作之意。中南银行1921年春开业，黄奕柱为董事长，胡笔江为总经理。直到抗日战争时期，黄奕柱返回南洋，胡笔江乘飞机失事后，董事长和总经理始终由徐国安和黄洛沂（黄奕柱次子）分别担任。中南银行筹办之初，资本额定为五百万元，由黄奕柱认股70%，其余由胡笔江招股。其后，中南银行天津分行因对协和贸易公司放款吃了二百二十万元倒帐，该行声誉一落千丈，业务日趋

194

不振，在这种情况下，决定增资为七百五十万元，以稳定形势，1930年收足，即以此为资本额。因为中南银行是华侨投资兴办的，设立之初即获得发行钞币的权利。

"北四行"于国民党政府在南京建立后，即先后将总行由北方迁至上海。

二、"北四行"的主要业务

"北四行"从成立之日起一直到抗日战争以前，其势力是逐渐发展的，虽然其间中国的银行业曾有两次不景气，但对它们没有发生影响。其所以如此，主要由于"北四行"与北洋政府和国民党政府的关系密切，它们的主要业务是承销两届政府发行的公债，从而赚取了极大的利润。"北四行"曾以超过其资本额数倍的巨款承购公债，借以扩大业务和进行公债投机，同时也给当时反动政府以财政支援，并支持了新旧军阀的混乱战争。在"北四行"中，以金城对国民党政府的财政支援为最多，该行自1927年至1937年的十年中，财政性的放款和投资（包括公债、铁路放款和政府机关放款）占其放款总额的35%左右。抗日战争前夕竟达到44%，金额为一千六百余万元。这反映该行与国民党政府的关系密切，同时也表明金融资产阶级与财政当局的相互利用。

"北四行"从事公债投机的事例很多，例如，1926年国民革命军在广东兴师北伐，盐业银行总经理吴鼎昌深恐广东方面不承认北洋政府发行的各种公债，乃派人以新闻记者采访为名前往广州探听消息，当探得广东方面决定维持旧公债后，吴即大量购进1913年袁世凯发行的善后大借款公债，盐业银行因而大发横财。又如，1933年国民党政府和日本签订卖国的"何梅协定"前夕，吴鼎昌得知即将签订停战协定后，公债看涨，于

195

是购进大批公债，盐业银行又大获利益。

"北四行"把主要资金放在公债投资的投机上，对民族工商业的放款只占较少部分。它们不愿意放款给民族工业，特别是在外资的打击下，民族工业处于困境的时期，更怕因企业倒闭受牵连。就是对工业的少量放款，其利息亦很高，例如盐业银行北京分行对北京电灯公司放款，十二年间总数达四百万元，月息一分二厘。该行派人常驻该公司作经济监督，坐地管理收费。由于贷款利率甚高，以致该公司的利润几乎全部被盐业银行拿走。又如天津北洋纱厂因管理不善，资金周转困难，被金城银行和中南银行共同经营的诚孚公司接管，此后该纱厂的一切业务经营和财务活动都必须首先照顾两行利益，而本厂利益则降到次要地位。比如，当两行的游资过多，它们就要求北洋纱厂向两行借款，买进原棉或添置设备，为两行游资找出路；如果两行资金发生困难时，又要求北洋多卖纱，尽快把销货款存入两行，为两行提供营运资金。这里把银行支持生产的关系完全弄颠倒了。因此，我们虽不能否认"北四行"对发展民族工业发挥过一些作用，但必须指出，这种作用不仅很有限，而且在某种情况下还起过阻碍民族工业发展的作用。

"北四行"对商业放款极少，因为它们虽非官办银行，却有着浓厚的官僚习气和衙门作风，盐业银行更甚。一般商人不敢与之往来，宁肯向钱庄银号通融资金，负担较高利息，也不愿高攀这些大银行家们。"北四行"存款的大户既然都是军阀官僚，所以它们的放款也多少带些政治背景，而盐业银行更多做那些大官僚军阀和大盐商的不动产抵押放款，既有可靠担保又能乘机拉拢权势人物。北洋军阀政府的陆军部、财政部、交通部等均经常向"北四行"借款，其中金城银行承借最多。

196

金城银行单独或与同业合作经营了许多企业，如太平保险公司，通成公司，诚孚信托公司，等等。它所参与投资的企业更多，如久大精盐公司，永利　学公司，寿丰面粉公司，民生轮船公司，丹华火柴公司等等。此外，还经营了不少工商矿农各方面关系户（特别是与周作民有关系的企业）的放款。在"北四行"中，金城的这类业务最多。

这里应当着重指出的，是太平保险公司。它为金城银行于1930年独资创办，资本一百万元，由周作民自兼总经理，1933年复联合交通、大陆、中南、国华、东莱等银行，增资为五百万元，在国内重要城市，如上海、天津、汉口、北平、哈尔滨、青岛等地设立分支机构，经办水、火、船壳、汽车等保险业务，扩展极速。按保险业务与银行业务关系极为密切，都属于金融事业的范围。过去国内曾有过一些小规模的保险事业，但都微不足道，我国的保险业均操诸外商之手。三十年代后中国人自营的保险事业，其业务规模较大，能与外商相抗衡者，除中国银行附属的中国产物保险公司外，只有金城银行的太平保险公司一家而已。所以它在这方面"权利外溢"起着一定的作用。但在经营中，常因承保额　超过自己的力量，不得不分出一部分给外商保险公司，如瑞士再保险公司，英商劳埃德保险公司等。外商保险公司也经常分保一部分给太平保险团（即太平保险公司与安丰盛两公司合组的保险团）。这样，中国保险事业由外商竞争而转变为联合了。

大陆银行除联合它行经营的企业及其自身的一般存放汇等业务之外，还具有两个特点，一是大力经营仓库，一是广泛吸收小额储蓄。大陆银行于二十年代先后在天津、汉口、上海三大城市建立仓库。大陆银行的仓库规模和容量以天津为最大，

197

该行除自建两所大型仓库外，还租赁几所洋行的仓库，大量收存天津出口的原棉、纱布、土特产和进口的面粉、棉花、小五金等商品物资，凡持本仓库所出栈单向该行抵押借款者可得到较优惠的条件。当时深受工商界欢迎，总计每年押款一项可达一千余万元。除天津外，该行在汉口、上海两地的仓库业务也很兴旺。大陆银行还在1922年设立储蓄专部，会计独立，使储蓄人感到有保障，除设有五种一般储蓄外，另设一特种存款，即一次存入一百七十一元五角一分，定期十五年，到期本息共得一千元。此项储蓄对于养老、丧葬、子女教育、婚嫁等皆很合适。其实这种储蓄按复利计算，利率并不很高，但表面上使人感到优厚，因而吸引了大量储户，至1933年已达六千三百余户。在当时看来这对提倡社会节约风气有所裨益，但由于通货膨胀，除最初一两年的存户外，广大存户都因货币贬值而蒙受极大损失。此后其他银行也相继办理这类长期储蓄，都因货币贬值而使存户上当受骗。

一般说来，在"北四行"中，大陆银行在开展业务上比较谨慎，不敢冒风险图厚利。天津协和贸易公司倒闭，轰动了全国金融界，"北四行"中以中南遭受倒帐最多，金城盐业等行也受到一定损失，独大陆一家虽也与该公司有放款关系，却未遭任何损失，深受当时同业间的称赞，认为该行大有见识。

中南银行除一般业务及联合业务外，其特点是与华侨联系密切，承办大量的华侨汇款，仅厦门分行因侨眷往来汇款关系，每年盈余均超过总行。又因该行被授予发行钞票之权，资金周转比较灵活，虽因协和倒闭几濒于危，而终能重振信誉，业务依然扩展。

三、"四行联合准备库"和"四行储蓄会"

"北四行"为了巩固和扩张势力,于1922年成立"四行联合营业事务所",其下先后设置了"四行准备库"、"四行储蓄会"和"四行信托部"。

"四行准备库"是1922年仿效英国银行联合准备而组织起来的。当时中南银行已取得发行纸币的权利,四行为了增强信誉,扩大纸币发行,便以中南银行的钞票为基础,共同组织了发行准备库。在北洋政府时期,"四行准备库"发行额最高达二千万元,占全国钞票发行总额的10%左右,相当于四行实收资本额。到了国民党政府时期,发行额增至七千多万元。1935年国民党政府实行"法币改革","四行准备库"的发行权才被取消。

"四行储蓄会"是1923年设立的,其目的是利用四行联合的名义更多地吸收社会的闲散资金。四行各存基本储金二十五万元,便开始了营业。"四行储蓄会"对存户除支付利息外,另加分给红利,两者合计要高于一般银行的存款利率,因此参加各项储蓄的存户极为踊跃。1923—1936年的十三年间,各项储金总额达到九千余万元,成为当时全国最大的储蓄银行。

"四行信托部"成立于1937年,四行各拨款二十五万元作为连带负责的保证,专靠利用客户款经营各项信托业务。

在这期间,不仅"四行储蓄会"的存款有极大增长,所有上海银行业的存款普遍都有不同程度的增加。由于农村经济凋敝,游资大量壅塞都市。然而银行的存款多,必须加以运用,当时民族工商业的处境每况愈下,负担不起银行的高昂利息,所以正当的放款业务反见减少,各银行要给相对过剩的资金找出路,就投资于房地产。"四行储蓄会"于是在上海天津的租界内广置地皮和建筑物。例如上海第一座摩天大楼—— 国际饭店

199

大厦，建筑费及装修费等共用三百余万元。此外还有办公楼、仓库、公寓等大型建筑多处，都是"四行储蓄会"用吸收的储金所兴建。"四行储蓄会"还利用所收储金买卖黄金外汇，将赚取的外汇存到美国，并派专人常驻美国经营这笔外汇。此类活动向来是秘密进行的，"四行储蓄会"究竟赚了多少外汇，外人不得而知，但是抗战胜利后吴鼎昌从"四行储蓄会"提出一百万元美金分给四行各二十五万元，可以想见这只是全部外汇财产的一小部分罢了。1948年"四行储蓄会"及"四行信托部"改组为联合商业储蓄信托银行，仍以四行为股东，故有"北五行"之称。

盐业、大陆、中南三行在抗日战争时期业务都渐衰落，唯金城银行尚能多方开展活动，暂时维持不落的地位。但到抗战胜利后，法币继续恶性膨胀，正常的工商企业无法经营，而官僚金融垄断资本愈益加强，致四行的黄金外汇投机也受到种种限制，更加当时国民党大员对它们的威胁勒索，使它们的资力大减，业务活动的范围更小，不可能有东山再起恢复昔日繁荣景象之望。"北四行"靠吃老本勉强挣扎到全国人民革命胜利。解放后"北四行"及联合商业储蓄信托银行接受社会主义改造，在中国人民银行领导下，与其他商业银行合并组成公私合营银行。

第四节　商业银行
——"南三行"

浙江兴业银行、浙江实业银行和上海商业储蓄银行，被称为旧中国银行界的"南三行"。过去也有人把新华商业储蓄银行包括在内称为"南四行"，还有人把中国和交通两行加上称为

200

"南五行"，并统称"江浙财阀集团"。① 我们认为中交两行与其他三行的关系虽很密切，但将国家银行和商业银行划在一起似欠妥当。至于新华银行系1914年由中交两行拨款设立，初期专营储蓄，1925年后才经营商业银行业务，故与其他三家并在一起，也不甚合适。所以我们这里采用了"南三行"的提法。这种习惯上的称谓本无关重要，不过由于这三家银行是南方金融界的典型，上海和浙兴两行在全国范围内也有较大的影响，故在此简略述之。

"南三行"在形式上虽不似"北四行"有一定的联合组织，但业务上却颇多一致之处。北伐战争之前，"南三行"曾通过代理汇兑、合放贷款、互相开户和清算票据建立联系，抗日战争之后，又通过定期聚餐会，进一步交流业务。"南三行"的一些资本家与帝国主义和封建主义经济联系极为密切。

一、"南三行"的成立与扩展

浙江兴业银行创办于1907年（光绪三十三年），是由浙江铁路公司发起组织的。清末，在与英美帝国主义争夺路权的斗争中，浙江成立了全省铁路公司。为便于铁路股款的筹集和运用起见，决定设立浙江兴业银行。取名"兴业"，即"振兴实业"之意。浙江兴业银行的资本定为一百万元，分为一万股，每股一百元。浙江铁路公司投资占44.5%，商人投资占28.9%，官吏占5.4%，文教界占1.6%，其余为零散小股。该行除浙江铁路公司为最大股东外，多为零星小股，这与"北四行"的股东多集中于军阀官僚者有所不同。1920年该行增资为二百五十万元，1931年再增为四百万元。浙兴银行最初的掌权人物是胡藻

---

① 事实上并无这样的集团，旧中国的大银行，无论南北，其掌权人物多为江苏和浙江籍的几个金融巨子，故社会上有此称。

青、蒋海筹和樊时勋，均系铁路公司董事。胡出身金融业，任浙兴第一任总司理，以后被选为董事。蒋出身丝绸商人，浙兴筹建时，曾主动出资垫交股款，是个实力派。其子蒋抑卮继其父历任银行董事，一直是浙兴银行的主要掌权人之一。樊是镇海巨商叶澄衷的总管家，在上海商界颇有声望，浙兴成立后任上海分行经理。1914年浙路公司收归"国有"后，浙路投资浙兴的股份，大都为蒋抑卮所收买，浙兴银行董事会的权力逐渐集中在蒋抑卮、叶揆初手中。叶早年混迹官场，又与工商界有一定的联系。1915年叶、蒋对浙兴进行了重大改组，以上海分行为本行，成立统一董事会，叶出任董事长。此后，叶任此职达三十年之久，为浙兴银行主要负责人。1923年上海本行改为总行，徐新六任总经理。浙兴银行经清政府和国民党政府批准，曾获有发行权。

浙江实业银行原为浙江官钱局，1908年创办，第二年改为浙江银行，官商合办，总行设于杭州，设分行于上海。辛亥革命后，曾经理省库款，代发军用票。嗣后因省库改由杭州中国银行经理，1915年改组为浙江地方实业银行，改定章程，推广营业，股本定为一百万元，分作一万股，官六商四。1923年官商划分，各自营业，商股改组为浙江实业银行，总行设于上海。1927年李铭为董事长兼总经理，是浙实银行的最重要负责人。李为江浙财阀的重要人物之一，曾任中国银行董事长。1927年底，浙实资本额为二百万元。1948年改称浙江第一商业银行。该行前期也获有发行权，1915年与中国银行订立领券合同，并将自己所发钞票收回销毁。

上海商业储蓄银行简称上海银行，成立于1915年。起初，规模很小，行员只有七人，额定资本仅十万元，因此有人称之为"小小银行"或"小上海银行"。该行特别重视收存小额资金，故在银行的名字上加上了"储蓄"二字。它打着"服务社会"的招牌，提出"人嫌细微，我宁繁琐"，"人争近利，我图远功"的口号，想尽各种办法拉拢讨好顾客，以广招徕，存款迅速增长。业务扩展顺利，资本的积累也异常迅速，1921年资本增至二百五十万元，1931年又增至五百万元，成为规模较大的一家商业银行。在第一次股东会上，推选庄得之为董事长，陈光甫为总经理。庄是清末大官僚盛宣怀的亲戚，曾为张之洞、李鸿章办理军需，本世纪初在上海当洋行买办。陈曾在汉阳兵工厂担任英文翻译，后任江苏银行总经理和中国银行顾问等职。庄陈二人均与洋人关系密切。后来，陈光甫凭借上海银行关系又成为蒋介石的亲信，从而成为中国金融界的巨子。

二、"南三行"的主要业务概况

整个说来，"南三行"与北洋政府的关系不如"北四行"密切，而与国民党政府的关系，则比"北四行"密切得多。"南三行"对北洋政府放款和承销公债的数额都比较小。以"南三行"中对北洋政府放款和承销公债较多的浙兴银行为例，1923年浙兴上海总行的财政性放款余额为二百三十三万七千元，以后逐年减少，到1926年仅为三十三万二千元，只占放款总额的4.7％。这些放款还是以追求高额利润为主要目的。如1921年与通易信托公司合作向北洋政府财政部放款八百万法郎，约合银元一百三十万元。这笔放款条件十分苛刻：九五实交，月息一分七厘，期限九个月，预扣三个月利息，第四个月还本，申交申还，汇水每千元扣十三元。

"南三行"对国民党政府的支持，可以说是极为卖力，还在"四·一二"之前，它们就支持蒋介石发动反革命政变，积极为之筹款，提供军费。1927年3月，蒋介石率北伐军到达上海附近，上海工人阶级在中国共产党的领导下发动武装起义，解放了上海。这时蒋介石加紧策划反革命叛变，上海资产阶级的代表大买办虞洽卿去见蒋，密谋为筹集军费组织财政委员会。不久，以上海银行总经理陈光甫为主任委员的"江苏上海财政委员会"宣告成立。陈为筹款，四处奔忙，极为效忠，第一次筹得三百万元，其中上海各银行垫借二百万元，各钱庄一百万元。南京政府建立后，饷项依然奇绌，财政当局要中国银行垫借一千万元，接着又发行江海关二五附税国库券三千万元，上海银钱业分摊到五百万元。不久，又发行江海关续发二五附税国库券，分两次发出，共计四千万元。"南三行"认购其中很大部分。

虽然"南三行"的资本家都是支持国民党政府的，但他们的态度也不完全一样。其中，上海银行的陈光甫最为积极，为蒋出谋献策，多方奔走效力。抗日战争期间，陈曾任国民党政府军事委员会下设的"贸易调整委员会"的主任和"中、英、美平准基金委员会"的主席，并曾多次代表国民党政府赴美磋商借款。而浙江兴业银行的董事长叶揆初则对蒋心存戒惧。在摊派"江海关二五附加税库券"时，浙兴银行被摊派垫款一百万元，他只勉强同意垫款二十五万元。在认购盐余库券时，还与那时的财政当局发生过小磨擦。

"南三行"业务发展情况不完全相同，但一般地说，民初至国民党政府成立这段时间，"南三行"业务发展都比较迅速。1927年以前，"南三行"中以上海银行发展最快。1915年上海银行开始营业的那一年年底，存款余额为五十七万元，到1926年已增至三千二百四十四万元，十二年间增加了五十六倍。银行存款的多寡，最能衡量一个银行资力的大小。上海银行存款增长如此迅猛,可知该行其他业务发展也一定很快。这十二年间,上海银行的纯盈利共计三百五十五万元,资本与盈利的比例即平均年盈利率达到20%以上。浙兴银行业务发展也很快,各项存款、放款、发行、储蓄、外汇、有价证券、信托、仓库等业务均有经营,并都成倍增长。以存款为例,1912年为二百七十二万元,1926年增至二千零六十五万元,即十五年间增加了六点六倍。十五年纯盈利三百七十一万元,平均年盈利率为15.8%。浙实银行的情况也大体如此,从1923年官商划分到1927年底,短短四年多时间,实收资本已达一百八十余万元,存款余额为二千零八十七万元,1927年纯益为三十四万余元。但此后浙实银行的业务则大大落后于上海和浙兴两家。

自国民党政府成立到抗日战争爆发以前的十年间,上海银行业务继续扩展。从1929年起上海银行开始添设机构,到1934年分支机构总数达到一百一十一个的最高峰,是其他私营银行从未有的。上海银行的分支机构,以上海总行为中枢,以南京、汉口、徐州、郑州为四个支撑点,沿着长江和陇海铁路由东向西,沿着津浦铁路和京广铁路由南向北,形成了一个"井"字的分支机构网,再加上沿海城市的分支行,这就不仅便于吸收存款,也利于促进押汇和汇兑业务的开展。随着机构扩充,职工人数也不断增加,最高时达到二千七百七十五人。上海银行的存款继续高速度增加。二十年代上半期,在"南三行"和"北四行"七家重要商业银行中,浙兴银行和盐业银行的存款总额交替居于首位,上海银行居于第四位或第五位。国民党政府建立以后,上海银行大力扩展业务,1930年存款总额达到八千九百七十八万元,跃居"南三行"和"北四行"七家银行的第一位,亦即全国私营银行的首位,一直持续到1934年(这一年存款总额为一亿五千八百一十六万元)。1935、1936两年为金城银行所超过，1937年6月抗战前夕复居第一位，存款总额近二亿元。上海银行吸收的大量存款，相当大的一部分用来供给社会上经营房地产和购入国民党政府发行的公债。1929年上海银行投资房地产一百四十万元，1931年增至七百一十二万元，1936年又增至九百二十三万元，七年增加了五点六倍。有价证券的投资（其中主要是公债券)，1937年6月达到三千一百八十五万元，占到存款总额的16%。上海银行1915年即与中国银行建立了领用兑换券关系，1927年领用兑换券数额占不到存款额的8%，1930年以后比率大幅度上升，1930—1934年五年平均占存款总额的15.7%，1935—1936年更升至25.7%，即相当于全部存款的四分之一以上。1936年领用兑换券达到四千万元。上海银行放款数量同样迅速增加，抗战前最高时达到一亿四千余万元。在全部放款中，工业放款一直占三分之一左右。十年间工业放款的利息收入达到二千三百万元，占到营业总收入的50%。

从上述上海银行业务发展速度之快和经营范围之广来看，可称为中国金融界之佼佼者，其所以如此，固然凭借着政治关系，但它在业务经营管理上确有一套良好的办法。上海银行不弃细利以广招徕，想方设法便利顾客。它创办的"中国旅行社"和许多信托代理业务，办法灵活，竭力打进社会各个方面，因而声誉大起，业务猛增，使它从一个"小小银行"发展成为当时第一流的大银行，是近代中国经营银行业的最成功者。

浙江实业银行1927至1937年的十年间存款增长速度不快，从1921年到1936年在商业银行中一直占第八位、第九位，但它着重以帝国主义在华的公用事业为对象，大力经营外汇，所以获利仍很丰厚。

浙江兴业银行的情况则相对逊色。由于浙兴同国民党政府的关系不甚密切，因而十年间的业务发展比较缓慢。以存款为例，1921—1927年，浙兴银行居于上海商业银行的首位，1928—1931年退居第四位，1932—1936年又退居第六位，是"南三行"和"北四行"中存款增长速度最慢的。1927年存款总额为三千三百九十五万元，1937年增为七千一百二十七万元，只增加了一倍多。1927年放款总额为二千六百零七万元，1937年增为四千五百九十万元，只增长了76％。年纯利由1927年的三十万五千元下降到1937年的四万八千元。

在抗日战争时期，上海银行从商业、外汇投机中发"国难财"，而浙兴、浙实两行在敌伪掠夺下业务则呈萎缩。

国民党政府实施"法币"政策之初，"法币"可以申请购买外汇，并规定"应由中央、中国、交通三银行无限制买卖外汇"。由于黑市价格逐渐高出官方牌价，把"法币"按官价换成外汇，就可立刻获利，所以请购者很多。上海银行是外汇经营银行，并在香港设有分行，国外也有代理行，从事外汇投机的条件比其他银行优越得多。它利用"逢低吸进，逢高售出"，在港沪两地套做及由武汉经广州带现款到香港的办法，进行外汇投机活动，大获其利。抗日战争期间，上海银行还大搞商业经营，成立了大业贸易公司，专门从事商业活动。大业公司利用战时"大后方"物资缺乏、物价飞涨的时机，大量运入纱、布、砂糖、纸张、西药、颜料、五金、汽油等生活必需品，大搞投机，获取暴利。它们还大肆运销桐油、猪鬃、皮毛、药材等出口物资，赚取外汇。太平洋战争以后，更加注重捞取外汇。

浙兴银行看到"法币"发行逐月增加，预感到通货膨胀将至，故于1936年同美国共组中国投资公司，并通过投资公司大量转移资金。从1936年到1941年共转移资金约合美金三百九十三万元。这些资金，主要用于投资中国的外币公债和外国证券，及存于国外银行以便进行外汇投机。由于抗战发生后中国的外币公债行市下跌，以及买卖外汇的投机失利等原因，浙兴损失共达一百七十七万美元。1941年7月浙兴存在美国欧文银行的资金又被美方冻结，因此，外币资金大大削弱。抗战爆发以后，我国民族工商业惨遭日寇的破坏和掠夺，直接影响到对民族工商业放款的银行。据统计，浙兴银行的五家放款大户，呆滞放款即达一千四百多万元。这些放款，后来由于货币不断贬值受到了很大损失。存款实值的减少也反映了浙兴银行实力的削弱。浙兴银行的存款总额，1936年为七千四百五十六万元，约合黄金六十三万三千六百两，到1941年存款增加到二亿一千九百三十八万元，仅合黄金十六万五千六百两，存款实值下降了74%。到1944年底存款又增加到五亿九千三百二十七万元，只合黄金八千二百两，与1941年相比，实际资力减少95%以上，与1936年相比，则减少已达98.7%。

抗日战争胜利以后，官僚资本银行的地位更为加强，对民族资本银行的压力越来越大。抗战胜利之初，官僚资本银行规定用它的"法币"以一比二百和一比五的兑换率分别收兑南方的"中储券"和北方的"中联币"，当时法币的价值并没有这样高，这是对全国沦陷区广大人民的大洗劫，同时也给了民族资本银行一个不小的打击。接着，国民党政府又对私营银行经营存款、放款、汇兑等各项业务作了种种限制。在这种形势下，不仅一般的私营银行受到了很大威胁，就连与四大家族关系密切的上海银行也感到日子不好过。"南三行"中的浙实银行固然早已衰落，其他两行正常业务也难以开展，只能靠从事商业、外汇投机勉强支撑局面，延续到解放后经过改组参加到公私合营银行的行列。

第五节　中国通商银行

中国通商银行是由大买办官僚盛宣怀于1897年（光绪二十三年）奏准清政府设立的我国第一家银行。这家银行从成立到上海解放共有五十二年的历史，经历了清政府、北洋政府和国民党政府三个历史时期。从银行性质上又可分为封建官僚控制时期、商办时期和官商合办时期。这三个时期的掌权人物分别为盛宣怀、傅筱庵和杜月笙。虽然他们所处的政治地位不同，但对于历届政府始终保持密切的联系。因此，中国通商银行最能代表中国银行业为帝国主义、封建主义和官僚资本主义服务的历史。

这里应当指出，虽然人们都把中国通商银行归入商业银行一类，其实它与一般商业银行有着很大的不同，连清政府的大官僚张之洞都认为早期的这家银行是"不官不商，亦官亦商；不中不西，亦中亦西"。迨至后期被国民党官僚资本控制以后，中国通商与中国实业、四明和中国国货四家银行被称作"四小行"，成了官僚资本的附庸。因该行具有这些特点，故为专节叙述之。

一、封建官僚控制时期（1897—1911）

中国通商银行虽以英国汇丰银行为样板，按照有限公司的办法组建的，标榜"权归总董，利归商股"，实际上是清末洋务派官僚投资和控制的一家资本主义银行。

从资本来源看，通商银行主要为买办官僚的投资。该行成立时资本额定为银五百万两，先收足半数。盛宣怀任总办的招商局和电报局分别投资八十万两和二十万两，占实收资本的五分之二。当时两局名为官督商办，实际上是官僚投资居多，管理权操在总办盛宣怀等人之手。除两局的投资外，盛氏名下的投资达七十三万两，直隶总督、北洋大臣王文韶，亦官亦商的张振勋和严信厚各入股十万两和五万两不等。仅以上几笔已占当时实收股本的五分之四，可见该行的股东绝大部分都属于官僚买办阶级。此外，清政府还拨出一百万两库款存入通商银行作为长期周转使用，"以示官为护持，与寻常商家和自行开设银行不同。"①

从组织管理制度看，封建买办性更为浓厚。通商银行名为商办，却是奉"皇命"设立；说是"权归总董，利归商股"，却由清政府督办铁路事务大臣盛宣怀独揽大权。该行成立时的九个总董，悉由盛氏指派。这些人，都是封建官僚和买办商人。该行从筹办之初到辛亥革命爆发，盛始终是实权操纵者。通商银行还"借重外材，征用客卿"，总行和各重要口岸的分行都用洋人为"大班"，掌管业务。第一任总行大班是原仁记洋行经理、曾在汇丰银行长期任职的英国人美德伦。该行的帐册、簿据等全部用英文，迟至1930年才改用中文。

从业务经营上看，利用政治特权扩展业务，为帝国主义垄断中国的进出口贸易和支持洋务运动中创办的近代工业效劳。通商银行强调为商办的同时，处处要享受国家银行的特权。该行最早的章程规定，"京外解拨之款，交本行汇兑"，"公中备用

---

① 该行创办时原想作为一家政府银行，所以名称上冠以"中国"字样，而且英文名叫 The Imperial Bank of China（中华帝国银行）。

之款，交本行生息"。可知早期通商银行的存款业务，主要是凭借政治特权而兜揽的。该行放款对象，辛亥革命前主要是外商洋行。十九世纪末叶，中国的进出口贸易90％为洋行所操纵。中国通商银行上海总行成立后，有三十余家外商洋行与之发生借贷关系，1901年末，通商银行对洋行的放款高达二百万两，占到放款总额的73％。该行成立之初也将相当大的资金用于对钱庄的拆放，此后虽有减少，但到1911年上半年仍占放款总额的36％。该行资金运用的另一个主要出路是支持洋务派官僚开办的近代工业。在其开办的头三年里，对近代工业企业的放款比重相当大。1897年底对工业放款为九十一万七千两，1898年底为四十四万八千两，1899年底为七十八万三千两，分别占各该年度放款总额的36％、26％和45％。而这些工业放款又主要是贷给盛宣怀所经营的汉冶萍矿厂和华盛纺织厂等官督商办的企业。此外，通商银行也对民族资本工业发放部分贷款。据统计，辛亥革命以前与该行有借贷关系的民族资本企业约十多家，但贷款数额不大，占全部放款的比重一直不到10％，说明通商银行对民族资本工业的支持是有限的。

从发行钞票上看，也具有浓厚的买办性。通商银行成立之初即获准发行银两和银元钞票。盛氏开办银行，样样都照汇丰银行的式样，最初发行的钞票正面是英文，背面才是中文；还有洋大班美德伦的英文签字，为中国金融史留下极不光彩的记录。通商银行1907年末的发钞总额为二百三十一万两，相当于资本额的92％。该行最早的章程曾规定"出票银数，总不逾实存银两之数"，即采用十足准备制，但实际上除最初的几年外，现金准备都远远低于发行数字，一般都不到发行额的20％，个别年份甚至在10％以下。

二、商办时期（1912—1935）

中国通商银行在辛亥革命前后，资本构成发生了显著的变化。该行最大的股东招商局于辛亥革命期间，由于营业锐减，资金困难，在1911年和1912年分两次将全部持有的通商银行股票八十万两作为股息分派给招商局的股东。电报局所购的二十万两通商银行的股票，已早于1898年以分派股息的形式被搭放出去。这样，通商银行的资本除官僚所有者外，工商业者的股份迅速增加。辛亥革命以后，通商银行除保留了发行钞票的权利以外，其他特权全部被取消。1916年盛宣怀死后，通商银行的主要权力落到该行董事傅筱庵的手里。这个时期通商银行的性质转化为商业银行。

在北洋政府统治时期，通商银行的存放款业务发展缓慢。1927年底存款放款总额只比1912年分别增长79％和35％，而同期资力相埒的浙兴、上海、盐业、金城、中南等商业银行的存放款一般都增长三四倍。该行业务进展缓慢的主要原因是贪图厚利，大量为北洋政府提供借款，其中有些放款成了呆帐，因此受到了很大的损失。傅筱庵掌握通商银行之后，积极投靠北洋军阀，明知还款没有保证，却甘冒风险，大量贷放。1921年通商银行的存款和发行总共不过九百多万元，而用公债作抵押给北洋军阀政府的贷款竟达三百万元以上。例如北洋政府发行"十年公债"一千万元，以北京崇文门税收抵作基金，由于公债信用不佳，未能畅销，北洋政府财政部以该公债作抵，向通商、四明等银行借款一百五十万元，其中通商银行一百万元，利率高达一分八厘。后来到期不能偿还，又增加"九六公债"、"盐余公债"作抵。通商银行多次催索，终未偿还，到1935年底帐面上共积欠本息达二百三十多万元，早已全部成为坏帐。

212

南京国民党政府建立后的头二年，通商银行的业务进展不快。从1930年起，存款开始大幅度上升，达到一千六百三十五万元，1934年又增加到三千一百万元，为1929年的四倍多。1929年以后，该行的发行数字也开始上升，到1935年底发行额上升到二千八百六十一万元，这时与该行建立领券合同的行庄有一百二十八家之多。

随着资金来源的增加，通商银行的放款也显著增长。1934年底放款余额达到三千零五十七万元，比1929年增长一点三倍。但放款总额中呆帐比重甚大。如1935年6月底放款总额为二千二百二十八万元，其中二十六个大户的呆滞放款竟达一千二百七十六万元，占放款总额的57%。

通商银行经营腐败，发行准备不足，放款呆帐多，这就为国民党官僚资本控制该行留下了可乘之隙。三十年代初的白银风潮，给工商业和人民生活带来了空前的灾难，却给官僚资本完成金融垄断创造了条件。他们借口"救济金融恐慌"，迫使通商银行不得不接受官股，于是该行又为官僚资本所控制。

三、官商合办时期（1935—1949）

官僚资本控制通商银行以后，仍保留原有的商股，又由国民党政府加入官股，因此从1935年6月到1949年5月上海解放为止，是中国通商银行的官商合办时期。"合办"仅为空名，实权始终操纵在官方的代理人杜月笙手中。

杜月笙主持通商银行以后，为了迎合国民党反动派的需要，竟把该行资金的大部分用来承购公债，支持国民党反动派进行反人民的内战。通商银行的有价证券，1934年底只有三百一十六万元，1935年底上升为五百七十五万元，1936年底又上升为七百三十五万元，1937年底更高达一千四百五十七万元，比1934

年增长三点六倍，占存款和发行钞票总额的30%以上。杜月笙利用该行的资金，大搞公债投机，逢低吸进，逢高卖出，兴风作浪，攫取暴利。1937年证券盈利即达三十七万八千元，占全部盈利的四分之一。

抗日战争期间，杜月笙又利用通商银行的资金进行商业投机，在西北地区以投资办厂为名大搞囤积居奇。1942年该行在重庆设立分行，次年又改为总行。它先后在兰州、西安、洛阳、宝鸡、成都、自流井、衡阳、桂林等地设立分支机构，通过投资或贷款，渗入和控制各地的一些工矿企业。该行还组织运销公司，一方面从沦陷区低价购入日用品等运往内地，另一方面又把内地原料和农副产品运到沦陷区资敌，积累了许多不义之财。

杜月笙把持下的通商银行，与国民党特务机关关系密切，并成为国民党特务渗入金融领域的据点。杜月笙早就与国民党特务头子戴笠结识，抗战期间杜与戴进一步勾结，进行反共反人民的罪恶活动。其后C·C特务骨干骆清华、陆京士等人又成为通商银行的董事。在杜、骆等人主持下，通商银行为特务组织提供资金，支持国民党反动派血腥镇压人民。例如，1946年10月蒋介石发动全面内战后，由通商银行贷款给军统局五亿元，此项贷款竟占当时该行定期放款的三分之一以上。该行还通过投资支持并配合国民党C·C系统控制新闻出版业。

通商银行因受国民党中央银行委托代兑"中储券"的关系，存款曾一度回升，但到1946年下半年，随着通货膨胀的加剧，业务便急剧下落。1947年底帐面存款余额虽高达六十四亿元，但折合黄金仅值七千六百多两，较1945年底存款实值减少68%。到1948年底，存款余额为金圆券五百六十万元，折合黄金只一

214

千五百多两，仅为1937年存款实值的1.3％。在资金运用上，1947年初该行即大力紧缩放款，将一部分资金直接投资工商业。凭借杜月笙等人的势力，只要投入一笔为数有限的资本，即可控制企业。据统计，到1947年底为止，通商银行在上海投资的企业单位将近一百家。

通商银行抗战以前承购了大量公债，到1948年终还保留公债票面价值八百零七万元，按战前进价，相当于黄金五万六千两，但至此时只折成"金圆券"一元六角六分，实际上等于一笔勾销了。在恶性通货膨胀中，通商银行的暗藏积累陆续被杜月笙及国民党C·C派之流以假公济私、巧取豪夺的方式抽逃殆尽。就这样，我国成立最早的第一家银行至上海解放前夕，除了一些房地产外，只剩下一个有名无实的空架子了。

以上各节我们把中国银行业的几种类型作了简括的介绍，虽非全面，但大致可以代表当时银行界的一般情况。从本章叙述中我们可以得到下面几点认识：

其一，中国的银行业和历届政府及其权要人物都有着密切的关系。国家银行固不用说，即私营商业银行也与政权当局有许多关联。换言之，如无政治靠山，则银行家寸步难行。这点与当时民族工商业者迥乎不同，工商业资本家纵然无政治上的依附，尚能赖其自身力量谋求企业的发展，但金融资本家没有特殊关系则很难存在。

其二，中国的所谓新式银行业与帝国主义在华银行和旧式钱庄之间的关系虽然矛盾重重，但因后二者在中国金融界根深蒂固，银行初兴起时介乎这两大势力之间，这就不能不依赖或利用它们的力量借以开展自己的业务。这样，新式银行也就染上封建买办的色采而为半殖民地半封建社会所包容，形成一个金融统一体。这与西方资本主义银行发展的道路是不一样的。

其三，本世纪初至三十年代是中国银行业最兴盛时期，这固然与当时工商业的发展有关，但其直接原因却在于经营政府债款和都市房地产业务能取得巨额利润，银行与工商企业的正常存贷关系反居次要地位。这种无坚实经济基础的畸形发展只能造成虚假的暂时繁荣，一遇风浪就引起金融危机。这期间新设立的银行家数很多，而中间倒闭者亦复不少。

其四，抗日战争以后，中国的银行业就逐步走向衰落。由于恶性通货膨胀，使银行握有的大量政府债券实际价值陡落，甚至不值分文，形成存放款的帐面额增多而实值锐减。加以国民党官僚资本金融垄断，私营银行受到种种限制，更难开展业务。这时的银行往往大搞黄金外汇投机和自己直接经营工商企业，有条件的并将大量资金调往国外。所以到解放后各银行清产核资时一般只剩下固定资产，其债权债务相抵后所余资金不多，如折合黄金一般只有当初的投资百分之几了。但这并不是说银行业的投资者受了什么损失，因为他们在过去兴旺的几十年中，早已从股息红利中拿回原投资的几倍、几十倍了。至于那时各大银行的掌权人物通过侵蚀行款、营私肥己等等不正当行为，已把私囊装满了。

第九章　货币制度的整理

—— 清末至法币改革前

辛亥革命对中国货币的发展和近代币制的建立起了一定的作用，特别是第一次世界大战之后，随着中国资本主义经济的发展，货币制度也发生了变化。但因中国资产阶级革命的不彻底性以及这一时期国内外政治经济的影响，在货币金融方面并没有什么本质上的变革，仍然未脱离半殖民地半封建的性质。当时新旧军阀相互争权夺地的战争，迄未停息。帝国主义列强，尤其是日本帝国主义的对华侵略和控制也转而加强。北洋政府和国民党政府对外容忍投降，对内剥削压迫，竭其全力镇压人民革命事业，致国家财政长期处于衰弱和危机之中。在这种形势下，当然无法也无力进行货币金融的改革。但是一方面由于当时客观的要求，他们为了维持自己的反动统治，也不得不顺应形势对紊乱已久的货币制度加以整理；另一方面又由于发生着阻力，所以整理改革时起时伏，推动无力，进行缓慢，对一些困难问题，则放任自流，听其自生自灭，不了了之。当时货币流通情况是错综复杂的，本章仅将几个比较重要的问题作概括的叙述，不能多所涉及。读者可结合前后有关各章的内容作综合的研究，才能对这一历史时期的货币金融情况有较全面的理解。

第一节　货币流通制度的演变

清末民初社会上流通的货币有银两、银元、银角和铜元四种，此外还有各种纸币。这时的制钱除在一些农村尚有少量流通外，几乎已近绝迹。下面分别说明各种货币的流通和变化情况。

一、宝银在流通中逐渐减少

清代银两的复杂情况已如第四章所述，但到了清末却呈现出由繁到简的趋势。各地银两的种类逐渐减少，一个地区大致通用一种银两，例如上海本有九八规元、漕平、库平、关平、申公砝平等数种银两，但到后来只通用九八规元一种虚银。北京原有京公砝平、库平、京平、市平等数种银两，其后也只通用京公砝平一种。天津过去使用过行化平、库平、公砝平、关平等银两，后来只通行行化平一种虚银。汉口因各地宝银汇集，据说曾有几十种银两，最后也只剩洋例银一种虚银。可见各地的虚银两多起着统一各种平砝的作用。同时，各主要地区银炉铸造元宝，都采用一定的成色和平砝，又经公估局严格鉴定，所以元宝银实物的种类也大减，清末已不象昔日那样繁复。当时上海已成为全国的金融中心，各地银两多与九八规元联系，通过申汇便利了各地商业往来。

本世纪二十年代银两在上海的使用还比其他都市为盛，上海中外银行的现金准备，半数为元宝银。各种交易收支虽多数用银元，但批发商业仍以银两定价并作记帐单位。租界上的房租、水电费、工部局职员的薪金也用银两计算。多数有价证券的买卖也以银两开价。据调查，自1925年至1929年间上海汇划总会（钱业票据交换所）的票据交换总额内，银两的汇划占88%，而银元汇划仅占12%，可知当时上海的银两（规元）交易仍占绝大势力。但元宝银实物的流通却日渐减少，因为民国成立后财政上规定国库收支以银元为计算单位，其收入的银两依规定价格换算为银元记帐，银两实物卖给中国银行或送造币厂熔化改铸银元。这样，市面上流通的银两益少，许多地方几乎见不到宝银了。

市面的宝银虽然已近绝迹，但多年的习惯难除，许多企业日常接受的银元，仍然依当时洋厘行情折合成银两记帐，或者使用一种"拨兑银"，即专供转帐用的证据。银两银元并行固然引起许多问题，然而实际收付不用银两，却已减少了不少称量鉴色及计算的繁琐手续。

二、银元趋于统一

清末民初的银元流通情况，也有一个由繁到简、由分散渐趋统一的过程。第四章中已经讲到，自光绪末叶，因各省贪图铸造的盈利，纷纷自由开铸银元，重量成色参差不齐，如奉天、吉林所铸一元银币，其中有重不及七钱，含纯银量仅有八成的。其他各省所铸的也前后各有优劣，致使此省银元不能使用于彼省。加以某些地方按银元平色计价，不能计枚通行，更失去铸币的作用。至宣统二年（1910年）颁行"币制则例"，禁止各省自由铸造银元，只有天津总厂及江苏、湖北分厂先后铸造"大清银币"，货币铸造权才算统一。而此项银币多为熔化各省质量低劣的银元铸成，因而一部分较差的银币逐渐被淘汰。但直到民国成立之初，国内流通的银元尚有多种，其中除墨西哥银元外，中国自铸者有广东、湖北、浙江、江南、安徽各厂所铸的"光绪元宝"（旧龙洋）和"大清银币"（宣统新龙洋）。民国成立后天津造币总厂依式铸造大清银币。1914年公布《国币条例》，规定本位银币的重量为库平七钱二分，成色为九成，含银量为六钱四分八厘。同年12月天津总厂开始铸造，随后南京、广州、武昌等分厂均开铸这种新银元。当时为了有利于收换各种龙洋改铸新币起见，将原定成色纯银九成改为八九。这种国币正面铸有袁世凯的肖像及铸造年度，背面铸嘉禾花纹及"壹圆"文字，俗称"袁头币"。币型划一，花样崭新（嘉禾代替团龙），重量成色又都严格按照规定，故发行以后，全国各地通行无阻。1915年这种国币在上海金融市场上取龙洋地位而代之。不过那时上海洋厘，除国币外尚开有墨币行市，直到1919年五四运动，上海钱业公会乘机取消墨币行市，此后则只有国币一种行情了。洋厘行情的划一，标志着"袁头币"在当时流通的银币中起着唯一主币作用。

　　"袁头币"的铸造数量很大，自1914年开铸至1917年共铸有一亿八千余万元，此后杭州、南京及武昌各厂所铸者为数也极巨，但总额究竟若干，各方面的资料颇不一致，无从确知，一般估计其总发行量当在五亿九千万元以上。"袁头币"在中国辽阔的疆域内普遍流通，虽穷乡僻壤也见其踪迹，可称为近代中国铸币史上唯一成功的银币。国民党政府迁都南京后，因厌恶袁像而用民国元年的"中山开国纪念币"的旧模型，铸造有孙中山肖像的新银币，至1928年在南京、杭州两地已铸造六千余万枚。此后在流通中的本位银元只有国币（袁头和孙像）及残余的龙洋，不分彼此平价流通。到此时，可说银本位币已经初步统一。至于墨西哥银元，自该国改金本位后，早已停铸，其在我国流通的一部分逐渐被改铸为国币，在市面上渐渐消失了。

220

银元的趋向统一，说明随着第一次世界大战后中国资本主义进一步的发展，也为民族资本的金融事业发展扫除一些障碍，是币制史上的一种进步。

此外，自民国成立后曾铸有孙中山侧身像币，袁世凯军装像币，洪宪币（袁像龙纹），黎元洪像币，徐世昌、曹锟像币以及溥仪结婚纪念币等等，还铸有极少数量的金币，这些都属于纪念性质，不见流通，与货币制度无关，在此附带一提罢了。

三、辅币变为独立的小银元

银辅币也称为银角，俗名为毛钱、毫洋或小洋钱等。早在光绪十六年，广东铸造大银元时即同时铸造半圆、二角、一角等各级银辅币，以后推及各省。当时清政府对各省辅币的铸造，正如银元铜元一样没有确定的办法，形成各省自由铸造。因银角的成色较低，铸造利益比银元更大，所以各省无限制地滥制，市价时有波动。光绪三十三年虽由清政府规定各级银角的成色，并确定为十进位，即十角等于一元，但并未实行。各省贪图铸造利益，大量发行辅币，使银角的价格完全按市面供求关系而定，十进位的法定比价等于虚设，一般是每元兑换十二角左右。民国成立后情况未见好转，到1914年公布《国币条例》，曾规定辅币的重量，即五角重三钱六分，二角重一钱四分四厘，一角重七分二厘，这是和七钱二分的银元成比例的，并规定成色为银七铜三，这也符合辅币的内含价值低于本位币的原则。此项新银角于1916年在天津造币厂开铸，翌年又在南京分厂铸造，形式与袁头国币相似。政府为维护其十进位制与国币同价流通，特令中国交通两银行依面额价格兑换国币，先在北京、天津及直隶省推行，然后分期分批由各省铸造发行。

221

最初几年间因发行数量不多，尚能按面额流通无阻，但至1923年后银角对一元国币的兑换价格就发生贴水。中交两行也限制辅币的兑换，各铁路局及其他机关也按当时贬低的市价收受。这样，银辅币的十进位制终遭破坏，银角事实上变成单独的一种铸币（小洋），不作为银元（大洋）的辅币了。

此后各省新旧军阀以滥铸银角为财政收入来源，质量成色愈为降低，辅币流通的情况更加纷乱。当时东三省各厂所铸的辅币质量最高，在东北各地通行，大银元反而不通用。天津总厂所铸的袁像及龙凤银角质量最低，流通于京津及北方几省。广东省所铸的双毫（二角）最多，流通于南方各省及上海，在广东市面上更为盛行，几乎代替了银元的流通。其他各省所铸的角币仅在省内使用。总之，当时没有一种银角是全国通用的。银角对于国币的兑换市价，日日变动，即使同样的小洋，在不同城市的市价也各有不同，纷乱情况可以想见。以上海通用的广东小洋十角折合规元的行情为例，1930年最高行市为零点六六五两，最低为零点五九二两（当时洋厘为零点七三二左右）。银角价格如此的变动，自然给经济带来恶劣影响，而对一般劳动人民危害更大，因为他们日常收支的大半为银角和铜元，而行情变动常使他们受到额外损失。

中国人民的生活水平很低，当时国币一元的单位，对广大人民来说，似嫌过大。他们平时所接触的货币，一般是银角和铜元，如果能维持这二种币值的稳定，则对人民总算是一种"德政"。然而自清末以来，历经北洋政府和南京政府，虽然对币制有几次规定，但对这个与广大人民生活息息相关的银角和铜元问题，却都没有丝毫的改善，反使它们越来越混乱。本来辅币既为名目货币，其实际价值应低于面额价值，这在各国

222

皆然。所以银角的含银量较低，并无碍于按十进比价与主币同时流通，重要的是必须铸造成色重量均有一定的银角，而国家银行与造币机关更须协作调剂其发行和流通数量，以保持国家银行无限制地按十进兑换银元，不使辅币价格下落而发挥其职能。但由于当时政治上的腐败无能，新旧军阀各据一方，内战频仍，靠铸造辅币来筹措军饷，遂任意滥铸并向他省推销劣币，以致辅币严重贬值，给广大人民造成灾难。那时钱庄银号利用银角市价的波动，乘机兴风作浪，从中渔利，也是造成行情混乱的原因之一。

三十年代以后，银角在市面上渐少，而代之以银行发行的辅币券了。

四、铜元的贬值和停废

清末各省已滥铸铜元，民国成立以后，各省因利之所在仍然大量鼓铸，致铜元数量不断增加，质量继续降低，市价更为跌落。1914年北京政府将国内铸造铜元的局厂加以裁并，由原来全国十七处，裁减为九个局（即天津、奉天、南京、湖北、湖南、四川、广东、云南和重庆），然而，其后已被裁并的铸局又渐次恢复，终于各省几乎都设局厂铸造铜元了。1914年的《国币条例》称铜元为"铜币"（俗名铜子儿），其种类为二百文、一百文、五十文、二十文、十文、五文、二文、一文八种，这是制钱制度的遗迹，不能当作本位银元的辅币。其中以二十文（双铜元）和十文（单铜元）流通最多，十文以下者铸造极少，因为铸小面额的铜币无利可图，五十文以上者，只有四川厂大量铸造。各省所铸铜元式样颇不一致，但大多数铸有交叉国旗图案的"开国纪念币"和"中华民国铜币"字样，四川省所铸有"大汉"、"四川军政府"字样。新铜币与旧有的光绪、

223

235

宣统年间所铸各种旧铜元一律通用。各省新铸铜元种类既多，重量成色又各不相同，因而没有标准价格。一般只在本省流通。自1912至1919年间，银元一元对单铜元（当十）的比价常盘旋于一百三十枚左右，还算比较稳定。这是因为第一次世界大战期间，铜价腾贵，铸币利益减少，致各省一时停止铸造，流通中的铜元数量也较稳定。可是后来各省军阀为谋求铸造利益又恢复大量鼓铸，更加"洋私"（日本人私铸的铜元）充斥，于是轻量劣质的铜元大量出现，价格当然也愈低落了。到1921年上海铜元市价，每一银元合单铜元一百五十四枚（即合一千五百四十文），此后继续低落，本世纪二十年代波动于二三百枚之间，三十年代初曾突破过三百枚。这只是说单铜元的情况，至于使用双铜元（当二十）的京津及北方一带，则双铜元跌价更甚。

除上述当文的铜元外，1917年还依据《国币条例》铸造过作为银元辅币的新式铜元，规定一分铜辅币重一钱八分，成分是铜九五、锡四、铅一，每百枚合国币一元。另有五厘铜辅币一种，每二百枚合国币一元。这种新铜元形式上的特点是中心铸有圆孔，以便与旧铜元相区别。发行这种铜辅币未尝不是整理铜元的一个步骤，但铸发数量很少，民间也不惯使用，所以未能广为通行。

进入三十年代后，物价上升，市场零售商品和劳务已改用角分标价，这时市面上通行着银行发行的角分票和根据《国币条例》铸发的镍质辅币（分为五分、十分、二十分三种），铜元的用途渐少，多被熔化，退出流通界。但内地仍有使用铜元为日常零星买卖的，直到抗日战争初期，重庆、成都等地还流行着当二百文的大铜元。

224

五、纸币的发行和整顿

清末纸币(指兑换券或钞票)的发行和流通状况也和银铜铸币一样是非常紊乱的。当时的纸币按其发行机关区别，约可分为（1）户部（大清）银行和交通银行，（2）外国在华银行和中外合办银行，（3）私营商业银行，（4）各省官银号和官钱局，（5）私营钱庄和银号等五类。按币种来源，又可分为（1）银两票，（2）银元票，（3）辅币或小洋票，（4）铜元票，（5）制钱票五种，各种票面的数额也分为若干等级。当时银元本位尚未确立，必然会发生这些复杂现象。其中以地方官银钱号及私营庄号所发行的钞票最成问题，由于滥发的结果，信用最坏，常常发生停兑、挤兑及折扣行使的现象。清政府最初对各类钞票发行业务并不曾作法律规定，全然放任自流，到造成混乱局面时，才于宣统元年（1909年）制定"通用银钱票暂行规程"，规定发行限额和兑换准备金等办法,但也未见付诸实行。辛亥革命后的最初一二年间仍然和过去一样紊乱，到1914年情况才渐有好转，尽管改进的步伐很慢，但总算是向前进的。

（一）中国银行发行兑换券

1912年，各地大清银行改称中国银行后，曾发行兑换券，规定凡完纳地丁、钱粮、厘金、关税，购买中国铁路轮船邮政等票，发放官俸军饷及一切官款出纳和商民交易，一律通用中国银行兑换券,不得拒绝接受及折扣贴水。兑换券按券内地名，由中国银行随时兑现。当时中国银行兑换券有银元票和铜元票两大类，银元票有一元、五元、十元、二十元各种。在国币条例颁行后，该行为了统一国币起见，在票面上印有"凭票兑付国币"字样。至于铜元票，原由该行北京、河南、江西、张家口等分行印行，至1918年后，将此项发行业务归并于各省平市官钱局办理。

民国初年，公私出纳皆用现金，致现金周转困难，社会上急切需要大量钞票以资调剂，但中国银行所发行的兑换券并未能迅速推广，到1915年底流通总额仅有三千八百余万元，距当时的需要数量相差很远。首先，由于各省地方银行滥发纸币，充斥市面，所以中行兑换券无法迅速推广。其次，由于当时国库尚未完全统一，中国银行所接管的只有中央库及少数几个省库，而大多数的省区仍由本省银行兼管金库，所以金库的支付也不能概用中行钞票，这也使中行钞票难以广泛推行。

当时中国银行对发行兑换券采取慎重态度，根据市面的需要逐步增加，而且中行钞票完全属于信用货币性质，所以发行以后流通情况良好，甚为社会上欢迎，大大减少了携带银币的不便。但是到1916年4至5月间，却因现金准备不足不能随时兑现，曾由北京政府下令停兑，从而引起"京钞风潮"。当时交通银行所发的兑换券也同样被人不信任，因挤兑而停兑。由于这次停兑只限于京津少数地区，没发生全国性的金融问题，故称之为"京钞风潮"。这一事件的起因，是由于袁世凯要恢复帝制，为筹备"登基"大典，竟花去二千余万元，国库顿感空虚，又因西南讨袁战争爆发后，北京政府既失去西南数省的税源又需要支出一笔很大军费，因而就强行动用了中交两行的现金准备，影响了两行的兑换能力。在这种情况下，政府的停兑命令一公布，京津市面对两行钞票就发生了九折到七折之间的变动行情，而且商业界乃至政府机关也有拒绝接受中交钞票的，引起当时社会的大骚动。

京钞停兑时中国银行的发行数目并不很多，当时京钞流通

226

数和存款两项合计仅为二千六百余万元。但是在停兑之后，北洋财政当局却认为钞票既不兑现，便可任意增发。至是年10月，中行京钞的流通额及存款合计增加到四千六百余万元，至1917年12月更增到九千七百余万元。在此一年半的时期内，京钞不但未加整理，反而益形膨胀。京钞市价的低落迫使中国银行方面不得不加以整理，该行于1917年11月通过添招商股，收入京钞三百四十余万元，是中行整理京钞的第一步。但钞价并未因该行增股而恢复，于是该行急思维持之策，乃请示政府发行公债，偿还该行对政府之垫款。财政部于1918年发行长短期两种公债，中行以公债收回京钞四千余万元。后来又于1920年由政府发行整理金融短期公债，按票面七折拨还中行现洋垫款，至此流通京钞全部收回。交通银行的京钞也同样地整理完竣。历时数年之久的"京钞风潮"始告结束。后来，由于中交两行信用恢复，所发行的兑换券均能随时兑现，所以兑换券又顺畅流通。据1930年的统计数字，中行的发行额近两亿元，交行约为八千余万元，在当时全国流通的各种银行所发行纸币的总额中，中交两行的钞票约占三分之二。两行兑换券的广泛流通，使国内杂项纸币逐渐减少，奠定了全国纸币的统一的基础。

（二）整理各省纸币及对纸币的限制和取缔

民国成立后，各省地方银行滥发纸币的情况更甚于清末，特别是中部、南部及东北各省的财政支出，以发行纸币为其主要来源，任意增发纸币，全不考虑兑换准备，因而失去信用，造成价格日益低落，其中最甚者为广东、四川及东北三省，纸币价格跌落到面额的一半至三分之二，其他各省一般也跌到七成左右，给当时的经济界带来严重的恶劣影响。1914年北京政府着手整理各省纸币，因当时广东滥发最甚，故从善后借款的

227

盐务整理费中拨出一部分款项充作该省的整理基金，以中国银行兑换券收回全部地方纸币，共计四千余万元。次年中央政府又决定整理其他各省滥发的纸币，但因当时政局动荡，未完全付诸实行。

北洋政府为使中国银行兑换券通行全国，曾指令该行充分准备现金，设兑换所于各地，便利商民随时兑换，以巩固中行的信用。其后又令交通银行仿照办理，把交行钞票置于中行钞票的同等地位，以资补充。并且设立各省银行监理官，规定章程，监督和限制各省增发纸币。但这些办法并未收到效果。于是政府于1915年发布"纸币取缔条例"，禁止各省滥发纸币，也未能生效。到1920年又公布"修正纸币取缔条例"十四条①，并以大总统的名义公布施行。

《修正纸币取缔条例》规定：该条例颁行后新设立的银钱行号，或已设立而尚未发行纸币的银钱行号，皆不得发行纸币，该条例颁行前设立的银钱行号，其发行纸币，业由财政部依法核准有案的，仍准发行，但以后不准逾额增发；这些发行纸币的银钱行号，原定有营业年限的，于限满时应将所发纸币全数收回，未定营业年限的，由币制局暨财政部规定期限，收回所发纸币；原非银钱行号所发行的纸币，限于该条例颁行后一年之内全数收回；发行纸币，至少须有六成现款准备，其余得以政府发行的正式公债票作为保证准备；发行纸币的银钱行号，应每月制成发行数目报告表、现款及保证准备报告表，每半年制收支对照表、财产目录表，由地方官或监理官径呈币制局暨财政部；等等。

---

① 　《修正纸币取缔条例》原文，见周伯棣《中国货币史纲》，第157—158页.

这项《修正纸币取缔条例》的内容尚属周全，然而在当时军阀割据的情况下，大总统命令的效力也极有限，同时政府对于兑换准备及检查监督的规定也没有认真执行，所以各省银钱行号的纸币依然滥发，价格继续下跌。最甚者为东北三省、两湖、两广等，山西省于1930年因战争关系，滥发更为严重，其钞票十二元才值现洋一元，祸害人民不浅。

（三）中国银行钞票领用办法

为了推广中行钞票并减少其他银行的发行，财政当局准许中国银行与其他银行间订立合同领用钞票，即由各银行向中行交纳一定的准备金作担保，领用中行钞票以代替自己发行。当时规定领用行应以现金七成、公债票三成交给中行作领券的准备金。后来搭配稍有增减。例如1915年中行与浙江兴业银行所订的领用三百万元钞票的合同上载明现金五成、公债票二成五、期票二成五，并对缴纳的现金付给利息。这大概是由于要推行此项业务而给予浙江兴业银行的优惠条件。其后浙江实业银行、中孚银行等也先后与中行缔结与此同样的合同。自此领用中行钞票的银行逐次增加。最初中行钞票的领用只限于新式银行，不对钱庄银号领用。到1923年间上海金融紧迫，当地钱庄也请求中行允许领用该行钞票，经过几度协商始达成协议，其条件比较苛刻，即领券钱庄应交付之准备金为现金六成、公债票或道契（上海租界建筑房屋的土地契券）三成、期庄票一成。公债票依时价估价，道契按估价七折核计，现金不计利息，庄票每年掉换。1924年上海已有十四家钱庄领用中行钞票。此后又有些新式银行基本上按上述钱庄的条件领券。

这样，中国银行的钞票发行额大大增加了。

第二节　关于金本位的建议

中国向来用银为主要货币，然而自1873年以后世界银价跌落，无疑对中国是个很大的打击；更因甲午战争赔款和庚子赔款以及所借外债的还本付息，都要按当时持续下跌的银价折合成黄金支付白银，从而发生巨额的"镑亏"，使得本已窘困的清末财政更难于应付。在这种情况下，很多人建议改革货币制度，实行当时各帝国主义国家普遍采用的金本位制，以摆脱困境。帝国主义各国则主张中国实行虚金本位制，以便控制中国的货币和金融。

一、铸造金币建议的先声

改革币制最早的建议者是清朝顺天府尹胡燏棻。他在光绪二十一年（1895年）向清帝条陈变法自强案中建议："自铸金银铜三品之钱，颁定相准之价，垂为令甲。"① 同年，监察御史王鹏运也奏请变更币制说："鼓铸金银铜三品之钱。金钱轻重略仿英镑大小"② 。次年总理衙门给事中盛宣怀奏请改革币制，主张除铸一两重的银元外，"再酌铸金钱及小银钱，使子母相权而行。"③ 光绪二十三年（1897年）承政使参议杨宜治奏请仿照英国币制铸造金银货币称："镑价日涨，中国征收所入，使费所出，无不加倍吃亏，借款一项，吃亏尤巨且久。……同治年间，每镑合规银三两三钱三分，光绪十三年每镑合规银四两一钱六分五厘，今则每镑合规银八两有奇，……拟请旨准予变通，先

---

① 《中国近代货币史资料》第1辑，下册，第637页.
② 同上，第644页。
③ 《皇朝政典类纂》，钱币11。

按先令分两成色式样铸造银钱，……再仿英镑式样铸造金钱"①。光绪二十九年（1903年）驻俄公使胡惟德奏请整顿币制，竭力主张使用金币，奏称："通例者，一国之中必有一定之国币，兼用金银铜三品必有一定之比例，凡成色形式价值必须全国一律，随处通行，方能利用于民间，取信于外国，而驱驾乎用金之邦，汇兑不致受亏，交涉亦易措注。……产银愈多，银价愈落，故近金贵，实非金贵，乃银贱也。"他指出，"当今环球各国既已皆用金矣，即各大国之属地亦莫不用金"，中国怎能"不速改计哉？"②胡氏在奏折中还针对当时反对者的种种顾虑，提出八点"不足虑者"和六项措施。他的意见有不少可取之处。

上列几种意见，基本上都是想仿照英国的货币，按镑、先令、便士分为金银铜三品货币，并由政府规定其比价流通，但对于何者为主币，何者为辅币，并无明确意见。所有上述建议都未实行。一方面固然由于当时的条件尚不成熟；另一方面也由于颟顸的清政府根本没有实行的权威和切实的办法。

二、金汇兑本位制及金本位制的各种拟议

自1900年以后世界银价继续跌落，对外汇率由每两二十八便士缩至二十四便士，最低价为二十一便士，镑亏损失严重，使偿付赔款和借款本息用银增加甚多。这个问题引起朝野震惊，于是请求改革币制的议论甚嚣尘上。帝国主义国家为便于对中国的侵略和掠夺，也压清政府改革币制，在1902年中英改订通商条约及1903年缔结的中日、中美商约中均列有中国应即改革币制的条款。清政府在内外压力之下，同时鉴于印度、菲律宾、

---

① 《中国近代货币史资料》第 1 辑，下册，第654—655页。
② 同上，第1222—1223页。

暹罗（泰国）等国都改行金汇兑本位，改革之势不得再拖延，遂会同墨西哥（当时墨国尚行银币制度），请美国政府组织委员会，调查银市情形。清政府此举之目的，在于请美国会同其他各国议定银价，使之不再继续跌落。同时清廷也命军机大臣会同户部等筹议货币制度的统一。

美国于1903年成立国际汇兑调查委员会，派精琦（J·W·Jenks）等为专使，与中墨二国政府及欧洲主要国家当局共同参酌拟议改革币制政策。精琦等人先在欧洲各国召开会议并经与俄国商议，然后来华考察中国金融情况。光绪三十年（1904年）精琦上圜法条议于清朝政府，其中心内容是建议中国实行虚金本位制，同时整理银本位币在国内流通。

所谓虚金本位制，亦称金汇兑本位制，是一种附庸的货币制度，一般为殖民地和附属国等采用。实行这种货币制度，国内不流通金币，对外无限制供应外汇。一般是把本国货币同另一金本位国家的货币保持固定比价，并在该国存放大量外汇基金，以备随时出售外汇。采用这种货币制度，在对外贸易和财政金融上就要受与其相联系的金本位国的控制。帝国主义建议中国采行这种货币制度，正好暴露了它们企图控制中国的野心。

精琦的《中国新圜法条议》共有十七条。其中几项重要条文如下：

"一、中国政府应速定一有效之政策，以期设立圜法。该圜法以能有一定金价之银币为主，其实施以能得赔款国之多数满意为归。"

"三、中国办理此事，应派一洋员为司泉官，总理圜法事务。该司泉官有权辟用帮办数人，管理制钱局，及别项事务"。

"五、中国政府应定一单位货币为价值之主。该单位货币应额定含纯金若干。""并定章许民间随时携金来托代铸此单位货币之五倍、十倍、二十倍者,但量收其铸造之费。或将来政府亦自行采金,铸此种货币。"

"六、中国应亟铸银币若干万元,流通本国。该银币应有相当之模范,其大小约照墨西哥洋圆。其与彼单位货币(即虚定的金本位币,同第五条)之比价,定为三十二换,设法维持。"

"至补助货币即小银币及红白铜币,其分两价值,亦应划定,惟以适用为主。"

"九、中国政府为维持银币定价起见,应在伦敦及别处通商巨埠,置备一信用贷款,以便出售金汇票。""此等汇兑,归司泉官专理。"

"十二、倘汇票出售日多,所存金款渐乏,准由政府所派驻外洋代理人收买银汇票,收回金币,以补其缺。其价目由司泉官临时定夺。"

"十七、司泉官及各国代表人,有权为中国提议整顿财政。"①

上述精琦氏的拟议,当即遭到各方面的反对,尤其是对所拟派洋员为司泉官一节更甚。当时湖广总督张之洞认为金本位不适于中国,主张铸发银两而为货币单位。他在驳斥精琦的虚定金本位制的奏折中说:"财政一事为全国命脉所关,环球各国,无论强弱,但为独立自主之国,其财政断未有令他国人主持者,更未有令各国人皆能干预者。"指出:"精琦之议,啗我以虚无铸头之利,而夺我实在财政之权,其计至毒,其害至显。"奏折中并驳斥精琦强定三十二的金价为不可行,及放弃银本位

① 《中国近代货币史资料》第 1 辑,下册,第 1128—1130 页。

的祸害，说是"万分危险不可轻于尝试"。① 当时直隶总督袁世凯赞成张氏的意见。在这两个实力人物的极力反对下，则精琦氏金汇兑本位制的拟议遂成泡影。

在精琦向清廷提出建议之前，总税务司英帝国主义的代理人赫德（Robert Hart）也曾条陈清政府，主张采用金汇兑本位制。不过他不象精琦那样露骨地要列强干预中国的主权，而是想把中国拉到英国一边，独享禁脔。他说英金一镑适抵中国库平银八两，如用金汇兑本位制，则新币仍可沿用两、钱、分、厘等名目。这是迎合中国人的习惯，以达到英国进一步控制中国金融的目的。赫德建议先统一铸造一定的银铜币，俟普及全国后，再实行金汇兑本位制，这点也与精琦建议不同。当时清政府的意见似多倾向赫德之说，认为纵使将来有改行金本位的必要，也应全国先施行统一的银本位制。

总之，清末的货币改革是雷声大雨点小，政府对所有建议都没有采取之意，也不见有任何试行的准备，只是在铸造银元的重量上，翻来复去，先颁令铸造银两币，后又于宣统二年（1910年）颁布币制则例，仍旧采用元（七钱二分）单位。所谓币制改革都成纸面文章。直到清朝灭亡，币制依旧混乱，当时朝野所关心的镑亏问题却更加严重了。

辛亥革命后，北京政府财政部设立币制委员会，讨论币改问题，当时大多数人主张采用金汇兑本位制。这时由美国推荐的顾问荷兰人卫斯林（G·Vissering）来华。当时卫斯林担任荷兰银行总裁，对于荷属南洋群岛币制改革的情况很熟悉。他看到先前精琦在中国碰了壁，便主张暂时并用银本位及金汇

---

① 《中国近代货币史资料》第1辑，下册，第1188—1194页。

234

兑本位。他认为中国的铜币、银币及宝银不可遽废，应逐渐改为一纯粹之金汇兑本位。他还别有用心地建议中国外汇准备金总机构设于荷兰首都，由荷兰人主持共事。后经币制委员会详加讨论，意见颇多分歧，最后移交国务会议决定，还是采取纯粹银本位制，这便是1914年颁布的国币条例。

此后，改行金本位的问题沉寂了数年，到1918年北洋军阀政府由段祺瑞当政，他与日本帝国主义相勾结，密谋大量借款，以实现其皖系军阀用武力统一中国的迷梦，并拟将中国的货币纳入日本金元系统，于是他泡制了一个《金券条例》。条例规定，为改用金本位，得由币制局指定的银行发行金券；金券的单位为一金圆，含纯金零点七五二三一八克，即库平二点零一六八八分；金券在金元已铸之后，得兑换金元；金券与现行国币（即银元）不定比价；由指定银行随时公布；等等。[①] 当时在段祺瑞内阁中，亲日派卖国贼曹汝霖任财政部长，陆宗舆任币制局总裁。他们计划向朝鲜银行借款八千万元，并存于该行作为发行金券的准备金。这样，中国的货币权就无异于由日本帝国主义掌握了。当时正是中国人民反对日本侵略和抵制日货运动炽烈之际，所以这个计划一出笼便遭到国人的极力反对。英、美、德、俄等帝国主义国家害怕日本独吞利益，一致提出抗议。在内外反对的情况下，改行金本位的计划就束之高阁了。

南京国民党政府成立后对待币制改革问题与北洋政府的态度完全相同，即先统一通货，等待时机再转变为金本位或金汇兑本位。1929年南京政府聘美国人甘末尔（E·W·Kemmerer）等调查中国财政金融情况，并成立了设计委员会，拟定各种有

---

① 《金券条例》原文，见张家骧《中华币制史》第3编，第30—32页。

关方案。甘末尔所建议的币制改革计划[1]，表面上名为"逐渐采行金本位币法案"，实际上仍然是金汇兑本位制。他建议采用一种名为"孙"（据说是为了纪念孙中山）的以金计算的货币单位，而无须实际铸造和行使金币。每一"孙"虚定含纯金零点六〇一八六六克，其价值相当于美金四角，或英金一先令七便士七二六，或日金零点八〇二五元。这个数目大体上等于一枚银元在1929年秋天的价值。供市面流通的，铸造一孙、五角及二角银币，一角、五分镍币及一分、半分铜币，均为名目货币。政府以金汇票或生金无限制兑换"银孙"，以维持"银孙"与金单位之平价。设置金本位基金，并存放在纽约、伦敦两地的基金代理处，专供用汇票兑换，等等。

该设计委员会所拟金本位实施计划中还建议两种进行办法：一称间接计划，即全国采用一种银本位制以为实施金本位制以前的过渡方法；另一称直接计划，即把中国紊乱的通货立刻改为一种金本位通货，先从适当地区行使逐渐推及其他地区。前者为英国殖民地曾采用，后者为美国殖民地所采用的。该项设计案中详细说明了两种计划的优点及缺点。此外，还有一个叫做直接间接混合计划，即不变更现状，仍继续铸造孙像国币及小银币，等到一定时候再改行金本位制。这种计划等于要进行两次货币改革，所需费用极大，时间也很长。该项设计原文很长，比过去历次币改的拟议都详细具体，这里毋庸详述。

甘末尔的币制改革设计虽然很详尽，但中国当时的情况不但与欧美各国不同，即和印度、安南、菲律宾等殖民地国家也

---

① 关于甘末尔设计委员会所建议的货币改革计划，见周伯棣《中国货币史纲》，第232—247页。

有区别。无论采取金汇兑本位或金单本位制，都要履行种种先决条件，此即困难所在。当时社会舆论对甘末尔所设计的方案提出很多问题和窒碍难行之处。马寅初在1930年1月上海《新闻报》上发表文章反对甘末尔所设计的金汇兑本位制。他提出五点疑问，大意是：（1）政府信用不可靠，万一财政当局因银币与金单位之比价较高于市价，大加增铸"银孙"而图利，则不仅此制度全行破坏，且造成比今天更严重的金融混乱。（2）各地军阀依然保持地盘主义，私铸不能避免。（3）民间私铸之弊自不能免，且往往与官方警察狼狈为奸。（4）租界地外国浪人伪造或大宗输入者，如何制止？（5）准备金大量存储国外，万一变成敌国有被没收的危险，即使为友国亦不免有太阿倒持之嫌。以上马氏所虑各点，诚为事实，是不能实行金汇兑本位制的强有力的论证。这些都属于当时的政治问题，在国民党统治下，这些问题也都无法解决，所以根本不能实行币制改革计划。此后只有在确立银本位币及废两改元方面着手整理，以"坏本位胜于无本位"来聊以自慰了。

综上所述，可知自清末以来倡行三十多年的币制改革问题，都是认为银本位制已不适应当时的形势，必须改行金本位的货币制度。而在改革的拟议中，有的主张采取金汇兑本位制，有的主张直接采用金单本位制，还有的人主张金银并用然后过渡到金本位制，所有这些拟议的办法和步骤虽有不同，但最后宗旨都是要解决因金贵银贱对国内所发生的种种恶劣影响。然而币制的改革不仅是经济问题，同时也是政治问题。国家的独立与统一实为改革币制最根本的先决条件。半殖民地半封建的中国，一方面受帝国主义的压迫，不平等条约的束缚；一方面国内新旧军阀割据，分崩离析，民穷财尽，百业凋敝，而且内

237

战不已，社会秩序纷乱。在这种内外形势下，历届腐败无能的政府哪有能力办此兴革大事？纵使当时采行某一种拟议，结果也注定要失败。

第三节　银本位币的确立及废两改元

一、银元本位币的确立

上节所述货币制度改革的各种方案，既然都未能施行，就只好避难就易，着手整理现实流通中纷乱复杂的银币了。早在清宣统二年（1910年）曾颁布"币制则例"，就规定为银元本位制，但未及实行即发生辛亥革命，清朝覆灭。民国成立后，北京政府财政部于1912年设立币制委员会，经反复讨论，仍决定暂行银本位以统一币制，然后再看时机过渡到金本位。1914年遂公布"国币条例"及其"施行细则"。

1914年的国币条例，关于国币的单位、种类、重量、成色、铸发权及流通办法均有明确规定，是合乎近代货币制度的各项条件的。虽然北洋政府和南京政府对此项货币条例，并未贯彻实行，特别是关于辅币的问题，较先前更加混乱，这点已在第一节中谈到，然而1914年的"国币条例"在我国近代货币金融史上仍不失其重要意义，至少从理论上应该这样对待。所以我们把"国币条例"及其"施行细则"照录如下，借以了解这一历史时期的货币变化情况。

"国币条例

"第一条国币之铸发权，专属于政府。

"第二条以库平纯银六钱四分八厘（即二十三格兰姆又九七七九五零四八）为价格之单位，定名曰圆。

"第三条国币种类如左：

"银币四种：一圆、半圆、二角、一角。

"镍币一种：五分。

"铜币五种：二分、一分、五厘、二厘、一厘。

"第四条国币计算，均以十进，每圆十分之一称为角，百分之一称为分，千分之一称为厘。公私兑换，均照此率。

"第五条国币重量成色如左：

"一、一圆银币　总重七钱二分，银八九铜一一。（原定成色银九铜一）

"二、五角银币　总重三钱六分，银七铜三。

"三、二角银币　总重一钱四分四厘，银七铜三。

"四、一角银币　总重七分二厘，银七铜三。

"五、五分镍币　总重七分，镍二五铜七五。

"六、二分铜币　总重二钱八分，铜九五，锡百之四，铅百之一。

"七、一分铜币　总重一钱八分，成色同前。

"八、五厘铜币　总重九分，成色同前。

"九、二厘铜币　总重四分五厘，成色同前。

"十、一厘铜币　总重二分五厘，成色同前。

"第六条一圆银币，用数无限制；五角银币，每次授受以合二十圆以内，二角一角银币，每次授受以合五圆以内，镍币铜币，每次授受以合一圆以内为限。但租税之收受，国家银行之兑换，不适用此种之限制。

"第七条国币之型式，以教令颁定之。

"第八条各种银币，无论何枚，其重量与法定重量相比之公差，不得逾千分之三。各种银币，每一千枚合计之重量，与法定重量相比之公差，不得逾万分之三。

"第九条各种银币，无论何枚，其成色与法定成色相比之公差，不得逾千分之三。

"第十条一圆银币，如因行用磨损，致法定重量减少百分之一者，五角以下银镍铜币，因行用而磨损，减少百分之五者，得照数向政府兑换新币。

"第十一条凡毁损之币，如查系故意毁损者，不得强人收受。

"第十二条以生银托政府代铸一圆银币者，政府须应允之，但每枚收铸费库平六厘。

"第十三条本条例施行之期日，以教令定之。"

"国币条例施行细则

"第一条凡公款出入，必须用国币。但本细则有特别规定者，依其规定。

"第二条旧有各官局所铸发之一元银币，政府以国币兑换改铸之。但于一定期限内，认为与国币一元有同一之价格。

"右期限以教令定之。

"第三条市面通用之旧银角、旧铜元、旧制钱，政府以国币收回改铸之。但于一定期限内，仍准各照市价行用。前项旧币用于完纳公款时，每月内各地方公署悬示市价收受之，其市价以前一月该地方平均中价为标准。

"右期限以教令定之。

"第四条凡以生银完纳公款或托政府代铸国币者，以库平纯银六钱五分四厘折合一元。其他种平色之生银折合价格，别依附表所定。

240

252

"第五条凡公款出入，向例用银两计算者，一律照各该处银两原收原支平色数目，依第四条所规定，改换计算数目之名称。但向例用铜元、制钱或它项钱文者，及用银两折合它项钱文者，又由钱文折合银元者，由各地方公署按照收支实数，呈报国税厅核准折合改换计算之名称。

"第六条　各项赋税税率，依第四、第五条所规定，将实征数目以厘为断，厘以下用四舍五入法，别为定率布告之。

"第七条　凡民间债项以银两计算者，依附表所规定，折合国币，改换计算之名称。其以旧银角、旧铜元、旧制钱或它项钱文计者，依第五条所规定折合国币，改换计算之名称。凡未依本条于券契上改明计数之名称者，嗣后如有争讼，即照本条例公布日之市价，作为标准判断之。

"第八条　凡在中国境内以国币授受者，无论何种款项，概不得拒绝。

"第九条　凡违犯国币条例第四条及本细则第八条者，准有关系人告发，经审实后，处以十元以上、千元以下之罚款。

"官吏及经管官营事业人有犯前项事情时，经同一程序后，处以五十元以上、三千元以下之罚款。

"第十条　本细则施行之地域及期日，以教令定之。

"第十一条　本细则如有应增改之处，另以教令公布之。"①

二、废两改元

自1914年国币条例规定以银元为本位之后，中国的货币虽然在理论上已经统一，但事实上多年所形成的银两制度仍然继

① 转引自张家骧《中华币制史》第3编，第53——58页。当时中文竖写，自右至左，故引文中有"如左"、"右期限"等用语。

续存在，与前所不同者只是在先使用的小锭碎银，多被银元银角代替，从前完粮纳税须用银两也多折纳银元了。至于国际收支和国内大宗商业往来，还是用银两计算而实际支付却多用银元，形成两元并用的双重币制。这对社会经济发展的阻碍，特别是对国内外贸易和财政金融方面的消极影响，并未消除。

首先，从国际贸易和国内商业往来看，因为交易计价用银两而实际支付则用银元，必须经过两元的换算，辗转折合就有贴水亏耗的损失。例如从外国进货以金计算，货到时按金价换为银两计价入帐，卖货时收到银元，又须折成银两入帐。输出贸易也是一样，即先准备银元用作向内地采购，然后以银两计算入帐，出口后又须把所得金价结汇，变为银两计帐。所以经营国际贸易者一方面受着金银比价变动的影响，一方面又受着两元比价变动的影响，再加上商品本身价格的变动，使国际贸易业冒着几重危险，自然有碍于正常的发展。国内商业虽然不受金银比价变动的直接影响，但因两元并用，也时有换算必要，零售商在贩卖时虽用银元，但进货时则用银两，所以也要经过一次换算。由于两元并用，商业须同时有两种支付手段的准备，二者缺一就可能发生恐慌。当时上海商家有所谓"银元押款"，即因缺少银两而以银元抵借，这无异于拿着钱去向人借钱，是非常悖谬而又滑稽的事。

其次，从金融机构而论，因存款放款和发出票据是两元并行，不但在帐目计算上增加麻烦，而且须有两种准备以分别应付银两或银元的提取，这使集中准备分散为二，削弱了准备的力量，因而金融机能也受到阻碍。

上述种种两元并行的弊害是很明显的，所以商业界首先发难，提出废止银两，例如杭州、宁波、江西、厦门、汕头、辽

242

宁、青岛等处都自发地先后改用银元，但当时我国的三大商埠之上海、天津和汉口，却依然两元并用。自1917—1920年的三年间，先后有上海总商会、全国商会联合会、全国银行公会联合会等团体呼吁废两改元。那时一些经济学家如马寅初等人又从理论上阐发废除银两和统一银元本位的必要。当时各方面几乎一致认为这种改革为迫切需要。然而军阀混战，政局屡变，历次当政者只顾维持其地位，无暇想到这种应加兴革的事情。同时金融界内部也有一种保守势力从中作梗，这就是旧式的钱庄。它们所以阻止废两改元，完全出于自身的利益。钱庄向例存银有息，存洋无息，存入银元要按当时洋厘行情折合银两，提取时又把银两折合银元，而洋厘是旧钱庄操纵的，一出一入之间，它们就从中取得不少折算的好处。而且当时钱庄所发的庄票都是银两票，已取得外国银行和洋行的信任，倘一旦废除银两，去掉规元，则庄票势必为银行本票（银元单位）所代替，这自然对钱庄十分不利。由此可知银两制度是旧式银钱业的生命线，它们顾及私利就千方百计地阻止这种改革。上海钱庄在那时中国金融界中还占着极大优势，新式银行尚无力和它们抗颉，所以废两改元问题，尽管已成为全国社会经济上的普遍要求，而迟迟不得实现。

1928年重新提出废两改元问题，经国民党政府经济会议研究，认为"亟应速为设计，以期早日实现"。但此后又发生了金贵银贱问题，国内对于沿用银本位问题渐生疑问，于是废两改元问题受其影响，遂又沉寂下去了。至1932年这个问题又炽热起来，南京政府财政部组织银行界、商业界等各方面的代表及专门学者成立一个废两改元问题研究会（钱庄业代表未参加），提出具体实施意见，复经各有关方面讨论，才于1933年3月正式由财政部公布废两改元。现摘录其布告① 如下：

"兹定 4 月 6 日起，所有公私款项之收付，与订立契约票据，及一切交易，须一律改用银币，不得再用银两。其在是日以前原订以银两为收付者，在上海应以规元银 7 钱 1 分 5 厘折合银币 1 元为标准，概以银币收付。如在上海以外各地方，应按 4 月 5 日申汇行市，先行折合规元，再以规元 7 钱 1 分 5 厘折合银币 1 元为标准，概以银币收付。其在是日以后新立契约票据，与公私款项之收付，及一切交易而仍用银两者，在法律上为无效。至持有银两者得依照银本位币铸造条例之规定，请求中央造币厂代铸银币，或送交就地中央、中国、交通三银行兑换银币行使，以资便利。"

上海、天津、汉口等地依照这项决定，根据具体情况分别由该地银行公会钱业公会议定详细实施办法。至此废两改元才算完成。经历千余年的银两制度，从此退出货币行列，不复存在了。本来这一问题并不难解决，其所以拖延十余年固然主要由于北洋南京两政府的腐败无能，也由于当时社会上存在各种封建保守势力，致使金融上的任何改革困难重重，不易实现。

这里应该注意，废两改元的同时，国民党政府曾决定铸造统一标准的新银元，成色为八八，重量为二十六点六九七克，以代替当时通用的旧银元（袁币、孙币、龙洋等）。据估计，当时的旧银元约有十四亿元之巨②，改铸费用庞大，南京政府无力负担，故将国币条例所规定的纯银成色八九降低为八八。当时只有中央造币厂有权统一铸造，其他各分厂均已取消，以一个中央厂的力量来完成改铸和新铸的任务，事实上也难办到。

---

① 转引自《上海钱庄史料》，第229页。
② 周伯棣《中国货币史纲》，第121页。

1933年废两改元后所铸的新币正面有孙中山侧面像，反面为帆船。但铸造额不满二千万枚，距离完全统一银币所需的数量相差很远。中国通用的银元始终没有达到真正的统一。

综上各节，可知这一时期我国货币制度的整理步骤是非常缓慢而且是困难重重的。关于确立银元本位、废两改元和纸币的发行与管理虽较前有所改进，但对货币制度的根本问题并无任何解决。辅币和铜元的铸造和流通方面的紊乱也并未减少。货币制度的发展固然为经济发展所决定，但对币制的整顿和改革却必须靠强有力的中央政府为之推动，才能取得实效。当时无论是北洋军阀政府或国民党政府都是腐败的，加以各省新旧军阀的割据、帝国主义对华的控制、国内封建势力的阻挠和社会经济秩序的紊乱，要在这时消除我国货币制度的落后状况，那是根本不可能的事。

第十章　近代金贵银贱
对中国的影响

十九世纪七十年代以后，世界金银比价发生异常的变动，金价不断上升，银价持续低落。那时，中国用银为货币，因而国际汇价和国内物价随之向上波动，使财政金融等方面受到极坏的影响。几十年来每当剧烈变动之际，都引起中国改革币制的议论，但所有各种拟议都未能实行。由于金贵银贱是中国近代金融史上的重大问题，所以本章再将其变动的情况和原因，以及对当时的影响等加以说明。

第一节　金银比价变动及其原因

一、金银比价变动的情况

在讲近代金银比价变动的情况前，我们不妨先将这个问题作一简单的历史概括。中国自西汉以来，在一个很长的历史时期，金银比价约为一比五、六之间，宋元时比价略增，约在六、七换，元末由于战乱的原因曾一度达到十换，但到明初却出现一比四的情况，万历中（十六世纪末）又涨到七、八换。可见，历时一千多年中，金银比价的变动甚小。一般说来，中国古代的金银比价较欧洲为低。欧洲自罗马帝国成立以来，金银比价很少在十换以下。换言之，中国的金价比欧洲贱，而银价却比

246

欧洲贵。那时中国对欧洲贸易不是直接的，而是通过阿拉伯和印度等国的商人。这些国家的金银比价也比欧洲低，所以欧洲的金银比价对中国并无影响。但自海运发达以后，更兼欧洲人获得美洲的大量金银，足够对世界其他地区发生影响的时候，中国和其他东方国家的金银比价就渐渐不能维持往昔的孤立状态了。当明末清初中国的金银比价约为十换，而欧洲已达十五换之时，如把白银运往中国换回黄金，可获得50％的毛利；但当时欧洲商船携带白银到中国买丝帛、锦绢、茶叶、香料等物，可获利一倍以上。所以商人不会带回很大量的黄金，只是把办货后剩余的银子换回中国的黄金和金器饰。只是到康熙雍正年间，才发生过欧洲商人从中国购买黄金运到英国的事情。

据《东印度公司对华贸易编年史》记载：1704年（康熙四十三年）有一条英国船在广州购得黄金二千两，付纹银一万八千八百两。此项银数在当时伦敦行市来说不过值英金六千二百五十镑，而二千两黄金要合英金九千三百五十镑。1722年（康熙六十一年）瓦洛普船购得黄金五百锭，成色九三，每锭九两七钱五，作价银一百两，共付银五万一千八百五十五两。1731年（雍正九年）威尔士王子船购去黄金七百一十两，每十两作价银一百零五两。这一年英国商人争购黄金，各船载去不下七千锭，价格提高了，每锭付银数有的为一百一十两、一百一十二两和一百一十五两。①这时的金银比价约为一比十一点五。后来中国金价陆续上涨，乾隆年间金银比价曾一度高达一比十八，但到1780年金价大落，比价跌到一比十三左右。这时东印度公司又反转来用黄金在中国换取白银。

_____

① 见杨端六《清代货币金融史稿》，第300—301页。

此后经常有金银出口的情形，大抵国内生产之金多运往欧洲各市场，东方各国输入之金常在中国暂时存留，然后转运到金价较高的国度。白银一般是进口多于出口。进入十九世纪以后，中国的金银比价大体上与欧洲拉平，特别是在鸦片战争以后，中国的金银比价受世界金银价格的影响，基本上以伦敦市场为转移了。

现将自1840年以后百年来金银比价（以伦敦市场价为准）及我国对英汇率变动的情况列表如下①：（见表五）

（表五）　　　百年来金银比价及对英汇率变动表

年　　　　次	金银比价（年平均数）	对英汇率（关平银一两平均合金镑数）	
		先　　令	便　　士
1840（道光二〇）	15.6190		
1850（道光三〇）	15.4431		
1860（咸丰一〇）	15.2866		
1870（同治　九）	15.5706	6	7.1
1875（光绪　一）	16.6416	6	2.2
1880（光绪　六）	18.0908	5	9.6
1885（光绪一一）	19.4172	5	3.5
1890（光绪一六）	19.7466	5	2.3
1895（光绪二一）	31.6308	3	3.3
1900（光绪二六）	33.3066	3	1.3
1905（光绪三一）	33.9054	3	0.1
1910（宣统　二）	39.2914	2	8.3
1915	39.9151	2	7.1
1916	30.1156	3	3.8

---

　　① 1840—1924年的金银比价和1870—1924年的对英汇率见张家骧《中华币制史》第5编，第2章，第24—30页（便士数的计算稍有变通）。1929—1932年的金银比价见谷春帆《银价变迁与中国》，第4页表。对英汇率是本书作者根据银价计算出来的。

248

1917	23.0702	4	3.8
1918	19.8264	5	3.4
1919	16.3466	6	4
1920	15.3177	6	9.5
1921	25.5728	3	11.4
1922	27.4326	3	9
1923	29.5263	3	5.8
1924	27.7352	3	7.9
1929	38.6	2	8
1930	53.4	1	11.1
1931	70.3	1	7.1
1932	73.5	1	11.4

从表五中可以看出：（1）金银比价变动的长期趋势是差距越来越大，即金愈贵而银愈贱，中国银两对英汇价也随之上升（即换英镑数缩减。）（2）1840——1880前的四十年间金银比价相当稳定，比价维持在十五换上下。（3）从十九世纪七十年代（1875年）以后，比率有明显的上升趋势，进入二十世纪更发生剧烈变化，与三十年前的比价相差一倍以上。（4）1917年至1920年间比价骤然缩小差距，这是因为受第一次世界大战的影响，当时各金本位国家的币制破坏，银之需求增加，且产银的墨西哥因发生内乱，产量缩减。那时印度虽改为金汇兑本位，也因战乱原因需求白银，故世界银价腾贵，致金银比价大幅度地缩小差距，1920年达到最低点，几乎有恢复到百年前之势。但此后银价复低落，比价又回升。这几年的特殊变动并不能影响长期趋势。（5）二十世纪二十年代的十年间，比价差距又复拉大，到三十年代发生极剧烈的变动，金银比价差距悬殊，银价大落，金价升腾，两者的差距幅度增至一百年前的五倍。

金和银本身都是商品，具有内在的价值，其价值量决定于生产它们所耗费的社会平均劳动时间，表现为社会平均生产费

249

用，这是马克思价值理论的基础。我们这里所讲的是金和银两种货币金属的比价，在世界各国都用金币或都用银币的时候，两者比价的变动和其他商品价格的变动一样，并无特殊意义；但当有的国家以金为本位币，有的国家以银为本位币的情况下，则这个比价就表示金银两种货币间比价的基础，也是用金国与用银国之间汇率的根本依据。当然，某一时期的国际汇率还决定于国际收支状况和外汇供求及其他许多因素，但其最根本的因素是这两种货币金属的比价。十九世纪世界大多数国家都先后实行金本位，只有中国和印度两个大国还维持着传统的银本位，到二十世纪印度也改行金汇兑本位后，则只剩下一个老大落后的中国依然使用银币。而正当这个时期，金银比价变动最为剧烈，因而就造成中国最严重的货币问题。

二、金银比价变动的原因

造成金银比价变动的因素是多方面的，可能由于金或银单方面价格的涨落，也可能由于金和银双方价格涨落的方向不同，或方向相同而涨落的幅度不一致。在历史上这些影响因素都发生过，我们不必烦言。这里仅从金银的供给与需求两方面作一综合的分析，以说明金银比价变动的原因。

十九世纪中叶，加利福尼亚等地的金矿陆续发现，世界黄金产量曾有大量增加，但至1871年以后，金产量即渐缩减，进入二十世纪，特别是1919年至1922年期间减少更多。相反，这一时期的白银产量，因美国西部发现银矿，产额却有增长。金银产量简单情况如表六、七[1]：

---

① 表六、七资料摘自资耀华《金贵银贱之根本的研究》的附录，原文未注明资料来源，似出自Felisk所著《Gold and central Bank》一书。

从表六可以看出，世界黄金产值在1916年以前的十年间变动不大；从1919年起减产，其后一直不振；1924年后稍有起色，但仍不及第一次世界大战前的产值。从表七可以看出，从1926年到1929年世界白银的产量，每年都比二十世纪最初二十五年的年平均产量约增六千万盎司。

银产不仅出于银矿，还常常附属于铜铅及其他金属的矿产。由于近代冶炼技术的进步，使用电气分解铜法，银之生产状况大为变化。作为铜的副产品，对银的生产费用并不计较，因而银的生产量并不因其价格低落而见减少。正当世界白银生产稳定增长之际，世界各国先后采用金本位。英国于1816年开风气之先，继而葡

（表六）	世界黄金产量
年　　份	黄金产量 （按百万英镑计算）
1908	88.4
1909	90.6
1910	91.0
1911	92.2
1912	93.0
1913	91.9
1916	93.5
1919	50.1
1922	65.5
1923	75.5
1924	81.0
1925	81.0
1926	82.0
1927	82.0
1928	82.3

（表七）	世界白银产量
时　　期	白银产量 （单位：百万盎司）
1900～1925 平均数	194
1926	243
1927	254
1928	257
1929	254

萄牙于1854年，德国于1873年，斯堪的那维亚各国于1875年，芬兰于1878年，罗马尼亚于1890年，奥地利于1892年，德、日于1897年相继采用金本位。其他如拉丁同盟各国及荷兰、西班牙、美国、墨西哥等虽尚用复本位，但银不过为一种辅助货币。这样就使金的需求激增而银的需求骤减，所以到十九世纪

251

末金银比价达一比三十三以上。当时银的用途除工艺的需要外，主要是中印两国铸币之用，在货币用银的总额中，大概中国和印度各占五分之二，其余的五分之一为各国辅币的需要。然而对世界银价有举足轻重的印度先于1893年停止银币自由铸造，改行金汇兑本位，复于1926年完全放弃银本位，改为金块本位，至此世界上以银为主币者可说只有中国一家，别无分号了。

世界各国的货币由银本位或复本位过渡到金本位或金汇兑本位制，引起对黄金的需求大量增长，同时对白银的需要减少。各国原用银铸造辅币者也多改用镍或其他合金，或竟以纸币代之。因币制的变化不但对白银的需要大为减少，而且引起大量窖藏的白银涌向市面。这点在印度表现最为明显。自古以来印度人最喜埋藏银货，比中国人更甚，已形成一种国民嗜好，据说在第一次世界大战的四年中，印度的藏银量达六亿盎司，估计窖藏总量不下二十几亿盎司，是世界白银的一大储库。自印度放弃银本位后，这种藏银的习惯大为减弱，更以民智渐开，觉得藏银货无益，因而有大量的银卢比熔化为银块向外国出售，这又增加了白银的供给。

综上所述，可知自十九世纪末叶以来，黄金的需求大量增加，而供应常感不足；白银的需求减少，而供应却有增多。这种趋势到本世纪二十年代后更为明显，金银比价的差距愈拉愈大，至三十年代初已突破一比七十。这就形成百年之间金价上涨五倍，相对来说银价下降到原来的五分之一。

第二节　金贵银贱对中国的影响

一方面，当时我国是用银国家，另一方面，我国对外经

252

济关系却处处以金为准，所以金银比价的变动对中国各个方面都有极重要的影响。在昔闭关自守时期本不成为问题，但自鸦片战争后海禁大开，国际贸易往来和中外其他联系日益增加，因而中国已无法逃避此问题之影响。金贵银贱虽为长期趋势，但在清光绪以前变动缓慢，对我国的影响并不显著。自1878年（光绪四年）金银比价突破一比十七之后，一直上升不已。其中最激烈的变动有两个时期，一是1900至1910年的十年间，二是1929至1933年的五年间，均使中国经济受到很大震动，引起各方面的连锁反应，是近代中国货币金融史上的重要问题。

一、对财政的影响

鸦片战争以后，帝国主义加紧对中国的侵略，多次勒索战争赔款，赔款数额之大，远远超过了清政府的财政的偿付能力，于是大借外债。由于金银比价的变动，在偿付外债和赔款的过程中，中国又受到了重大的损失。为偿付甲午战争赔款，清政府向俄、法、英、德三次借款约五千万英镑，每年还本付息，财政负担已极重，加以银价继续低落，倍形困难。庚子赔款四亿五千万两海关银，条约规定"本息用金付给，或按应还日期之市价易金付给"。1900年后世界银价暴落，英汇海关银每两只合三先令，这种用银折合金镑所发生的损失即称为"镑亏"，随汇价为转移，每年损耗多达数百万两，少亦数十万两，使本已窘困的清末财政状况更入绝境。当时引起朝野震惊，清廷为此曾设立财政处，筹谋根本改革币制之计。那时即有改行金汇兑本位之议，可见"镑亏"已成为清末财政的严重问题。其后北洋政府和国民党政府又借入巨额外债，本息均须用金偿还，由于这时银价愈低，金价愈高，所以每年所需的银两愈多。1929年后金银比价迅猛上升，英汇缩到二先令以下，使当年度由海关支付的外债本息为六千五百三十三万规元，比上一年度多付七百九十四万余两，此即"镑亏"所造成的额外损失。估计三十年代的最初几年，因汇兑所发生的财政损失，每年达一千万规元以上。

当时中国的外债是指定关税和盐税作担保，部分国内公债则以"关余"、"盐余"担保本息。因金汇率大涨，致关、盐两税除支付外债所余无几，这就动摇了内债的保证，难以维持信用。北洋政府和国民党政府所借大量内债常有延期偿付或竟到期不还的赖债行为，虽其原因不止一端，而由于金贵银贱所引起的汇兑损失，以致财政破产，也是重要原因之一。

二、对国际贸易的影响

金贵银贱，金汇上涨，对于用银的中国来说，等于中国货币对外贬值。这就会阻碍进口贸易，刺激出口贸易。中国进出口商品的价格向来是以外国金币计算而用银元或银两支付的，金汇价涨则进口货付出的银价增多，成本加高，使得过去进口有利的商品变为无利或亏损，因而进口货物数量应当趋于减少；反之，银价跌落，则中国出口货物所得外汇折合银币数目超过在国内售货的所得，因而有利于扩展出口事业。然而在半殖民地半封建的中国，这种金银比价变动对贸易的影响，并不完全导致上述结果。因为旧中国的对外贸易有一特征，即出口货物限于农副产品和其他初级原料，在当时天灾人祸频仍，农村经济破产的情况下，国内所需的衣食和原料尚且不敷，哪会有更多的来源扩展出口？在进口方面，除机械设备、化工产品等外，大量属于生活必需品，如米面、纱布、洋油、洋蜡乃小至针线、纽扣，无一不依赖"舶来品"，对这些洋货的需要，其伸缩性很小，进口价格虽然昂贵也难以减少其输入。当时国内少许

254

的民族工业所需的原料也大部分依赖进口，如棉纱、小麦等均须以高价购进。一面低级原料以贱价输出，一面高级原料又以贵价输入，其结果中国的进出口两受其害。

三、对国内工业的影响

在正常情况下，由于金贵银贱有刺激中国出口限制进口的作用，则中国正可利用时机，转祸为福，趁势振兴中国工业，使中国近百年来贸易入超的逆势有所好转。然而当时在反动政府统治下，政治腐败，经济凋敝，即使固有的产业已被摧残殆尽，哪有可能振兴实业挽救颓势？当时中国所谓新式工业之特点，已如上文指出；不但机械设备来自外洋，而且大部分工业的原料也靠进口供应，在金价高涨的情况下，不仅无力扩大再生产，即使简单再生产也难以维持。这里不妨以1929年间某人给南京政府工商部的条陈中所列当时情况为例，作一简略说明①：

（1）丝业："在十月十一月之间，每做生丝一担，须亏本六十两有余，上海共有一百零六家，闭厂者已有五十余家"。

（2）纱业："每年购入印度棉约一百六十万至二百万担，今金价一高，原料存货只敷二月之用"。

（3）面粉业："国内产麦只敷每年六个月之用，其他六个月常购加拿大麦以济穷，今金价一涨，上海面粉厂已有三分之二停止工作"。

（4）丝光棉织业："我国棉制细纱原料，向来自外邦，现金价突涨，细纱业纷纷倒闭。棉织工厂仅织粗料布以维现状"。

（5）皂业："金价突涨，国内皂厂所存原料为数无几，即就

---

① 即钱承绪呈工商部条陈，转引自夏废英编《金贵银贱问题之研究》。

洋碱一项已足制中国皂厂于死命"。

（6）火柴："原料价格以金价关系，已超过一倍有奇，且国内又无磷寸及主要料出品，瑞典火柴又以全力消灭我国火柴"。

从以上简单的情况描述中，可见我国自第一次世界大战后用十几年时间才发展起来的一点可怜的民族轻工业，在金价剧烈上涨时的处境，大有求生不得，求死不遑之势。在此情况下，慢说转祸为福，减少贸易入超，即维持原有差额也不可能。据海关报告，中国自1870年以后，每年均为进口超过出口，最初每年入超只有二三千万两，其后陆续增加，到1921年入超已达三亿两之巨。从1929年至1932年银价又一次大幅度下落，而这几年的贸易入超货值反更加大，1929年入超三亿九千万元，1930年为六亿四千六百万元，1931年为八亿一千六百万元，1932年为八亿六千七百万元。这里虽然包含着价格上涨的因素，但也可以看出金贵银贱对中国刺激出口限制进口的效果极小，丝毫不能变更贸易入超越来越大的长期趋势。本来一个国家对外贸易的情况，决定于该国经济实力，汇率的变动只能在短期内稍具影响，而对那时的中国来说，连这点影响作用也是见不到的。

四、对国内经济生活的影响

中国既然用银作货币来衡量一切财富和物价，所以银价跌落就说明国内整体财富和全社会购买力下降，影响到全国人民的经济生活。进口洋货价格上涨，国内工业产品的价格也随之升高，农产品的价格变化较少，但剪刀差在增大，也阻碍着农业的发展。况且半殖民地的旧中国，城乡人民在衣食住行和文化教育等方面所需的物资材料，多半仰给于外国进口，物价普遍上涨对国内各阶级阶层的人民都是有害的，虽有人超物价上

256

涨的机会而致富，但这不过是极少数罢了。

当物价上升时，工资收入常追随不上。1929至1932年间世界银价骤跌时，物价和工人生活费都增加极快，从下列统计数字中明显地表现出来（见表八）。

（表八）　　　物价和生活费指数上升情况表　　　1926＝100

年份	批发物价总指数		生活费总指数	
	上海	华北	上海	天津
1929	104.5	111.08	107.9	137.46
1930	114.8	115.85	121.8	140.84
1931	126.7	122.55	125.9	133.58
1934	112.4	113.36	119.1	131.99

上列两种总指数仅是表示一般情况，如果我们作较细的分析，则在各种物价中以金属、建筑材料、化学品等进口货物上涨最烈，约计30％到50％；在生活费中以燃料及杂项用品上升最高，约为30％到80％。可见这三四年间由于银价下跌对国内经济生活影响之大。当时无工资指数可作比较，但在此期间工资即使有所增加也是极少的，因此我们可以估计这一期间工人的实际工资约降低25％。

五、对金银流出流入的影响

中国长期以来，经常是金为出超，银为入超。因为金在别国为货币本位而在中国则视同商品，价高则售出，价低则购入，其出入之多寡以金银比价的高低为转移。自1880年后二十多年间，金价逐步增高，中国的黄金出口大于进口，表现为出超。

<hr>

①　上海指数系由"财政部固定税则委员会"编制，华北及天津指数系由南开大学经济研究所编制，均引自南开大学经济统计季刊，1933年，第2期。

1917至1920年间，金价低落，黄金进口大于出口，表现为入超。反之，白银在国内为主要货币，需要数量很大，更因国内产量有限，常赖海外输入，所以白银经常为入超。据海关进出口统计，自1880年至1924年四十余年间，金之出超为九千一百余万海关两，银之入超为三亿五千余万海关两[1]，两相抵销，尚有白银净进口二亿六千九百余万海关两[2]。

在这数十年中，中国对外贸易一般都是入超，按照国际贸易差额的原理，此项差额迟早终须输出金银清偿，但中国实际上是一面有大量的贸易入超，一面反而有现银输入，似乎违背理论，其实当时中国有大量的非贸易收入，如历年借入的外债，外国人投资于中国工商业，以及华侨汇款等等，总计数额甚巨，不但抵补了贸易逆差，而且呈现白银的大量流入。

在印度放弃银本位以后，中国成为唯一的世界白银市场，各国剩余的生银涌向中国，尽管中国对生银需要有限度，但由于用银为货币，所以任何巨大数量生银输入中国，皆可按币价销售。这种情况对中国十分不利，扰乱了中国的金融，阻碍经济事业的发展。当1928至1931年间银价猛落时，外银输入数量更是有增无已，四年之间中国每年银货的净入超达关平银六千万两至一亿两的巨额。上海《申报》曾报道说："自金价暴涨银价暴落以来，外银之输入中国者仍源源不绝。旧金山与纽约之大条银，每一次太平洋邮船到沪，恒有数百万两之进口（平均每月有七次进口），以故沪上存银尤多。……在此金银涨落无常，人心恐慌之际，印度安南突有大批银币运来上海，总数为五千

---

① 详细统计数字参见张家骧《中华币制史》第5编，第1章。

② 耿爱德在《中国货币论》一书中（231—233页）所引用的统计数字与此有距差。

万元……此项巨额外币系由沪上某外国银行购进，其用途则不明，有称将在中国熔成银条后，再行用于中国,则获巨利云"。这种新闻报道，可能有意骇人听闻，所说数量未必可靠，**但由此可以看到金贵银贱剧烈变动之际所引起的白银进口是很严重的**。当时国民党政府曾有禁止白银进口的规定，但不能限制洋商和外国银行的行动。只是在1934年美国实行白银政策，人为地抬高银价以后，才使中国的白银掉转方向大量外流。由此可见，当时中国的金银流入与流出，均不由自主，完全处于被动地位。换言之，国内通货之伸缩及物价之涨落，乃至整个经济**状况之升降，都受世界金银比价变动的影响和支配**。

第三节　挽救银价跌落的措施

世界银价低落（中国人看来是金价上涨），特别是1895年和1929年两次剧烈变动，对中国政府和经济都是严重的打击。政府方面因镑亏而感到财政窘困，工商业因汇价剧变而觉得生意不好做，一般市民却不知为什么忽然觉得自己变穷了，全国上下都惊慌不已，纷纷谋求自救的对策。但解决世界金银比价剧变的巨浪冲击，只有彻底改革币制才是根本的方策，然而当时清朝及国民党政府都因此举困难甚多，牵动太大，因而采取因循瞻望，得过且过的态度,遂使这一重大问题延续了半个世纪，历经三个政府都不能解决。

国民党政府在1928及1931年的几次银价暴落以后，受到当时社会舆论的压力，不得不寻求几项挽救办法，在手忙脚乱中拟定所谓治本和治标的对策。所谓治本的办法是（1）开采西藏、东三省及边陲各省金矿；（2）增加生产率；（3）提倡国货；

259

（4）发展国内工商业，开辟利源。实际上都是空话，并无人相信。在治标办法中有：（1）取缔投机买卖；（2）海关实行金单位；（3）废两改元，等等。这些所谓措施，有的从未实行，其中除废两改元于1933年实施，已在前章说明外，其他两项在本节内略加叙述。

一、制止金融投机买卖

当时因金银比价波动所引起的投机买卖是指标金和外汇投机两种。这两者是相互关联着的，都是金融界的重要活动。标金即标准金条的简称，在旧中国金融市场占重要地位，其形似小块砖，略带椭圆，每条重约十两。上海标金成色为978‰，合三六六.七一格兰姆，天津标金成色为980‰，重量较上海的轻1.35%，北京标金成色为985‰，重量较上海的轻1.0183%。这是因上海使用的漕平两，稍大于京津的平砝。标金的大部分是熔解外国金币和国内生金提炼铸成，也有以金饰金器改铸的。国内各大城市均有标金买卖，但以上海居主要地位。上海设有专营标金买卖的金业交易所，凡经营金业者均派人到该所代理买卖业务。金业交易所的成交数量和行情波动，影响到全国的金融市场，甚至对世界金价高低也有相当的影响作用。

标金由上海运出国外者，常将其体积加大，每条约重漕平七十两，以便于包装运输，但行市仍按漕平十两条子为单位。标金买卖分现货及期货两种，现货买卖限当日或月底交割，期货买卖的结清多限为两个月。上海金业交易所每日买卖标金数额很大，绝大部分是期货买卖。每日挂牌行市常有涨落，甚至一二分钟即有变动，每次涨落均在一钱以上，是投机者心目中的最好目标。他们都是买空卖空，对标金行情时而看涨，时而看落，看涨时做多头（买进），看落时做空头（卖出），转瞬之间

260

即可获利或遭损失，只有交易所无论涨落，在一买一卖之间皆获得佣金收益。金市的波动极为灵敏，凡国内时局之变动，各方政治势力的起伏，以及世界政治经济大势的变动都影响金市行情。至于各种外汇（特别是日本、英、美外汇）之涨跌，上海现银存底之多少，当天多头与空头势力的消长等，都能直影响金市的变动。正因为这些纷纭复杂的情况使投机者的心理上交织着希望、幻想、恐怖的刺激，所以把金业交易所当成他们的乐园！

外汇投机与上述标金投机的情况相同，但其目标是从各种外汇的买卖汇率的涨落中获取利益。这里要说明的是标金与外汇往往成为双重买卖，即投机者常同时进行这两种期货的买卖，在买进外汇时卖出标金，或在卖出外汇时买进标金。这样做，在于减少两种行情涨落不定的风险。例如某商人向银行买进一月到期的英金电汇一万镑，假定当时汇价为每两折合二先令五便士，应付规元八万二千七百五十八点六二两；同时又在金业交易所卖出一月期的标金二百一十条，价格为每条二百五十九两五钱，应收规元五万四千四百九十五两。到限期满时，则又卖出英镑补进标金以清结其交易。假定当日英金汇价为二先令六便士，得银八万两，而是日金价则为二百四十五点三两，须付银五万一千五百一十三两。这两种交易的结果是英汇亏损二千七百五十八点六二两，而标金则盈利二千九百八十二两，盈亏相抵，还净利二百二十三点三八两。这样的双重买卖所负担的危险不会很大，比单做标金或单做外汇的风险较少，有些胆量小的投机者多是这样做。

经营标金和外汇买卖者有银行业（特别是外国银行）、金银器饰业、进出口业和投机商等，事实上无法区别何者为正

261

当，何者为投机。凡买卖期货的，即使为正当经营也多少带些投机性质。所以当时国民党政府所谓的取缔投机不过是虚晃一着而已。其命令中说"近日金价异涨，银价低落，于国计民生，关系甚巨，此种情况虽为国际汇兑之变动，惟上海交易所商人投机买卖，影响金融经济亦复匪细，着财政工商两部迅筹办法，以资救济"。两部经与上海商会及银行界商办法后，又电令上海金业交易所云："日来标金飞涨影响社会金融国际贸易极巨，交易所之设原在调剂市面，辅助商业，如有操纵垄断乱扰市场行为，不特有失设立本意，抑亦大干法禁，亟应取缔以免市面恐慌，该所为金业交易中坚，务宜仰体此意，并且将近日金银市场情形，详确电呈候核"。这样上级推下级，根本说不上是解决问题的措施，只是敷衍塞责而已。其实国民党的要人包括财政工商两部的大员就是投机的大户，或为投机者的后盾，他们制造信息，兴风作浪，操纵金市，扰乱金融，掠夺巨利。让这些人来取缔投机，正如贼喊捉贼。何况金贵银贱是世界潮流，投机不过加剧其价格的变动，与根本问题本不相干。

二、海关改征金单位

银价大跌，致中国财政上发生"镑亏"损失，影响外债和内债的信用。国民党政府于1930年1月令财政部饬海关进口税改征金单位，以代替海关两。财政部对各总税务司下令云，查近日金价暴涨，银价跌落，致本年偿付关税担保的外债已有不敷之虞，为妥筹根本救济办法，业由政府决定自二月一日起征收海关进口税，一律改用海关金单位计算，海关金单位并由政府规定值零点六〇一八六六克纯金，等于美金零点四元，英金十九点七二六五便士，日金零点八〇二五元。关平银折合金单

262

位是按前一个月的平均汇率规定，例如1930年1月的平均对英汇率每规银一两合二先令七便士，依此计算则关平一两合一点七五金单位。并从这时起凡以进口税数目为计算根据的其他项税捐，如入内地子口税，码头浚浦捐等，无论从量或从价征税货物，一律照旧税则用海关金单位核计征收。

海关进口货物征收金单位实际上并不是收受各国的金币，而只是按照汇价以金单位核算，由纳税义务人按规定价格以银兑换"关金券"，向海关缴税。政府实际收到的仍是银两或银币，不过金价增高则实收的数目随之增多，可抵补一部分因银价跌落而蒙受的财政损失。只从这个意义上看，海关征收金单位是收到一些效果的，但它对于金贵银贱本身问题则并无任何补救功能，正如一般商人因铜元跌价而将售价改标银洋避免兑换上的损失一样。

当时南京政府曾印有大量"关金券"，只许用为向海关缴纳，不在市面流通。后来法币膨胀，印制不及，即以旧存的"关金券"以每单位折合法币二十元大量抛出，变成流通货币，充斥市面，从而加剧了通货膨胀。

上述国民党政府面临着金贵银贱的严重问题一筹莫展，既无根本挽救方案，而所谓治标之策也未收到效果，国内舆论徒然议论一番，事实上毫无裨益。

总之，自清末以来，用银充当货币的中国已陷于孤立地位，逐渐感到不能适应世界潮流，到本世纪三十年代初，银本位制度对外既不能保持汇价平衡，对内又难维持物价稳定。白银作为本位货币已走到它的历史尽头了。后来国民党政府所进行的"法币改革"主要是由于世界经济形势的变动致金银比价捉摸不定，迫使当时不得不放弃银本位制度。这个问题我们在下章叙述之。

第十一章 法币改革

上章讲到,从十九世纪七十年代以后,世界金价不断上涨,银价持续低落,使得以银为主要货币的中国,处于白银大量流入,国际汇价和国内物价随之向上波动的境地,财政金融乃至整个经济受到很坏的影响。但到了二十世纪三十年代以后,由于美国实行白银政策,人为地抬高银价,又使大量白银流出中国,因而使得中国通货紧缩,国际汇价和国内物价下跌,又从另一方面打击了中国的金融和经济事业。为此,国民党政府在英国策动下,于1935年11月实行了法币改革,废止银本位制,实行纸币制,并通过维持法币与英镑、美元的比价来维持法币币值。这样,法币制度就成了类似金汇兑本位制的管理货币制度。本章拟就法币改革的原因、法币改革的实施和法币改革的意义及影响,作一概括的论述。

第一节 法币改革的原因

一、美国的白银政策及其对中国的影响

（一）美国实行白银政策的原因

在讲到法币改革之前,我们必须先了解美国的白银政策。在1929—1933年的经济危机的打击下,世界白银价格暴跌,美国政府为了维持白银的较高价格,采取了一系列的措施,这

264

就是人们常说的美国白银政策。美国政府为什么要采行这样的政策呢？

首先，美国在历史上用银为货币的时间很长，而产银又多，故对银价的涨落，向来特别关心。美国放弃金银复本位，采行金单本位的时间是1900年，比最早实行金本位的英国晚了八十四年；比葡萄牙、德国、法国、俄国、日本都迟。美国又是仅次于墨西哥的世界第二个产银大国，1930年以前的四百多年间，其所产银占世界银产量的20％以上，1931—1933年约占世界产银总量的30％左右。不仅如此，就二十世纪三十年代初投入白银生产的资本而论，则全世界白银产量的66％受美国资本支配。墨西哥是世界上产银最多的国家，几乎占世界总产量的一半，而其中75％是在美国资本支配之下。其他如加拿大银产量的34％，秘鲁的87％，中美的89％，智利的83％，也都受美国资本支配。因此，银价的涨落，对美国的银业资本家利害攸关。代表资本家利益的美国国会，早在1878年和1890年就先后通过了卜来阿利生法（The Bland Allison Act）和肖门法（The Sherman Act），以法律来维持银价。实行金本位以后，1918年颁布毕特门法（The Pittman Act），规定熔毁银元运销出口不得超过二亿六千万银元。实行卜来阿利生法和肖门法的结果，使美国铸了五亿七千七百余万银元。这就是说，即使美国不以银为货币之时，仍对白银的出口数量严加限制，其目的就在于维持白银的较高价格，保证银矿资本家的利益。

其次，美国实行白银政策，不仅有经济上的原因，更有政治上的背景。美国以洛矶山脉为中心的七个产银州所产白银，占全国产银量的95％，而这七个州在参议院中有十四位议员，是一支不可忽视的政治力量。更由于银派议员的大肆活动，到实行白银

265

政策之前，参众两院关心白银问题的议员，各占到三分之一。美总统为求得议院的支持，自然不能忽视银集团的势力。可见美国实行白银政策，不仅有经济上的原因，还有政治方面的压力。

最后，美国企图操纵世界白银市场，迫使当时还保持着银本位的中国加入美元集团，从而取得对华贸易和投资方面更有利的地位，也是美国实行白银政策的一个重要原因。过去我们国内有人认为美国实行白银政策是专门为了对付中国的，这种认识未免过偏，但美国考虑到中国的因素也确为事实。美国在实行白银政策之初，说什么"银价腾贵，则东洋用银各国的购买力可以增进"等话，就证明了美国企图更多地占有中国市场的心理。1935年11月中国实行法币改革，把法币与英镑联系起来之后，美国迅速改变购银办法，抑低银价，使得中国在国外市场上出售白银处于不利的地位，从而迫使国民党政府又把法币同时依附于美元，这又证明了中国的银价在美国实行白银政策中所占的举足轻重的分量。

（二）白银政策的内容

美国白银政策主要包括以下内容：（1）国际白银协定。这是在美国银派议员大力鼓吹下，国际经济会议于1933年7月通过，并于同年12月得到美国政府批准的。国际白银协定的主要内容，是限制储银国的中国、印度等出售白银的数量，并规定美国、墨西哥、秘鲁、加拿大等产银国政府应收购各自矿产生银的数量。关于中国，协定明确要求：从1931年1月起的四年间，中国不得将熔毁货币所得的生银出售。制定该协定的目的，在于维持白银的较高价格，这和美国在其国内实行的一系列政策完全一致，可把该协定视为美国白银政策在国际范围的实施。

（2）"银购入法"。1933年12月21日，美国总统罗斯福在批

266

准上述国际白银协定的同时，公布了收买国内新产银的布告，这就是人们常说的"银购入法"。该布告规定：美国造币厂收购"国内及其属领"产银，扣取50％为铸造费及手续费，其余50％铸为标准银元交于出银者。扣下来的50％白银，以银条形式保管于财政部，1937年底以前不得出售。美国标准银元的重量为四百一十二点五格令，而一盎司白银为四百八十格令，成色是千分之九百，所以一纯盎司的白银通货价值为美金一元二角九分。当时的银产业者出售一盎司白银，在造币厂扣除50％为铸造费以后，只得六角四分五厘。然而这个价格已比当时的银市价高出二角一分五厘。这样，美国国内的银价自然就抬高了。

（3）"1934年的购银法案"。美国国会通过的"1934年的购银法案"，是1934年6月公布的。根据该法案的规定，美国应该增加其货币发行保证的白银份额，达到金三银一的比例。当时金准备有八十六亿元（美金），相应地要有合二十八亿多元的白银作为准备。但当时美国政府所有的银条、银币及流通市场上所有银币的合计额，不过是十四亿五千万元（美金），故即使此后金不增加，银要达四分之一的比例，还差十四亿一千七百万元，以法定价格计算，约合十一亿盎司。此数额极为巨大，即相当于1933年世界白银总产量一亿六千五百万盎司的六倍多。这不仅直接影响着当时银价的上涨，而且因其购银数额庞大，若美国坚持此法（1935年底改变办法），必将长期影响银价的上涨。这对当时尚以银为主要货币的中国的影响，不消说，是非常重大而且深远的。

（4）白银国有令。在"1934年的购银法案"通过后，于同年8月9日美国政府又宣布了白银国有令。主要内容是：美国现存的国内白银，均须于九十天以内，交到造币厂（除以下几种例外：银币纯分在零点八以下的白银；1933年12月21日以后的新产银；工业工艺用银；外国政府中央银行存银；银加工品及特许银）。交到造币厂的白银，得用于铸造标准银元，或充作通货准备。对于此项收入的白银，每盎司付给标准银元、银票等美国通货五角一分（即为由白银的通货价值每盎司一元二角九分减去铸造费和其他费用61.23%后的余额）以为代价。

（三）美国白银政策的实施引起世界银价飞涨

我们知道，在资本主义世界经济危机的打击下，原来世界银价是下跌的，1931、1932年跌到最低点。但自美国实行白银政策后，银价转而上涨相当猛烈。试看下表[①]：（见表九）

（表九）　　　　　　　　**英美银价变动表**

年　　　　　　　　　度	美国（单位：元）	英国（单位：便士）
1931	0.29013	14.59375
1932	0.28024	17.84375
1933	0.35010	18.145
1934	0.48170	21.2032
1935　1月最低	0.53875	24.3125
4月最高	0.81000	36.25

表九中伦敦的银条（现期）在1935年4月26日为三十六点二五便士，这比1931年的最低价格十二便士（全年平均为十四点五九三七五便士）上涨三倍。同日纽约的挂牌行市为零点八一元，这比1931年的最低价格零点二四二五元（全年平均价为零点二九零一三元）上涨三点三倍。银价如此飞涨，既不因白银生产的激减，也不因消费需要的激增，而主要是由于美国实行白银政策，人为地抬高银价的结果。

----

① 表中除1935年外，均为一盎司白银值美元和英便士的年平均数。转引自周伯棣编《白银问题与中国货币政策》，第8—9页表。

1933年12月美国公布的购银法，规定以六角四分半的定价收购国内产银，这个定价比当时四角三分的市价提高了五成。但那时美国年产的白银的70％是作为其他金属的副产物生产的，所以银价无论怎样提高，对银产量影响不是很大的。只是由于美国的白银政策，人为地引起了银价的上涨。当市价接近政府规定的收购价格时，投机顿然盛行，银价的涨风更烈，直冲到政府规定的收购价格之上。美国政府于1935年4月10日又规定造币厂收受国内新产银，每盎司作价七角一分。投机者见政府追随市价，更加兴风作浪，于是不出两周，市价又超过了新的收买价格。美国政府再把买价提高到七角七分。市场银价在两天之内又突破了这个新水平。市价与收买价格这样地互相追逐，致使银价越来越高，直涨到4月26日的八角一分的最高峰。此后伦敦和纽约的银价均稍许下跌，直至1935年12月美国改变购银办法，不向伦敦市场大量购进以后，银价才猛跌下来。

（四）白银政策对中国的影响

以上我们不厌其烦地叙述美国白银政策，是因为这个问题对当时中国的关系极大。第十章中讲到，自从上个世纪七十年代以后，世界银价持续低落，大量白银流入中国，给中国的财政金融乃至整个经济造成了极坏的影响。但自美国实行白银政策以后，世界银价上涨，大量白银又掉转方向流出中国。或许有人会问，银价和白银的这种反方向的变化，是否对中国产生好的影响呢？回答是否定的。银价高、白银大量流出，同银价低、白银大量流入一样，都对中国产生不良的影响，甚至由白银大量流出而引起的国内通货紧缩较之白银大量流入而引起的国内通货膨胀的影响更坏。

首先，美国白银政策引起的世界银价上涨，致使中国国内存银大量外流，国内通货紧缩，金融梗塞，工商各业资金周转困难。自从美国1934年6月购银法案通过以后，中国的存银便纷纷流出，到同年8月美国白银国有令发布以后，中国白银外流更加严重起来。据海关报告册载，1934年一年内所流出的白银共达二亿五千九百九十多万元。白银既大量流出，则白银存底薄弱。上海各中外银行的存底，1934年6月底为五亿八千余万元，到12月底则减少为三亿三千余万元了。白银存底减少，即发行钞票的准备金减少，其可发行的钞票额亦随之减少。上海、天津、汉口三大城市各银行的钞票发行额，1935年6月份比1月份减少了四千余万元，即减少了近10％。再者，白银外流，硬币流通额自然减少。在纸币与硬币都减少的情况下，通货呈现紧缩，银行自不肯轻易发放贷款，并向客户催收借款，于是又造成信用紧缩。工商企业也由此引起资金周转困难，生产经营不能顺利进行。这样相互影响，致使金融界和产业界均受到严重的打击。1934年底，仅上海一地就有四家钱庄倒闭。到1935年，又有十二家民族资本银行停业，占当时上海私营银行总数的18％。一年之内停业和倒闭的银钱业如此之多，这是旧中国自有银行历史以来所未曾有过的。由于银根紧缩，民族工业的情况也日益恶化，上海三十一家民族资本纱厂中，停工的就有八家。丝厂和面粉厂停工的约达半数以上。商业方面的景况更惨，许多店铺门前挂出"关店大拍卖"的牌子；批发商因物价继续看跌，也只有停业清理。自1934年冬至1935年夏秋之际，上海有大小商店五百余家倒闭，当时全国经济中心的上海既然这样萧条，别的城镇的情况也就不言可喻了！

270

其次，世界银价上涨，白银大量流出，致使国内物价跌落。白银在它国为商品，银价涨就是物价涨；而在中国为货币，银价涨则物价落。1932年以后国内物价的变动情况如下表[1]：（见表十）

（表十）　　　　　各地批发物价指数表

年　份	上　海 以1926年 为100	华　北 以1926年 为100	广　州 以1926年 为100	南　京 以1930年 为100	汉　口 以1930年 为100
1932	112.4	112.87	113.0	100.8	112.4
1933	103.8	100.59	102.6	92.2	98.9
1934	97.1	91.78	94.3	80.6	89.0
1935 9月	91.1	90.68	81.69	75.0	86.5

由表十可知，1934年到1935年，中国因为有大量白银流出，而各地物价跌落。物价跌落对于工商企业自然不利，已如上述。至于靠工薪为生者，因经济停滞，百业萧条，广大工人和职工失业，谋生困难，更是陷入痛苦的境地。

最后，随着世界银价上涨，汇价反而下跌。1933年4月废两改元时，上海对英汇率为一元值十四点三便士，6月为十五便士，1934年1月为十六便士，1935年3月为十九便士多。同期对美汇率一元分别值二十点四四美分、二十五点八七美分、三十三点五美分和三十八美分。汇价不断下跌，自然刺激货物进口，这正是美国实行白银政策企图达到向中国市场大量倾销美国商品的目的。然而当时中国的实际情况并非如此。1933年进口额为三亿八千五百万美元，1934年下降为三亿五千一百万美元，1935年又进一步下降为三亿三千六百万美元。这种异常

---

① 周伯棣《白银问题与中国货币政策》，第26页。

现象产生的原因，简单地说就是，国际间贸易，进口与出口大体上要保持平衡。除非一国手中握有大量的金货外汇，才可用以抵补贸易上的长期入超。然而中国并不具备这个条件，当时中国受通货紧缩的害，工商停滞，农业生产缩减，出口货亦减少，人民购买力水平降低，在这种情况下，对于价格再低的外国货也是想买也买不起的，因此便影响到进口货的减少。这是由当时中国半殖民地的穷困落后的特殊情况所决定的。这种特殊情况也说明经济问题十分繁杂，分析任何一种经济现象，均不可由概念出发，而必须对实际情况进行深入的研究，才能得出正确的结论。

二、中国征收白银出口税的对策及其失败

白银大量外流，对中国的财政金融和整个经济的打击如此严重，迫使中国当局不得不谋求应付的方策。这方策之一，便是征收白银出口税。

白银出口税开征于1934年4月。按照1933年3月的"银本位币铸造条例"的规定，银本位币在市面流通时，已附有2.25%的名目价值。为了维护这个名目价值，新增设的白银出口税，规定从1934年4月6日起，对白银出口课征2.25%的出口税。当局认为，此项新税，当可阻止白银出口，有助于银本位币的稳定。

白银出口税的课征，使中国的白银比较不易输出。然而，当世界银价继续上涨，使得运银出口，在交纳2.25%的出口税后仍有利可图时，这个2.25%的出口税便失去了阻止白银出口的作用。实际情况也正是如此。1934年6月和8月美国实施购银法案和白银国有以后，中国的白银外流愈益严重起来。

为阻止白银大量外流，国民党政府决定从1934年10月15日起增收白银出口税。1934年10月14日，国民党政府财政部公布

"白银出口增税实施令"，规定：（1）银本位币出口，征税10％，减去铸费2.25％，净征7.75％；（2）大条宝银及其他银类，除原征2.25％外，加征7.75％，共计10％；（3）如伦敦银价折合上海汇兑的比价，与中央银行当日按照市价核定的汇价，相差之数，除交上述出口税，而仍有不足时，应照其不足之数，加征平衡税。与此同时中央银行发表公告称，"将所有合算伦敦银价与上海电汇伦敦先令差额之行市，由本行在每营业日上午十一时半核定后，通知海关"。

增收白银出口税实施令的三项内容，以第三项最为重要，因为它可以随着伦敦银价的涨落而伸缩，灵活地进行调节。增收白银出口税的目的，第一，在于使运银出口无利可图，从而达到阻止白银出口的目的。此税若能认真执行，随着世界银价的升腾不断地提高平衡税率，就能消灭专运白银出口牟利的事情。第二，增收白银出口税，也就是压低国内银价，使之与世界银价脱离关系，使得国内银价不随世界银价猛涨。然而中国用银为货币，压低银价，也就是压低币值，提高物价。第三，中国银价既然因增收白银出口税而不随世界银价上涨，则中国货币对外汇价也自然压低，从而有利于中国货的出口。上述三端，如果真能达到，则国内的经济形势当会好转。

然而实际情况又不是这样。增收白银出口税后，虽曾暂时起过一点作用，但很快归于消失，白银仍继续大量外流，中国的经济仍然日益恶化。察其原因，主要有以下两点：

一是偷运白银出口不能禁绝。白银出口税的增收，割断了中国银价与世界银价的联系，世界银价愈高，与中国银价的差额必更大，偷运白银出口获利必更多。中国海岸线很长，香港、大连及山海关以外，又非当时主权所及，故绝对禁止白银偷运出口，实难办到。据可靠的估计，仅在1934年最末几个星期中，即有价值二千万元的白银走私出口；1935年一年内，白银走私出口约在一亿五千万元至二亿三千万元之间。这样，加征白银出口税，只是使白银出口由正式报关而变成偷运罢了。

二是禁银出口的平衡税变成了增加国库收入的一般税，没有起到应有的作用。平衡税的税率，依原来的目的，是要等于伦敦银价与上海银价加上基本税率后的差额。换句话说，交纳完平衡税后的白银价格便等于伦敦市价，运银出口变成无利可图，其效果即等于禁银出口。然而因为上述偷运关系，外汇平市委员会每日对于平衡税率的制定，却故意地减低，期望能收得一些税款。所以自征收平衡税以后，只是最初几天税率到过10％以上，后来都在10％以下，多盘旋在 6 — 7 ％之间。这样，平衡税就与基本税一样，成了一种普通的出口税，完全失掉了禁银出口的作用。

因此，增收白银出口税以后，中国白银的输出并没有明显的减少。据美国商部报告，1934年11月份共输入白银一千五百多万美元，其中七百五十多万美元的白银是从中国输入的。与此同时，日本浪人在上海、天津大肆偷购白银和银元，运出关外，再经日本本土转运到英、美销售，1934—1935年间每月流出数皆有六百万元以上。实践证明，平衡税高，则白银偷运出口多；平衡税低，则白银正式出口多，所以想借增收白银出口税来达到阻止白银出口的办法，事实上是失败了。

第二节　法币改革的实施

世界银价上涨，白银大量外流，给中国的经济造成了深重

274

的灾难；想借征收白银出口税达到禁银出口，挽救颓势，结果又归于失败。这时全国上下都为货币问题而苦恼，并探求货币改革的办法。1935年9月英国派遣其首席经济顾问李滋罗斯来华，筹划其事，于是国民党政府在英国的策动下，实行了废止银本位制、采行纸币制的币制改革，即法币改革。

1935年11月4日，国民党政府以紧急法令的形式，公布了财政部改革币制的布告①。布告宣称："自近年世界经济恐慌，各重要国家相率改定货币政策，不许流通硬币。我国以银为币，白银价格剧烈变动以来，遂致大受影响，国内通货紧缩之现象，至为显著，因之工商凋敝，百业不振，而又资金源源外流，国际收支大蒙不利，国民经济日就萎败，种种不良状况，纷然并起。计自上年七月至十月中旬三个半月之间，白银流出凡达二万万元以上。设当时不采有效措施，则国内现银存底，必有外流罄尽之虞，此为国人所昭见者。本部特于上年十月十五日施行征收银出口税，兼课平衡税，藉以制止资源外溢，保存国家经济命脉，紧急危机得以挽救。顾成效虽已著于一时，而究非根本挽救办法。一年以来，各界人士纷纷陈请政府设法挽救。近来国内通货益加紧缩，人心恐慌，市面更形萧条。长此以往，经济崩溃必有不堪设想者。政府为努力自救，复兴经济，必须保存国家命脉所系之通货准备金，以谋货币金融之永久安定。兹参照近今各国之先例，规定办法，即日施行"。

布告接着列举了六项改革办法：

"一、自本年十一月四日起，以中央中国交通三银行所发行之钞票定为法币。所有完粮纳税及一切公私款项之收付，概

---

① 转引自国民党政府中央银行经济研究处编《金融法规大全》，第1—2页。

以法币为限，不得行使现金，违者全数没收，以防白银之偷漏。如有故存隐匿，意图偷漏者，应准照危害民国紧急治罪法处治。

"二、中央中国交通三银行以外，曾经财政部核准发行之银行钞票，现在流通者，准其照常行使，其发行数额即以截至十一月三日止流通之总额为限，不得增发，由财政部酌定限期，逐渐以中央钞票换回。并将流通总额之法定准备金，连同已印未发行之新钞，及已发收回之旧钞，悉数交由发行准备管理委员会保管。其核准印制中之新钞，并俟印就时一并照交保管。

"三、法币准备金之保管及其发行收换事宜，设发行准备管理委员会办理，以昭确实，而固信用。其委员会章程另案公布。

"四、凡银钱行号商店及其他公私机关或个人，持有银本位币或其他银币生银等银类者，应自十一月四日起，交由发行准备管理委员会或其指定之银行兑换法币。除银本位币按照面额兑换法币外，其余银类各依其实含纯银数量兑换。

"五、旧有以银币单位订立之契约，应各照原定数额于到期日概以法币结算收付之。

"六、为使法币对外汇价按照目前价格稳定起见，应由中央中国交通三银行无限制买卖外汇。"

六条办法之外，布告还谈到："中央银行之组织，亦将力求改善，以尽银行之银行之职务。其一般银行制度，更须改革健全，于稳妥条件之下，设法增加其流动性，俾其资金充裕后，得以供应正当工商企业之需要。并将增设不动产抵押放款银行，修正不动产抵押法令，以谋地产之活泼。"

其后，1936年1月20日又规定"中国农民银行"发行的钞

276

票同中、中、交三行的钞票一样，同为法币。

在公布币制改革布告的同时或稍后，国民党政府还公布了"发行准备管理委员会章程"、"兑换法币办法"和"展长兑换法币期限"、"银制品用银管理规则"等①，作为实行法币改革的具体办法和补充规定。

"发行准备管理委员会章程"规定，该委员会由财政部、中、中、交三行及银钱业代表等组成；奉命保管法币准备金，并办理法币发行收换事宜；法币准备金由发行准备管理委员会指定中央、中国、交通三行之库房为准备库，等等。

"兑换法币办法"规定，各地银钱行号商店及其他公共团体和个人，持有银币、厂条、生银、银锭、银块及其他银类者，应于本年11月4日起，三个月以内，就近交各地兑换机关换取法币；兑换机关除中、中、交三行及其分支行或代理处外，还有三行委托之银行、钱庄、典当、邮政、铁路、轮船、电报各局及其他公共机关或公共团体，各地税收机关和各县政府；除三行及其分支行、代理处以外的兑换机关收兑的银币、厂条、生银、银锭、银块或其他银类，应即送交附近中、中、交三行，兑换法币。国民党政府想通过发行法币聚敛白银，而广大群众由于长期使用银币的习惯，和对法币的不信任，兑换并不积极，因此，到1936年2月3日兑换期届满时，又将兑换期限延至5月3日，这次延展期限又将届满时，后又以偏远省区"持有银币银类未即兑换法币者，仍不在少数"，决定对这些地方兑换法币事项，暂维现状，继续办理，将来由财政部斟酌各地兑换情形，随时随地分别明令截止。

---

① 这些"章程"、"办法"、"规则"等，详见张素民《白银问题与中国币制》，附录4、5、6和11。

"银制品用银管理规则",旨在防止银制品私运出口，对银器银饰的制造和出售作了严格的规定。凡在管理规则公布以前制成的银器银饰，暂准照旧出售,至售完为止；还未制造成品之银料，不得私自出售。自该规则公布之日起一个月内，银制品制造者应将制成之银器银饰名称、件数及其所含纯银量和现存银料数量，报由当地该业同业公会或商会，转报当地或就近中央银行或其他代理行号查核，转报财政部。银制品制造者需用银料，应向中央、中国、交通三银行或指定之代理行号购买，但应由当地该业同业公会或商会出具不作它用之保结，同负连带责任。还对银制品制造者购买银料的最高限额作了具体规定。

改革币制的布告公布以后,全国各地均实施新的货币制度，但是由于事实上存在的军阀割据的关系，现银封存在各地方,并未集中到中央，特别是一些偏远省份更是如此。对于这种情况，国民党政府无能为力，便来了个顺水推舟，在天津、汉口、广州、济南等地设立发行准备管理委员会分会，并拟定了分会章程，规定"办理分会所在地法币准备金之保管检查等事宜"。此外，广东、广西还规定以本省发行的钞票为法币，有的地方仍暂时准许银币流通。尽管如此，至少江浙数省的华商银行的白银集中到了中央，其数额至少有三亿元。这对国民党政府来说，无疑是一份颇大的财政力量。

各帝国主义对中国的法币改革，非但没有阻挠和破坏，还表现出某种"合作"精神。因为英国人是这次改革的策动者，故先表示支持。实行法币改革的当天，英国公使即颁布"禁用现银条例"，禁止驻华英人或公司银行等行使现银。各外国在华银行虽然没有交出存银，但也不再使用现银了。帝国主义所以支持中国的法币改革，是因为这种改革不仅不妨害它们的根

278

本利益，而且有利于它们进一步控制中国的货币，加深中国依附宗主国的半殖民地色彩。而这正是帝国主义长期以来追求的目标。

法币改革之初，国内因通货紧缩而造成的"症状"，立即发生了变化。（1）法币改革之后，物价不断下跌的趋势为之一变，呈现出普遍回升。（2）对外汇价稳定。11月4日以后，国民党中央银行挂牌汇价，对于英、美和日本，几乎没有什么变动，即法币一元合英币一先令二点五便士（卖价十四又八分之五便士，买价十四又八分之三便士），法币一百元合美元二十九元七角五分，法币一百元合日元一百零三元。汇丰银行的挂牌价格，对英无变动，对美、日的变动也很小。这与法币改革前的剧烈变动大不相同了。（3）进出口增加。法币改革前夕，由于国际环境的变化，主要是意大利侵略阿比西尼亚战争爆发，帝国主义加紧战争准备，刺激了中国战略物资的出口，因而中国的出口已有增加。改革以后，由于汇价较低而又稳定，对于出口颇为有利。进口亦有增加。当然，上述影响只是暂时的，随着法币膨胀程度的加剧，这一切都向着其相反的方向转化。

第三节　法币改革的意义和影响

法币改革是近代中国货币史上的一件大事。综观改革的内容，有下述三点，意义重大，影响深远，值得注意。

一、放弃银本位，实行纸币

币制改革的布告规定，中、中、交三行（后加"中国农民银行"）的钞票定为法币，完粮纳税及一切公私款项的收付只能使用法币，不得使用银币，这就把白银从其长期占据的主要货币的宝座上拉了下来，降格为普通商品的一员，从而割断了中国货币与白银的直接联系。自明朝中叶广泛以白银作为主要货币以来，历时四五百年，白银对促进商品生产的发展和流通的扩大，曾起过重要作用。然而法币改革前近百年来金银比价的激烈变动，又使中国的经济蒙受了重大损失。法币改革割断了中国货币同白银的直接联系，此后世界银价的涨落不会再对中国发生大的影响，这就为中国经济的发展，提供了一个有利的条件。而且，从货币本身发展的规律来观察，纸币代替金银发挥货币的职能，是世界各国货币发展的共同道路。法币改革前夕，世界各国不仅早就放弃了银本位制，而且连金币流通制度也放弃了①，只有中国还维持着银元本位制。中国以银为主要货币，但又产银有限，银价操诸外人之手，世界银价的升腾或跌落，都给中国经济以严重的打击。因此，中国放弃银本位②，改行纸币，是顺应历史发展的行动，虽然时间已经很晚。

另一方面，纸币代替了银币，又为国民党政府实行通货膨胀政策大开方便之门。众所周知，在实行银本位制的条件下，尽管流通中使用的是纸币（即银行券），但因维持兑现关系，其发行额是不能过多的；而改为不兑换的法币以后，发行额的限制就没有了。国民党反对派依靠膨胀发行办法来筹集军费，聚敛财富，致使法币改革后不久，法币的发行量便大大增加，而且情况愈演愈烈，最后导致了世界货币史上罕见的恶性通货膨胀，给全国人民带来了极大的灾难。所以过去人们对于法币改革多持完全否定的态度，这是可以理解的，但从货币改革本

---

① 从1931年末到1932年间，英、日、瑞典、挪威、芬兰、加拿大、澳洲各国，相继放弃金本位；1934年4月美国也放弃金本位。

② 当时国民党政府声称，国内实行法币乃是银本位，这是悖理的，白银已收归国有，银元不准流通，怎能还说是银本位？

身来说，则表现中国货币制度的进步。

二、货币发行趋于集中

国民党政府规定以中央、中国、交通、农民银行的钞票为法币，规定其他银行不得增发钞票，其已发行的钞票，限期以中央钞票逐渐换回，这就使货币的发行权相对集中了。过去，货币发行混乱，是旧中国货币的一大特点。据统计，法币改革以前，除"中、中、交、农"四行外，全国有发行权的银行和银行机构共有三十家，发行额达三亿元。此次法币改革以后，货币发行权才开始集中，即由三十多家集中到四家。抗日战争期间，再由四家集中到中央银行一家。发行权集中，是世界各国货币发行的共同趋势。只有集中发行，才可能根据经济发展对货币的需要来发行货币，维持正常的货币流通量，保障纸币币值的稳定，从而促进经济的发展。同时，发行集中，又是货币流通统一的前提；而货币流通统一市场的形成，又有利于商品交换的发展和商品流通的扩大。这样看来，货币发行集中是一个进步倾向。然而，国民党政府利用货币发行权的集中，加强金融垄断，实行恶性的通货膨胀政策，极其残酷地洗劫全国人民，这又表明了当时货币发行集中的弊端。

三、实行"汇兑本位"的货币制度

布告规定，银钱行号商店及其他公私机关个人均不得保留银币、生银，须限期兑换法币，这实际上是实行白银国有。布告又规定，为稳定法币汇价，中、中、交三行得无限制买卖外汇，而国民党政府把在国内收兑的白银移存外国，以此作为维持法币与外币稳定汇价的保证，这实际上实行的是"汇兑本位"的货币制度。

帝国主义为攫取中国的货币主权，策动中国实行金汇兑本位，由来已久。从清末到民初，英国于1903年派遣多年来任中国海关总税务司的赫德，美国于1904年派遣国际汇兑调查委员会委员精琦，1912年美国推荐的货币专家荷兰人卫斯林以及1929年来华的美国人甘末尔，都先后建议中国实行金汇兑本位制，当时皆以条件不成熟未能实现。到1935年9月英国派遣其首席经济顾问李滋罗斯来华才促成法币改革，实现了帝国主义控制中国货币主权的目的。

中国的存银数量，依中国银行的估计，在1935年末约有三十亿元（约合二十五亿盎司），其中一元银币约有十六亿元。虽然国民党政府不可能全部收兑为"国有"，但其搜括到的数额，无疑也极大地增强了国民党政府的财力。

改革之初，法币首先依附英镑，规定汇价为法币一元等于英币十四点五便士。这个汇价，据宋子文说，是"自1930年至1934年五年中对外汇价之平均"[①]。美国本来处心积虑地想控制中国的金融事业，而现在中国的法币竟成为英镑集团的附庸，自然很不甘心，于是同年12月美国变更购银办法，迫使世界银价猛跌。这年12月9日以前，伦敦的白银价格每盎司徘徊于二十九又八分之三便士左右，当美国停止购银后，到12月14日猛跌到二十六又十六分之七便士，并有继续下跌趋势。美国是世界银市场最大的购买主顾，它停止购入，则国民党政府存在伦敦的外汇基金来源发生了大问题。在这一压力之下，国民党政府立刻向美政府呼救，经美国财政部急电上海的花旗银行和大通银行，让它们向中国财政部购银五千万盎司，把所售银价款

---

①　见张素民《白银问题与中国币制》，附录三《宋子文货币改革谈话》（1934年11月5日发表）。

存在纽约，这才稍微缓和了外汇紧张的形势。1936年5月国民党政府派陈光甫为代表与美国政府正式签订"白银协定"，由美国按世界市场的白银平均价格大量购买中国白银。另外，美国还给中国以五千万盎司白银作抵押的两千万美元的贷款，银货也由花旗大通两银行装船运往美国。至此，法币不仅与英镑也与美元正式联系起来，形成英美两国平分秋色的局面。据统计，抗战以前，存在英国伦敦的法币准备金有二千五百万英镑，存在美国纽约的约有一亿二千万美元，两项合计约等于法币八亿元。这么大数额的资金存在英美，无疑增强了它们在国际金融市场上的活动能量。这种依靠英镑美元来维持法币币值的货币制度，使法币成了英镑美元的附庸，因而英美货币发生的任何变动，都会直接影响到法币。这就有利于帝国主义操纵中国的经济命脉，对中国进行更广泛更深入的经济侵略与政治控制。因此，国民党政府的法币不是一种独立的、健全的货币，它带有半殖民地依附宗主国的深刻痕迹。

至于法币改革初期的"稳定汇价"，由于国民党政府实行恶性通货膨胀的政策，自然不能长期维持；而中、中、交三行"无限制买卖外汇"，在法币膨胀日益严重、外汇黑市价格超过牌价的时候，这又为国民党权要及其他投机分子套取外汇、投机倒把、化公为私提供了方便。这些人实际上也正是这样做的，因而搜刮了大量的民脂民膏。

至于布告中谈到把中央银行办成为一般银行服务的"银行之银行"，和"改革健全"一般银行制度，"供应正当工商企业之需要"等话，只是官样文章。法币改革以后，中央银行的地位和作用得到了很大的加强，但是中央银行不是帮助一般银行，而是千方百计地对它们进行限制和打击。在以中央银行为首的

283

国民党金融垄断资本的打击下，私人银行业务日趋萎缩，哪里还谈得上以其资金"供应正当工商企业之需要"？这些情况，在本书第八、十二两章均有较详的叙述，这里就不再多说了。

第十二章 国民党统治下的金融垄断和通货膨胀

　　蒋介石进行反革命政变曾得到江浙财阀的大力支持，这就使他明白一个道理：如果不把金融抓在自己手中，就很难维持他们的统治。所以国民党成立南京政府后，就忙着采取一系列措施，控制全国的金融事业，先从建立中央银行和统一货币着手，凭借其政权力量，逐步形成政府的金融垄断。

　　解放前的旧中国是半殖民地半封建的国家，国民党政府的金融垄断，其形成过程和所具性质与资本主义国家不同。在资本主义国家的经济发展过程中，如列宁指出："生产的集中；由集中而成长起来的垄断；银行和工业的溶合或混合生长，——这就是金融资本产生的历史和这一概念的内容。"[①] 一小撮掌握银行资本和工业资本的金融寡头控制了国家的经济命脉，并以此为基础渗入国家的政治部门，主宰着整个国家的政治经济文化和社会生活。这样，金融寡头所控制的银行就成为"万能的垄断者"，成为"现代经济生活的中心"和"全部资本主义国民经济体系的神经中枢"[②]。

　　上述资本主义国家垄断资本的生长过程是以经济发展为基础，经过集中而形成垄断，并由一般垄断进入国家垄断的。垄断

---

　　① 列宁：《帝国主义是资本主义的最高阶段》，《列宁选集》第 2 卷，第769页。
　　② 列宁：《大难临头，出路何在？》，《列宁选集》第 3 卷，第136页。

资本家由掌握经济命脉进而渗透政治领域，由他们亲自或派代表出任政府要职，掌握政权，成为帝国主义国家的真正统治者。而中国垄断资本的形成则恰恰与此相反，它是从政治渗透到经济的。大地主大买办的政治代表先攫取政权，然后凭借其政治力量在经济不发达的条件下，利用政府投资的名义直接建立起国家垄断资本，从而控制了全国经济命脉。它并没有经过生产的发展和积聚与集中的过程，而是用超经济掠夺方式直接造成的。自清末"官办"、"官商合办"等名义的事业已具有雏形，北洋政府时期继续发展，到国民党统治时期，财政当局利用国家政权采取发行公债、苛捐杂税、通货膨胀等掠夺手段继续扩大这种官僚资本。抗日战争中他们又利用战时经济统制的手段和办法，更进一步建立与扩大机构，加强官僚资本，如资源委员会、农本局、花纱布管理局、中茶公司等，分别掌管厂矿和各种有关企业，同时在金融方面也形成了官僚垄断的金融体系。当时国民党政权掌握在蒋、宋、孔、陈四大家族手里，他们是中国官僚资本的代表，这样就形成四大家族的经济垄断。抗日战争胜利后国民党政府又没收了大量敌伪产业，把官僚资本发展到最高峰。这个买办的封建的国家垄断资本主义，掌握着全国的经济命脉。到1947年间官僚资本约占中国全部工业资本的三分之二，占全部工矿、交通运输业固定资产的80％以上。官僚资本所控制的"四行二局一库"在全国金融业的存放款总额中占90％以上。

列宁说："国家垄断资本主义是社会主义的最完备的物质准备"①。在中国人民革命胜利以后，人民政府对这种国家垄

---

① 列宁：《大难临头，出路何在？》，《列宁选集》第3卷，第164页。

断资本采取没收的政策，直接建立起社会主义国营经济。

需要指出的是，我们这里所说的国民党的金融垄断，是指国民党在它的统治区的金融垄断。实际上，与此同时，在中国广大土地上还存在另一种与它的性质迥异的金融体系，即革命根据地的人民金融事业。此外，在抗日战争期间，在被日本帝国主义侵占的沦陷区，日伪先后设有伪满洲国的"中央银行"、伪蒙古政府的"蒙疆银行"、北平伪政权的"中国联合准备银行"和南京伪政权的"中央储备银行"等。这些沦陷区的金融机关在日本投降以前，自然也不包括在内。

本章仅从金融方面论述国民党统治中国二十二年间（1927—1949）的主要问题——金融垄断和通货膨胀的历史情况。

第一节　金融垄断组织体系的形成

一、设立中央银行[①]

南京国民党政府于1928年颁布中央银行法，规定中央银行为国家银行，享有经理国库、发行兑换券、铸发国币及经募国债等特权。同年11月中央银行正式开业。当时资本额定为二千万元，由政府以公债形式一次拨足。1935年4月国民党政府为充实该行资金力量，发行金融公债，增加该行资本为一亿元，为当时全国各银行财力之最大者。宋子文当时任财政部长兼中央银行总裁，他在该行开幕时宣称："中央银行为国家银行,顾名思义乃为国家做事,非以营利为目的,与普通银行性质固异,即

---

① 1924年孙中山曾在广州设立中央银行，1926年革命军到达武汉时也设立中央银行，这都是混合业务性质的银行，与本节所述1928年的中央银行不同，也没有连续性。

与它种国有营业机关也不相同。国家银行的业务当以全民的利益为目标，不当以银行自身利益为目标。今日我国所以需要此银行者，其目的有三，（1）为统一国家的币制，（2）为统一全国之金库，（3）为调剂国内之金融。"① 这些话表面上冠冕堂皇，但联系到后来该行成为国民党金融垄断的核心和通货膨胀的源泉的种种事实来看，什么"全民利益"、"非以营利为目的"等等，都是存心欺骗人民的。即在当时也有人指出："中央银行仅有其名，不但与普通银行竞争营业，且以政府命令剥夺它行之营业而归为己手。如一面禁止标金出口，一面央行则大运特运，获利甚巨。"② 中央银行凭借其特殊地位，排挤其他银行，攫取利润的事例，不胜枚举。本来，"只许州官放火，不许百姓点灯"，是在旧社会司空见惯的，不足为怪。当1933年金融危机时期各家银行的利润都有所减少，以上海各大银行而论，最多者也不过获利百万元，一般都在数十万元之内，惟有中央银行独获盈利一千二百万元，如果不与其他银行争利，何能有此巨利？随着国民党政权统治势力的加强，中央银行积累了大量财富，奠定了它垄断全国金融事业的基础。以该行成立时的1928年为基期，到1936年的资产总额达到二十三倍，存款为四十一倍，兑换券发行为二十五倍，纯益达到六十一倍（1934年最高额）。八年间的发展速度是任何银行无可比拟的。

二、控制中国银行和交通银行

中国和交通本为北洋政府时期两个国家银行，早已执全国金融界的牛耳。但在1927年以前主要是商股，其实权握在江浙财阀手中。南京国民党政府建立后，于1927年加入中行官股五

---

① 《中央银行开幕志要》，见《银行月刊》第8卷，11号银行近闻。
② 马寅初《统制金融问题》，《时事月报》10卷2期。

百万元，加入交行官股二百万元，并将两行的总管理处由北京移到上海，以便于就近控制。中央银行成立后，中交两行不再为代理政府金库的国家银行，而分别为特许的国际汇兑银行和全国实业银行。在1927年至1935年的期间内，两行的官股约占20％左右，尚非完全受政府控制，江浙财阀虽然依附于国民党政府，但为了他们自身的利益，在两行业务上也与央行争利，使政府达不到控制全国金融的目的。因此，国民党政府于1935年3月利用美国白银政策在中国所引起的金融危机，修改中国交通两行条例，以金融公债的方式增拨中行官股一千五百万元，连先前投入的官股五百万元，共二千万元，占中行全部资本（四千万元）的一半；增拨交行官股一千万元，前后共计一千二百万元，占交行全部资本（二千万元）的60％。从此，中交两行就为国民党政府所控制，使它们和中央银行联结一起变为"三位一体"的国家银行。当时蒋介石明白表示："三行（包括中央银行）之增加官股，即统制金融之实施。"孔祥熙也承认："政府举措之重要者，莫如改组中、交两行，增加政府资本，俾于救济改革币制之设施上得与中央银行通力合作。"可见国民党政府控制中交两行是实行金融垄断的重要步骤。两行自增加官股后，便利用其具有国家银行性质的特准专业银行的地位，扩展营业。事实上两行依旧经营一般商业银行的业务，与民族资本的私营银行争利，当然在业务竞争上两行都占绝对优势。例如中国银行于1935年正式开放了储蓄部，正当一般银行苦于资金萎缩之际，中行却凭其雄厚资力与特殊地位广泛招揽储蓄，使一般中小银行的储户纷纷转移到中行去开户，这种釜底抽薪的办法给其他银行造成极大的困境。当时的宁波商业银行和江南银行因之倒闭。

三、设立中国农民银行

1933年在"豫、鄂、皖三省剿匪总司令部"的特许下，设有豫鄂皖赣四省农民银行。总行设在汉口，并在四省境内设分支行。这个所谓农民银行是在内战的炮火中设立的，目的是借助银行的作用来加强对广大农民的剥削与压榨。该行曾发行一角、二角、五角三种流通券，由"剿匪总司令部"布告强制使用。国民党政府将中、交两行控制到手后，于1935年6月公布了"中国农民银行条例"，将"豫鄂皖赣四省农民银行"改组为"中国农民银行"，资本由一千万元（当时只收足四分之一）增加到六千万元，蒋介石自任董事长。这个银行是镇压人民革命力量，保护封建制度的直接产物，后来成为国民党四大官僚资本银行之一。

以上中、中、交、农四行，居于金融垄断组织的中心，凭借它们的优势，一方面在国内逐步扩大其外围的信用组织，谋求直接或间接控制金融事业，建立一个无所不包的全国金融网；一方面竭力发展和巩固自己的业务，造成主宰全国金融的实力地位。我们从表十一的统计数字中，可以看出当时这四大银行在全国银行中的地位。

从表十一可知，1936年四行在当时全国一百六十四家银行中几项主要指标所占的比重，计资本占42%，资产占59%，存款占59%，发行兑换券占78%，纯益占44%。总起来说，四行的实力约为全国银行的一半以上。

四、设立中央信托局和邮政储金汇业局

1935年4月由中央银行拨款一千万元设立中央信托局。该局章程规定的业务范围极为广泛，包括储蓄、采办、保险、信托甚至农贷等业务，是当时国内最大的信托机构。我国信托事

290

中央、中国、交通、农民四行在全国银行中所占的地位

（表十一）　　　　　　　　　　　　　　　　实数单位：元

年　　度		1934年	1935年	1936年
实收资本	实　数	136,715,650	166,915,750	167,500,000
	指　数	100	122	123
	占全国百分比	40%	45%	42%
资产总额	实　数	1,904,430,406	3,072,636,046	4,288,150,128
	指　数	100	161	255
	占全国百分比	44%	56%	59%
各项存款	实　数	1,267,514,962	2,106,260,976	2,676,366,658
	指　数	100	166	211
	占全国百分比	42%	56%	59%
发行兑换券	实　数	408,937,936	676,841,045	1,270,221,400
	指　数	100	166	311
	占全国百分比	66%	78%	78%
纯益	实　数	17,959,326	14,537,622	21,998,020
	指　数	100	81	122
	占全国百分比	45%	39%	44%

业勃兴于二十年代期间，当时上海一地纷纷设立信托公司和交易所，但其中多数都以投机失败而告破产倒闭。1928年以后各大银行多附设信托部，正常的信托业务才开始发展。自中央信托局成立后，它垄断了巨额的业务，使其他信托公司及各银行的信托部都受到排挤。本来信托公司的业务与银行无甚区别，为什么国民党政府要成立一个中央信托局呢？按照该局理事长孔祥熙的话说："因政府方面有许多事件要委托一个商业机关经理，同时中央银行限于国家银行代理国库的地位，事实上和

291

手续上诸多不便，故将在中央银行下组织一信托事业独立机关……，惟本局为政府设立，当以不与商民争利为原则。"他所谓"不便"，即指中央银行不便于直接向帝国主义国家购买军火武器，而以信托局的名义承办，并从中攫取巨额折扣和手续费。至于所谓"不与商民争利"，颇似"此地无银三百两"，事实上该局包揽保险储蓄业务，处处与商民争利。当时就有人指出："近来中央信托局并收受普通储蓄存款，有活期定期之分，则又兼营一般储蓄业务矣，所望中央信托局善为信托业中之领袖，弗为信托之霸王"[①]，其不满之意溢于言表了。

我国邮政局早于1898年开办汇兑业务，1908年开办储蓄业务，到1929年通汇的邮局及代办所有两千三百多处，办理储蓄的邮局二百多处。由于邮政机构遍及全国，它们的汇兑储蓄业务也伸展到全国城镇。1930年南京政府通过法令设立邮政储金汇业局后，业务更加扩展，并且规定一切政府款项凡中央中国交通三银行未设有分支行之地点均由邮汇局转饬当地邮局代为办理，如1935年政府颁布法币政策，不准使用现金，该局即协助中、中、交三行办理代收硬币换发法币，向全国广大地区乃至穷乡僻壤搜刮了大量财富。

以上所述的四行二局是国民党政府官僚资本的大本营，是四大家族控制全国金融事业的利器，这是在半殖民地半封建社会中发展起来的封建买办势力垄断全国金融体系的总枢纽。

五、设立中央合作金库

抗战期间，沿海地区相继沦陷，这些地区的金融机构，都把相当大的资金力量抽调到西南和西北一带，集中到重庆、昆

---

① 朱斯煌《对于我国目前信托事业的感想》，《银行周报》第962号。

292

明、贵阳、西安、兰州等较大城市。众多的银行挤在几个城市，必须给资本另谋一条出路，于是向农村的小城镇开展业务。由此，金融资本开始向广大农村发展。这时中、中、交、农四行向各省地方当局要求划分农村放款地盘。国民党政府还在各省开始创立"合作金库"的组织，在抗战胜利后的1946年扩大为全国性的组织，设置"中央合作金库"，在各省设分库，资本的半数由国库拨付，其余由中国农民银行及各省县合作金库拨款。这样，国民党政府就垄断了全国合作事业的金融活动，因而后来人们对国民党垄断金融组织称为"四行二局一库"。发展县镇农村金融合作事业本身应是件好事，但是在国民党统制下的农村放款多半经过地主富农之手，以高利贷形式转贷给农民，因此农民受到的剥削更为严重。所以，金融资本向农村发展不但没有什么好作用，反而破坏农业生产力，维护着旧生产关系，并使农村高利贷更加猖獗。

六、控制商业银行和钱庄

国民党政府既已掌握"四行二局"，还不满足，又运用各种办法，通过四行把势力侵入许多商业银行，从而把它们直接或间接地控制在政府手中。它所采取的方式有多种：（1）加入股金采取官商合办方式，例如1929年控制了中国国货银行，1931年控制了新华信托银行；（2）利用1935年的金融危机，以救济和补助为名，控制了中国通商银行、四明银行和中国实业银行；（3）利用收买方式，例如广东银行原是著名的侨商银行，1935年受经济恐慌袭击而周转不灵，被宋子文收买加以改组吞并；（4）利用人事改组进行间接的控制，拉拢江浙财阀一些重要人物，给他们以高官厚禄，从而对他们所经营的浙江兴业、浙江实业、上海等银行渗进官僚势力。至于北四行虽未被四大家族

293

直接控制，但在业务上也不能不依赖"四行二局"的扶持。这样，中国一些重要的商业银行就都落入国民党的金融垄断网中了。

自废两改元以来，钱庄已失去操纵两、元兑换的主要业务，境况日趋没落。1934年下半年中国白银大量外流，银根吃紧，上海地价狂落，一向以地产"道契"为重要营业的上海钱庄业多数陷于周转不灵，这时国民党政府以救济危机安定市面为名，令中、中、交三行借款一千八百万元，由财政部组织"钱庄监理委员会"，对上海钱庄进行管理监督，因而这一封建性质的信用机构也受到国民党官僚资本的控制。其后法币政策的实施又把钱庄业的存银搜刮殆尽，许多钱庄相继停业或改组为银行，从此，钱庄便不再是中国金融市场的一支重要力量了。

在以"四行二局"为中心的全国垄断金融体系形成的过程中，外国在华银行的势力并无丝毫减弱，因为国民党政府所控制的中国金融体系是在国际金融资本和其在华外国银行的支持下建立起来的。蒋政权的财政经济命脉，中国币制的改革和纸币的发行权，实际上都操纵在国际金融资本手中。据孔祥熙当时供认："我国纸币在国外之准备约有美金一亿二千万元在纽约，有二千五百万镑在伦敦，估计约合法币八亿元之谱"，可见国际金融资本在背后控制的力量。事实说明帝国主义在华的金融投资在三十年代后不但没有减少，反而大量增加。外国银行在华的金融投资到1936年，即国民党金融垄断体系已基本上建立的时候，猛增为七亿五千四百万美元。这一方面说明帝国主义对中国金融侵略的加强，另一方面也意味着国民党政府金融垄断的本身就是符合外国在华银行之利益的，它是旧中国半殖民地半封建更加深化的产物。

294

第二节　四联总处和中央银行的业务

中央银行成立的初期虽名为国家银行，但其实力并不很强大，分支机构的设立还不多，基本上限于上海和长江流域的几个大城市，其业务活动的能力和范围都比不上中国、交通两行。中交两行被改组后，虽特定为专业银行，但仍经营一般商业银行业务。两行都是完全独立性质，并不受中央银行的指挥。加以当时各大私营银行都依附于不同的政治派系，它们都各自谋求本身利益，业务上相互矛盾，明争暗斗，所以那时的中央银行并非名副其实的发行银行和银行的银行。国民党政府为了巩固其统治地位，便千方百计地加强中央银行的权力，造成它的垄断核心地位。

一、中、中、交、农四行联合办事处的设立

国民党政府为了进一步垄断全国的金融事业，于1937年抗日战争开始时，为适应特殊环境的需要，设立中、中、交、农四行联合办事处于上海，并在各地设立分处。1938年，总处迁移重庆。1939年10月根据国民党政府公布的"战时健全中央金融机构办法"改组四行联合办事总处，总处设理事会作为最高决策机构。蒋介石自任理事会主席，央行总裁孔祥熙（后为宋子文）为副主席，中、交、农三行的董事长、总经理，以及财政、经济、粮食、交通等部的部长为理事。财政部授权四联总处理事会在战时得对四行作便宜之措施。理事会下设"战时金融"和"战时经济"两个委员会。金融委员会设发行、贴放、汇兑、特种储蓄、农业金融、收兑金银六处，经济委员会设特种投资、物价、平市三处。同时改组各地联合贴放委员会为四联分支

295

处。四联总处和分支处的重要任务，是全国金融网的设计和分布，法币发行的调度与发行准备的审核，各行局存款、储蓄、放款及投资的指导和考核，联合贴放的管理，各地汇兑的调度，特种储蓄的推行，战时物资的调剂以及后方农贷的推进等等。从它的组织和任务来看，四联总处实际上成为全国最高的金融经济机构。

1942年蒋介石发布"加强统制四行"的手令，四联总处根据他的手令拟订办法，各行一律遵行。其重要者有下列等项：

（1）"统一发行办法"。从1942年7月1日起所有法币发行业务，统由中央银行集中办理，并规定中、交、农三行发行法币的准备金全数交中央银行接收。（2）"统一四行外汇管理办法"。规定外汇的统筹管理及用途的考核，除由财政部办理外，所有收付都集中在中央银行调拨。（3）"集中银行准备办法"。四联总处原于1941年12月规定"管理银行暂行办法"，各银行经收的存款以20％为准备金①转存中、中、交、农四行的任何一行。1942年6月四联总处理事会通过补充办法改由中央银行一家收存，其他三行过去所收存的此项存款准备金，一律转存中央银行。（4）"四行业务划分办法"。规定中央银行除钞券发行、统筹外汇、代理国库、调剂金融市场等国家银行所固有的业务外，凡中、交、农三行及其他金融机关的重贴现重抵押或同业以抵押抵放方式透借款项及特准政府机关的贷款等，也一

---

① 此项应缴中央银行的存款保证准备金之额限，战后有所变动。根据国民党政府1947年9月1日颁布《银行法》之规定,商业银行应以活期存款的5％—15％,定期存款的5％—10％缴存中央银行。实业银行、储蓄银行应提存的比例均有不同额度。

律由中央银行承做①。

四联总处在完成上述金融垄断的步骤后，于1948年撤销，所有这些控制金融的职务，都由中央银行担负下来。由此可见，四联总处设立的过程就是为加强中央银行作准备打基础的过程。国民党政府运用政治强力，扶植中央银行，使它凌驾于其他金融机构之上，成为一个绝对的金融核心，以达到国民党政府全面统制金融事业的目的。

二、中央银行的业务

现代世界各国无论其社会制度和政权性质如何，都设有国家银行，虽然其名称和组织形式不同，但它们都执行各自国家的金融政策，包括代理国库、统一发行货币、管理金银外汇、控制信用和调剂金融市场等项任务。国民党政府的中央银行既然是国家银行，当然要实行其政府的货币金融政策以维护其政权和巩固其政治统治，这是不言而喻的。我们研究中央银行的历史就要看它是否真的完成了现代国家银行的任务，以辩证唯物论的方法，根据当时事实，从金融角度上分析其成败的原因与结果。所以我们这里仅就中央银行本身应有的职责来论述其经营的情况。

（一）统一代理国库业务

1939年国民党政府《公库法》颁布以前，中国、交通两行都有权代理国库业务。当时国家税收都由征收机关向纳税人征收，自行缴入银行，再由银行解缴国库。征收机关的经费开支在所收税款内"坐支抵解"。这是沿袭了北洋政府的旧章程。抗日战争以后财政支绌，国民党政府乃于1939年7月公布《公库

① 关于四行业务划分参见《中中交农四行业务划分及考核办法》，《金融法规大全》，第76页—78页。

法》，规定一切税收应由纳税人直接向当地代理国库银行缴纳；一切支出由中央银行凭财政部签发的支付书拨付给领用单位，领用单位必须将款存在央行的公库帐户，领用时应开具公库支票。这套收支管理办法比过去严密，自然减少了些漏洞。在此"公库法"中明确中央银行的国库局代理国库总库，各省分别代理分库，其他分行代理支库。凡未设中央银行分支机构的地方，由央行国库局委托中国、交通、农民三行及邮局代理支库。这样，就形成一个由中央到省、市、县的国库网，这对于整理国库收支和增强中央银行的财力，无疑地起着很大的作用。

中国、交通和农民三行与中央银行的关系是很微妙的，它们之间并没有被领导和领导的关系。既然是独立的，因而这三个银行在受委托代理国库收支方面也从中谋求它们自己的利益。由于中央银行设立的分支机构很少，造成了三行利用代理国库的身份进行套用国库款的机会。例如通过截留代收库款，不及时解交或将库款转为普通存款等手法，使大量的国库款留存中、交、农三行，补充了它们的营运资金，甚至通过这三行辗转流入其他商业银行和钱庄，成为冲击市场的资金力量。国民党当局对此睁一眼闭一眼，不加制止。从这点看，中央银行并未彻底执行其统一代理国库的业务。

（二）统一货币发行

1935年11月国民党政府实行法币政策的时候，曾规定中、中、交三行所发行的兑换券为法币，换言之三家银行也都赋予了发行纸币之权（稍后又增加中国农民银行），当时尚未达到由中央银行集中统一发行的目的。直到1942年7月国民党政府发布"统一发行办法"，中央银行才成为统一的发行银行。然而中央银行也从此成为国民党政府予取予求的外库，即当财政部收支不敷之时，中央银行即增发法币来垫支。1942年尚未统一发行之前，全国法币发行额约为二十四亿元，其中以中国银行发行额占多数，至中央银行统一发行后，一年之间发行额猛增一倍多，此后每年都几倍以至几十倍、几百倍的增加，因而中央银行就成为恶性通货膨胀的源泉。

（三）管理外汇和抛售黄金

中央银行对外汇的管理权是在抗日战争末期直至抗战胜利后才取得的。根据四联总处1942年"统一四行外汇管理办法"的规定，外汇的统筹管理及用途的考核，除财政部办理外，所有外汇收付应集中中央银行调拨。这自然削弱了其他三行自由运用外汇的权力。其后无论是本国商业银行或外商银行，都要经过中央银行授权特许，才能经营外汇业务，称为"指定外汇银行"。虽然当时拥有极大势力的外商银行如花旗、汇丰等从幕后操纵黑市，对官价外汇也有影响，但中央银行能拥有外汇管理权，则在一定程度上改变了战前外汇行市完全由外商银行操纵的局面。从这个意义上看，是有积极作用的。但是国民党政府在法币急骤贬值之际，有一段时间还维持其官价外汇，这就便利了官僚资本企业和权贵人物套购廉价外汇，大发国难财，其间中央银行扮演了一个可耻的角色。

国民党政府对待黄金的政策常是"出尔反尔"，失信于民的。1935年实行法币时，只宣布白银国有，人民仍可持有黄金，当时的银钱业及金银店等都可自由买卖黄金。抗战爆发后于1939年就规定金类的收购专由中、中、交、农四行办理。到1943年6月又恢复黄金的自由买卖，并由中央银行委托中国农民银行和中国国货银行公开挂牌出售黄金。牌价不断提高，而

299

311

黑市比牌价涨得更快，不久被迫停止出售黄金。1944年中央银行又委托中、交、农三行及中信局、储汇局办理黄金存款及法币折合黄金存款，翌年又停办。

日本投降后黄金价格曾一度大跌，国民党政府财政部指示重庆中国银行挂牌买卖黄金，1946年初由于东北金价远高于内地，于是大量游资流入内地，特别集中到重庆，争购黄金，引起秩序大乱，又迫使中国银行停止买卖黄金。这时黄金黑市猖獗，成为一般投机者追逐的对象。在物价飞涨中，黄金起着带头作用。到1946年2月政府又公布"中央银行管理外汇办法"，其中规定黄金得自由买卖，中央银行并得察酌市面情形，随时买卖之。从此中央银行就公开配合外汇市场的开放，负责吞吐黄金。这时通货膨胀已达极恶性程度，上海的黄金外汇黑市如脱缰之马，疯狂上涨。中央银行企图抛售黄金压低金价，不但毫无效果，反而损失了刚从美国借来的大量金砖，助长了投机活动。后来中央银行又以棉纱棉布等物资抛售到市场企图平抑物价，也不见效，同样给投机商带来良好机会。中央银行抛售黄金平抑市场物价的政策，全告失败。

（四）集中银行存款保证准备金

在资本主义国家一般都规定普通商业银行应将其所收存款按一定比例数额缴存国家银行集中管理，这有两种用意：一是当商业银行资金遇有困难，不能应付存户提取时，则国家银行可以资助其渡过难关；二是法定存款准备金集中于国家银行，增加了国行的资力，可以强化其控制信用市场的能力。可见这种办法如实行得宜还有其积极作用。国民党政府1935年颁行的《中央银行法》，本有收管各银行法定准备金的规定，但直到抗战初期事实上并未实行。1941年国民党政府为加强其金融统

300

制，才强令各行庄向中中交农四行中的任何一行缴存此项存款准备金，并由收存行给以适当的存息。1942年6月又改由中央银行一家收管。据统计，截止1946年11月底中央银行所收管的存款准备金已达法币七百五十余亿元。这项巨额资金大大加强了央行的力量，虽然也协助过私营行庄克服周转上的困难，起了一些稳定金融市场的作用，但中央银行却借此限制了私营行庄的信用能力，更进一步地控制了全国金融事业。

（五）建立划拨清算制度

1933年上海银行界曾联合组织票据交换所办理当地行庄间的票据交换业务。按说，此项业务本属中央银行的职责。但直到上海沦陷后，中央银行才在其设有一二等分行[①]的地方开办了票据交换所。在这些地方，各银行钱庄都要在中央银行开立帐户，保有一定余额，作交换差额划拨之用。抗日战争胜利后，上海及其他各大城市都建立起这样的由央行集中办理的票据交换所，并订立了各种规则。这对于行庄相互授受票据的清算工作提供许多便利，有助于它们之间的资金往来及划拨清算。应该说这是一件好事，虽然这仅仅属于技术组织的方面。

（六）重贴现和公开市场业务

现代资本主义国家的国家银行有一项重要的业务活动，即以重贴现及公开市场业务，调剂金融市场，也就是说，由国家银行控制市场有价证券和黄金的价格及制订重贴现的利率，借以调剂银根的松紧，影响其他银行业的放款利率和投资规模，

---

① 中央银行当时在上海、天津、北平、广州、西安、青岛等地设一等分行，济南、郑州、太原、长沙、南昌等地设二等分行，承德、合肥、西宁、宁夏、西康等地设三等分行，这是结合行政区划和当地经济发展情况区别的。据1946年统计一等分行18个，二等分行24个，三等分行41个，共83个分行。

来实现政府在不同时期的金融政策。当时中央银行仿效外国的办法也规定有重贴现、转质押、转押汇等，调剂金融市场的业务，但总的说来，这些业务都未能有力地开展。我国证券交易向不发达，上海、北京、天津等地的证券交易所的买卖除公债券外，只有少数几家企业的股票，其余多数证券是"有行无市"，而且证券交易中绝大部分是投机性质。中央银行所掌握的国民党政府公债充作发行钞票的准备尚属不足，自然没有力量对市场吞吐。且因公债信誉不佳，如央行抛售则市价定会一落千丈，政府信用反更降低。至于票据流通在中国并不普遍，一般商业银行的贴现业务本就很少，中央银行的票据重贴现则一般更不予办理。当时该行曾有少量的转抵押放款，即由商业银行以其抵押放款的保证向央行进行重抵押以通融资金。不过当时资力较强的商业银行和中交两行也都做这类重抵押放款，似属同业往来的性质，并非中央银行的独有业务。当时一般私营行庄多在同业之间相互拆借，万不得已才找到中央银行。

总之，中央银行对调剂金融市场方面，并没有起多少积极作用。它对待一般商业银行不是抱着扶持引导的方针，而只顾一味地限制和排挤，以达到它垄断金融的目的。当时中交两行因非国民党嫡系银行也同样受到中央银行的许多限制和阻碍。所以从中央银行担负的调剂金融市场的作用来看，它并不配称为"银行的银行"。

（七）中央银行对财政的垫款

国民党政府统治下的中央银行和财政部是平行机构。它们之间的关系是中央银行代理财政公库收支和经理公债，按道理讲分工是明确的，但在旧中国，人的关系可以高于一切，宋子文和孔祥熙两人前后任财政部长时都兼任中央银行总裁，两个

302

机构的权力集于一身，在筹措政府经费时则左右逢源，挹此注彼，所以事实上中央银行与财政部却是二而一，一而二的。后来俞鸿钧任财政部长时，虽不兼央行总裁（由张嘉璈担任此职），但部行之间已形成的传统关系依然未变。这种关系集中表现在财政收不抵支时即由中央银行垫款。按外国通例，中央银行提供垫款给政府必先履行一定的手续和保证条件，如垫款的额限和期限，追加预算案的成立，偿还办法等等。国民党政府原先也有一套先开国库证再垫款的手续，后来由于财政支出不断扩大，收入日益减少，财政支出都赖中央银行先行垫借，于1939年制订一个由行政院长用"紧急支付命令"拨款的办法，财政部只要接到政府的紧急命令，立即通知中央银行国库局拨付，也不管其当时有无库款。这当然只有用发票子来应付需要。抗战末期紧急支付命令越来越多，法币越发越滥，到实行金圆券后，几乎全部财政支出都是紧急命令拨款。及至淮海战役以后，中央银行发行局连准备钞票也来不及，往往从印刷厂刚刚运到，尚未清点即被领款单位强行领去。这样，中央银行对财政无止境的垫款，即形成无止境的通货膨胀。国民党政府利用中央银行发行纸币的特权，欺骗人民，搜刮财富，这比税收公债等财政办法更为直接而迅速，对人民的剥削压榨也就更加残酷！

综上所述，国民党政府的中央银行控制了全国金融事业，形成金融垄断，而其支配权则完全操在以四大家族为代表的封建买办阶级手中。如果说在中央银行建立的最初几年间对铸币的统一、发行的集中和公库制度的建立等还算有一点"成绩"的话，那么，这些"成绩"也正为后来的通货膨胀摧残国民经济，残酷剥削人民创造了条件。至于抗战末期和抗战胜利以后中央银行的所作所为就简直是罪恶了！这当然是国民党政府反共反人民的政策所造成的结果，不能把一切罪行都归中央银行负责，更不可因此而否定中央银行这一现代国家的金融制度。

第三节　通货膨胀第一阶段

　　根据马克思主义政治经济学的理论，通货膨胀具有下列三个标志：第一，纸币发行超过了商品流通的需要；第二，通过物价上涨和金银外汇价上涨表现出来的纸币贬值；第三，纸币贬值引起国民收入重新分配，加强了对劳动人民的剥夺。国民党政府继续十二年之久的通货膨胀不但完全具备以上三个标志，而且表现得最为充分，其影响之恶劣和广泛，在中国货币史上是空前的，在世界历史上除第一次世界大战后的德国马克外也是不能相比的。现将这个通货膨胀史实，分作1937年至1945年和1945年到1949年两个阶段叙述。首先介绍1937—1945年抗日战争阶段的情况。

一、法币膨胀和一般物价上涨的概况

　　自国民党政府1935年11月实行法币改革后，即大量增加发行。据统计，1934年底全国主要银行发行的兑换券（包括中、中、交三行及其他主要商业银行）总计约五亿六千余万元，到1936年1月即宣布法币改革办法之后两个月的总发行量已达七亿八千余万元，发行额增加的绝大部分是中、中、交三行的法币。到1937年初法币发行额已达十三亿。抗日战争前夕约计发行额为十五亿，比法币改革前约增一倍多。然而在这两年多的时间内，法币流通情况尚属正常，外汇尚能按规定汇率自由买卖，一般物价也很少波动。这是因为币改后原有的大量银元退

304

出流通界，代替这部分银币流通的法币在客观上是必要的，所以法币虽有增发，并未超过流通中货币的需要量。待抗战发生后，华北华中大批居民向西南迁移，法币逐渐集中于几个大中城市，因而这时的物价已有上踊趋势，但其幅度仍不很大。自1939年以后国民党政府连年财政入不敷出，收支差额愈形悬殊，加以沿海、中原、湘桂军事屡屡失利，财源枯竭，发行公债的办法已行不通，便开动印刷机大量印制法币了。纸币无限制的发行，引起物价无止境的上涨，二者互为因果，一发不可收拾。兹将法币发行和物价上涨的概况列表如下（以1937年6月底为基期）① ：（见表十二）

从表十二中各项数字可知，抗日战争初期的二三年间，法币膨胀的形势已很明显，物价也随之上升，但在1939年以前物价上涨速度都赶不上法币发行增长速度。在这一短暂时期内国民党政府对法币发行的数量和速度尚能有些控制。如果真正地实行"有钱出钱，有力出力"、"合理负担"、"全民抗战"的原则，发展内地生产，改革财政税制，还不致酿成以后不可收拾的地步。无如国民党反动派倒行逆施，不顾人民死活，借口战时财政困难，积极实行通货膨胀政策，所以到1940年以后物价上涨的速度就大大超过法币发行的速度了。

自1940年以后，绝大部分的国库支出都靠中央银行垫款。其大致情况如表十三② ：

---

① 表十二发行数字及重庆物价指数系根据中央银行发行局及该行经济研究处的内部资料，其中一部分曾经发表过，但数字并不完全相符。本表每年仅摘录六月及12月以示例，每月详细数额可参见吴冈编《旧中国通货膨胀史料》，"伪法币发行统计"和"重庆基要商品趸售物价指数"两表。

② 表十三列数字是根据朱偰《我所亲眼看到的通货膨胀内幕情形》一文，载《文史资料选辑》，第49辑。

（表十二） **法币发行和物价上涨的概况**

年　　　月	法币发行累计额 单位：亿元	发行指数 1937年6月=1	重庆物价指数（主要商品批发物价总指数）1937年6月=1
1937年 6月	14.1	1.00	1.00
1937年12月	16.4	1.16	0.98
1938年 6月	17.3	1.23	1.03
1938年12月	23.1	1.64	1.04
1939年 6月	27.0	1.91	1.20
1939年12月	42.9	3.04	1.77
1940年 6月	60.6	4.30	3.36
1940年12月	78.7	5.58	10.94
1941年 6月	107.0	7.59	17.26
1941年12月	151.0	10.71	28.48
1942年 6月	249.0	17.65	43.10
1942年12月	344.0	24.40	50.98
1943年 6月	499.0	35.38	112.50
1943年12月	754.0	53.46	200.33
1944年 6月	1,228.0	87.07	544.70
1944年12月	1,895.0	134.36	548.60
1945年 6月	3,978.0	282.58	1,533.00
1945年 8月	5,569.0	394.84	1,585.00

（表十三）　　　　　　　　　　　　　　　　单位：百万元

年　　　度	国库支出总数	中央银行垫款数	银行垫款占支出的百分数
1940	5,425	3,834	70.67％
1941	10,892	9,443	86.70％
1942	26,602	20,081	75.49％
1943	63,351	40,857	64.49％
1944	182,831	140,090	76.62％
1945	1,266,437	1,043,257	82.38％

　　从表十三可知，由于国库支出和中央银行垫款逐年增加，造成连年的巨量发行，使得法币迅速贬值，物价跳跃上升。人

306

们对国民党的政治、经济和军事已完全失去信任，为了免遭法币贬值的损失，普遍产生重货轻币思想，纸币一到手就要立即购买实物，工业囤积原料，商业囤积物货，各种投机活动也日益猖獗。1942年"关金券"大量出笼，以关金一单位等于法币二十元的比率流通于市面，开大额钞票的先声。以后则百元、五百元、千元的大面额法币也涌进市场。在这种情况下，物价飞速上涨，其速度远远超过法币的增发。到1945年8月抗战结束时，通货膨胀的幅度为三百九十四倍，而物价上涨已达到一千五百八十五倍（重庆），计超出四倍多。

二、法币贬值中的外汇和黄金政策

抗日战争初期，国民党政府财政部颁布"非常时期安定金融办法"，限制企业和私人提取银行存款，规定每次提取的限额及间隔时间，借以防止资金外逃。当时平津已落入敌手，上海也于1937年冬沦陷，津沪外商银行和中交两行及私营大银行都设在租界内，仍继续营业，做外汇买卖。当一般商民因受提取存款的限制无法以存款变成外汇之时，而国民党权贵人物和大资产阶级则可以利用特权以法币大量购买外汇，使巨额资金外逃。1938年3月10日，日本在华北设立伪"中国联合准备银行"（简称伪联银），大量发行"伪联币"，强迫与法币同价行使（后来两次压低法币价值使每元等于联币九角和七角）。由于日伪以联币换得法币套换外汇，天津中交两行才被迫停止出售外汇（这时两行总管理处已迁至香港），但当时上海中外银行仍继续维持法币的外汇价格，故华北资金仍大量南移。外汇因供不应求，黑市渐渐出现了。国民党政府财政部于1938年3月12日公布"外汇请核办法"，规定凡需要外汇者，必须说明理由，申请核准后，才得向银行购买外汇。从这时起，开始实行外汇管制。然而这一办法既不能阻止日伪套取我国外汇，又不能限制国民党权贵的资金外逃，却阻碍了正当工商业者对外汇的需要，于是他们只能求之于黑市。同时日伪也用种种办法搜刮沦陷区的大量法币在黑市中套购我国外汇，因而外汇黑市逐步上涨。1938年4月，美金黑市为一美元等于法币三元七角五分（超出官价四角二分多）。这时，战前用白银换来的外汇即将用罄。1938年10月，中国银行曾拨出英金一百万镑暗中维持法币的外汇行市，但当时通货膨胀已露出势头，购买外汇者日多，黑市仍不断上涨。1939年3月国民党政府又与英国共同组织"中英外汇平准基金委员会"，由中国、交通两行供给五百万镑，汇丰、麦加利两行借给五百万镑，继续维持法币汇价。当时英汇已由一先令二便士半降为八便士又二分之一了。这时所谓维持汇价是保持法币一元值八便士又二分之一，并不是1935年规定的汇率了。1940年4月，又由中国银行拨出美金两千万元，并商得英国借款五百万镑，美国借款五千万元，组织起"中英美外汇平准基金委员会"，继续供应外汇，但不再维持八便士又二分之一的汇价，而是觅取"自然水准"了。

这一时期，中国的外汇中心事实上是在香港。自抗日战争爆发后，官僚资本银行的总管理处即由上海移到香港，一些私营的大银行也加强了它们在香港的业务。而且那时"平准基金委员会"的英国和美国委员们也在香港。当时香港的进出口贸易额成倍地增涨，外汇活动十分兴盛，因此香港就成为中国外汇业务的重心。香港的金融资本既可遥控沦陷区的分支行，又能与国民党统治区的分支行相呼应，形成沪、港、渝战时金融的三角线，而以香港为枢纽，作为当时外汇的吞吐口。这种金融三角线的局面一直维持到1941年12月8日太平洋战争爆发，日军占领香港和占领上海租界，才告结束。

1942年外汇市场的重心开始内移。该年7月国民党政府向美国政府借到五亿美元，放弃法币对英镑的联系改为单与美元联系，确定法币对外汇价为每一美元等于法币二十元。由于在此以前，中国银行已按二十比一的汇价进行交易，所以这次规定的汇价只是承认既成的事实。此项"官价"外汇直到抗战胜利，都没有正式变动过。但外汇黑市却飞速上涨，更加猖獗。1943年6月美金黑市（重庆）每元涨到法币五十八元，1944年6月涨到一百九十二元，12月为五百四十二元，1945年6月突破一千元大关后仍继续上升不已。黑市与官价外汇如此悬殊，给国民党权贵和金融资本家们提供了资金外逃和发财致富的机会，他们以官价买进外汇，以黑市卖出，转手之间可获巨利。

当时国民党政府想利用上述的五亿美元借款来稳定法币币值，指定其中一亿美元作为发行"美金节约建国储蓄券"的基金，另以一亿美元作为"同盟胜利美金公债"基金。储券和公债都按照法币二十元折合美金一元的比率用法币购买。美金储券的绝大部分都由豪门巨富和银行钱庄购去，"四行二局"的高中级职员也分润了一些。储蓄券到期即可兑付美金，购买者皆获暴利。美金公债发行时也被权贵和金融界捷足先登，其中一部分由孔祥熙作人情分配给他的亲信，因分赃不均，营私舞弊的行为被揭穿，社会舆论大哗。后来此项债券到期，当局不得不以外汇牌价折合法币支付。从这类事件中可知国民党吏治的败坏已达极点。

自法币改革后，国民党政府对于黄金的交易未曾有任何干涉，到1939年8月才公布"取缔收购金类办法"，规定"金类的收购专由中、中、交、农四行收兑金银处指定四行的分支行及其委托的各地金融机关、银楼、典当等办理，未受委托的任何团体、机关、个人均不得收购金类，违者没收"。同时还规定应切实遵守中央银行公定牌价收兑，不得抬高抑减。同年9月又公布"加紧中央收金办法"，不许银楼业收购生金，10月又取缔各银行钱庄典当业接受金质器饰或生金的抵押放款。当时各金类收兑处收兑极少，由于持金类者多抱惜售心理，门庭冷落，自开始到结束共收得金类仅有七十万两。但当出售黄金时，情况却恰恰相反，都争先恐后地抢购，形成黄金热潮。这在通货不断膨胀的情况下是当然的现象。

前述的五亿美元借款成立后，国民党政府即从其中提出两亿美元，按每盎司黄金折合美金三十五元价格向美国国库购入黄金五百七十万两，利用这批黄金实行自由买卖政策，表面上是要售出黄金，回笼法币，但实际上却为国民党权贵和金融巨子提供了发国难财的机会。原先由中央银行委托中国国货银行和农民银行办理出售黄金事宜，售价由中央银行随时通知两行照办，当时出售的价格和数量均未公开，外界鲜有知者，自然都为权势人物购去。大量金砖（每块重四百盎司）却化公为私，落入豪门巨贾私囊。1944年黄金牌价曾由每两一万七千五百元改为二万元，1945年3月又调高至三万五千元。这次调价自然又事先为内部有关人员探悉，他们在先一日下午银行停止营业前买进，甚至挪用公款买进，睡了一夜，翌日银行开市牌价挂高，立获巨利。这就是当时轰动社会的黄金舞弊案。

1944年9月中央银行举办"法币折合黄金存款"。此项存款定期为半年、一年、二年、三年不等，存款时按当日中央银行黄金牌价折合法币存入，规定到期本金以黄金支付，另有利息以法币支付。这种存款开办以后吸引了广大存户，包括中、小资产

310

阶级各层人物，他们多数是为了避免法币不断贬值而做此存款的，但当此项存款到期时，宋子文下令中央银行，凡法币折合黄金存款户，一律扣减四成作为捐款，对存户们进行公然的欺骗与掠夺。其不公平不合理固不待言，而国民党政府的中央银行失信于民，也莫此为甚。

如上所述，抗战后期的黄金官价虽屡次提高，但黑市却比它涨得更快。至于美汇价格自规定为每一美元合法币二十元的官价后，一直延续到抗战结束才有变化，更与法币对外汇和黄金的贬值程度相差太远。黑市价格虽然包含着投机因素，却能近乎事实。现将1942年至1948年上海和重庆两地的美钞和黄金黑市价格，列表于后以供参考①：（见表十四）

第四节　通货膨胀第二阶段

抗日战争结束时，各地物价和黄金、外汇价格普遍猛烈下跌。1945年8月胜利前夕，重庆物价总指数已涨到1937年基数的一千五百八十五倍，到9月份即跌落到一千二百二十六倍，10月份更下降到一千一百八十四倍。1945年7月，重庆黄金黑市曾涨到每两十九万九千零七十五元，8月跌至十一万一千四百二十四元，9月更跌至六万六千七百二十八元。重庆美钞价格1945年7月已涨至每一美元合法币二千八百八十九元，8月即跌到一千七百四十五元，9月更跌到九百六十八元。这一切都说明当

---

① 表十四摘自吴冈编《旧中国通货膨胀史料》，第141—151页表。原表中重庆美钞与黄金的黑市价格无指数。本表中1937年1～6月重庆的一美元值法币数和一两黄金值法币数的两个指数，是按上海的价格计算的，两地差别不大，更不影响考察指数的变化。

311

（表十四）

美钞与黄金的黑市价格 （1942年6月—1948年8月）

日期	上海 一美元值法币数	指数 1937年1—6月为1	一两黄金值法币数	指数 1937年1—6月为1	重庆 一美元值法币数	指数 1937年1—6月为1	一两黄金值法币数	指数 1937年1—6月为1
1942年6月	33.50	10.05	2,209.10	18.95	—	—	3,350.00	28.74
12月	—	—	5,146.15	26.98	—	—	5,100.00	43.76
1943年6月	—	—	5,430.40	46.58	58.88	17.72	6,933.00	59.48
12月	—	—	—	—	85.40	25.70	13,849.60	118.82
1944年6月	—	—	20,966.67	179.83	192.00	57.78	19,500.00	167.30
12月	885.76	265.70	73,057.10	626.60	542.20	163.16	35,132.10	301.42
1945年6月	25,040.00	7,512.00	—	—	1,381.30	415.66	120,348.90	1,032.54
12月	1,213.04	363.9	73,137.40	627.30	1,354.00	407.44	84,770.80	2 29
1946年6月	2,578.00	773.4	189,979.20	1,629.00	2,625.00	789.91	197,648.00	1,695.73
12月	5,910.00	1,773.0	316,760.00	2,717.00	5,787.00	1,741.41	332,272.00	2,850.74
1947年6月	32,826.00	11,048.0	1,918,255.00	16,453.00	35,900.00	10,802.94	1,795,627.00	15,405.65
12月	149,615.00	44,885.0	8,500,600,000.00	72,905.00	154,500.00	46,491.74	9,258,077.00	79,430.09
1948年8月	11,088,000,000.00	3,326,400.0	539,600,000.00	4,628,184	—	—	437,695,652.00	3,755,229.73

312

324

时严重的通货膨胀得到一个喘息的机会。而且那时国民党政府手中还握有黄金四百万两，美汇九亿元，又从沦陷区接收了大量敌伪产业，这对于整理金融稳定法币都是有利条件。但由于国民党的反动本质决定他们不可能这样做，相反，却更进一步勾结美帝，出卖国家主权，发动反人民的内战，继续实行通货膨胀，使全国人民在八年抗战之后陷入更悲惨的境地。当时毛泽东同志曾指出："在中美商约的基础上，美国的独占资本和蒋介石的官僚买办资本紧紧地结合在一起，控制着全国的经济生活。其结果，就是极端的通货膨胀，空前的物价高涨，民族工商业日益破产，劳动群众和公教人员的生活日益恶化。这种情形，迫使各阶层人民不得不团结起来为救死而斗争。"[1]

一、抗战胜利后法币继续膨胀和物价上涨的情况

抗战胜利，国民党反动派为了发动反人民的内战，解决庞大的军费开支，他们变本加厉地继续实行其恶性的通货膨胀政策。1946年预算支出为二万五千亿元，而实际支出则为五万五千亿元，超过预算一倍以上，其中军费支出约占总支出的三分之二。巨额赤字完全靠增发法币弥补。五千元、一万元大额钞票陆续出笼，同时还印发大量的二百、五百、一千面额的关金券。随着国民党反动派发动的反革命内战日益扩大，法币的发行数量也更加庞大，其对内对外价值一落千丈，从此就进入了第二阶段的通货膨胀。

现将1945年至1948年8月21日法币膨胀和重庆、上海两地

① 毛泽东：《蒋介石政府已处在全民的包围中》，《毛泽东选集》合订本，第1121—1122页。

物价总指数上升的情况列表于下①:(见表十五)

（表十五） 　　1945—1948年法币膨胀和物价上涨情况统计表

年　　　月	法币发行累计额单位：亿元	发行指数1937年6月=1	重庆主要商品批发物价总指数1937年6月=1	上海主要商品批发物价总指数1937年6月=1
1945年12月	10,319	731	1,404	885
1946年 6月	21,125	1,497	1,716	3,723
1946年12月	37,261	2,641	2,687	5,713
1947年 6月	99,351	7,096	9,253	29,931
1947年12月	331,885	23,537	40,107	83,796
1948年 6月	1,965,203	139,376	455,080	884,800
1948年 8月21日	6,636,946	450,000	1,551,000	4,927,000

　　从表十五所列数字可见第二阶段法币膨胀的速度远比前一阶段为快，物价上涨程度也更为惊人。八年抗战期间，以1937年6月为基期，至1945年8月日本投降，法币发行增加三百九十四倍，物价上涨一千五百八十五倍。而三年内战期间，仍以1937年6月为基期，至1948年8月，法币发行的指数增加到四十五万倍，重庆物价上升至一百五十余万倍，上海物价上升到四百九十余万倍。抗战刚结束时上海比重庆物价低，国民党政府迁都南京后，上海又复为全国金融中心，游资汇集，投机猖獗，物价就逐步高过重庆了②。

　　通货恶性膨胀，物价飞速上涨，于是法币面额便以十万、五十万地扩大，1948年关金券五万元大钞（等于法币一百万元）

---

　　① 表十五资料，分别摘自吴冈《旧中国通货膨胀史料》的"伪法币发行统计"、"上海基要商品豇售物价指数"、"重庆基要商品豇售物价指数"各表。为简明起见，各数只取整数部分，小数点后未作四舍五入处理。

　　② 据中央银行所编批发物价总指数，截至1948年8月21日各地上升的情况大不一致，昆明约上升三百四十余万倍，广东约上升五百八十余万倍。当时市场情况混乱，无法调查，很多是估计数字。

314

也出笼了。纸币发行达到天文数字，物价却比它更快地飞上了天。当时有人比喻说，战前够买一头牛的法币现在还买不到一根火柴。这话并不夸张，如果较细地计算恐怕只能买三分之一根火柴。物价如此飞涨，而且瞬息数变，致使国民党政府1948年度的概算都无法匡计了。

二、外汇和黄金

外汇行市在抗战结束后曾一度跌落，但到1946年初即又恢复上涨，而且涨势猛烈。国民党政府于是年2月宣布废除原有官定汇率（一美元等于法币二十元），并自3月4日起对美汇率定为二千零二十元，同时还设置五亿的外汇基金，开放外汇，实行公开买卖，意图以美汇稳定法币价值。但是外汇基金不久就枯竭了，外汇黑市跟着又发生了。1947年2月国民党政府又将外汇率提高为每一美元折合法币一万二千元，但黑市仍然存在。这次开放外汇还不到一年的时间，就动用了美元四亿多元，英镑一千七百多万镑，港币二千七百多万元。

从1947年8月19日起外汇汇率划分为两种，一是官价汇率，仍为美金一元合法币一万二千元；另外中央银行还有一种官定市价，为每一美元合法币三万九千元，相当于官价的三倍多。官定汇率虽经提高，但黑市依然猖獗，是年9月上海美钞一元的黑市为五万多元，1948年3月为四十多万元，到8月间达到一千多万元的惊人数字。这时法币价值小到无法计算，市场交易大都以美金、港币计价流通。

关于这一时期的黄金政策，自抗战结束后的1945年至1947年2月以前基本上实行的是自由买卖的办法。由于日本投降后黄金市价大跌，重庆中国银行在这一时期曾以八万五千元合一两的价格购进黄金六十八万五千多两，以八万九千元的价格售

315

出二十二万多两，使国民党政府增加了少许黄金储备。到1946年初由于各地黄金价格大涨，大量游资涌进重庆争购黄金，中国银行于是年2月间被迫停止黄金买卖，改由上海中央银行以公开方式配合外汇市场的开放，负责买卖黄金。这时人们早已看到法币价值有一落千丈不可收拾之势，都争先购买黄金，哪里还有人向该行出售黄金！因此国民党政府从美国运来的大量金条又失去不少。国民党政府迫不得已放弃其以黄金维持法币的政策，于1947年2月颁布"取缔黄金投机办法"，其主要内容为禁止黄金条块及金饰的买卖；禁止以黄金代替通货作为交易收付之用；禁止携带黄金条块出国境；凡持有黄金的人得向中央银行兑换法币等项规定。但所有这些规定只是一纸空文，黄金黑市买卖愈形炽热，大宗交易均暗中以黄金条数计算。中央银行既然只买不卖，也就无人肯以黄金向该行兑换法币。加以国民党政治腐败，贪污贿赂之风公然盛行，反人民的军队又节节败退，一切办法都无法阻止物价的飞涨和法币的崩溃。

三、金圆券的发行及其崩溃

随着解放战争的节节胜利和国民党反动统治的濒于崩溃，法币已走到绝境，无法维持。国民党政府为了作垂死挣扎，妄图用发行"金圆券"的方法苟延残喘，并对人民再进行一次残酷的搜刮。"金圆券"的发行标志着法币的崩溃，也标志着国民党反动统治的即将垮台。1948年8月20日国民党政府宣布实行"金圆券"①的要点如下：

"(1) 自即日起，以金圆为本位币，十足准备发行金圆券，限期收兑已发行之法币及东北流通券。(2) 限期收兑人民所有

---

① 国民党政府发行金圆券的"命令"、"办法"和"修正办法"，见吴冈编的《旧中国通货膨胀史料》，第99—122页。

黄金、白银、银币及外国币券，逾期任何人不得持有。(3) 限期登记管理本国人民存在国外之外汇资产，违者予以制裁。(4) 整理财政并加强管制经济，以稳定物价，平衡国家总预算及国际收支。基于上开要旨，特制定(1) 金圆券发行办法，(2) 人民所有金银外币处理办法，(3) 中华民国人民存放国外外汇资产登记管理办法，(4) 整理财政及加强管制经济办法，与本法同时公布。"

以上各项规定办法不必逐一详述，其中最重要者可归纳为下列各点：

第一，每一金圆的法定含金量为纯金零点二二二一七克，由中央银行发行金圆券，十足流通使用。所有以前发行的法币按三百万元折合金圆一元，东北流通券按三十万元折合金圆一元，限于1948年11月20日以前，无限制兑换金圆券。金圆券的发行准备必须有40％为黄金、白银及外汇，其余以有价证券及政府指定的国有事业资产充之。

第二，金圆券发行总额以二十亿为限。

第三，各银行钱庄、企业单位和人民持有的黄金、白银、银币或外国币券应于1948年9月30日（后外汇展期到10月31日，白银银币展期到11月30日）以前，向中央银行或其委托的银行，依下列各款规定，兑换金圆券：(1) 黄金每市两兑换金圆券二百元，(2) 白银每市两兑换金圆券三元，(3) 银币每元兑换金圆券二元，(4) 美国币券每元兑换金圆券四元，其他各国币券照中央银行外汇汇率兑换金圆券。违反规定不于限期内兑换者，其黄金、白银、银币或外国币券一律没收。

第四，全国各地各种物品及劳务价格应照1948年8月19日各该地各种物品及劳务价格，依照兑换率折合金圆券出售，由

317

当地主管官署严格监督执行。

以上四点规定集中反映了国民党政府完全要用政治强力来推行金圆券和维持物价的稳定，但经济问题不是政治压力所能解决的。何况人民对风雨飘摇的国民党政府早已失去信任。从各种规定中也可以明显地看出这是一个大骗局，例如金圆券规定了含金量，但黄金已收归国有，当然不会有金圆流通，则含金量不过是虚设用来欺骗人民的。如果说它是金汇兑本位制，但又不能自由买卖外汇，可见金圆券除一张纸外，并不代表任何价值。人民既然深受过法币的灾难，谁还情愿以手中金银外币去兑换金圆券？但又害怕"违者没收"，甚至被投入牢狱，当时迫于严令也有人把金、银、外币兑换成金圆券。据中央银行统计，自1948年8月23日到10月31日以金圆券兑进的金、银、美钞、港币、菲币等约合一亿六千五百余万美元。这是国民党政府继法币搜刮白银后的又一次大规模的抢夺民间财富。

金圆券原定发行额以二十亿为限。1948年8月底，金圆券发行额为五点四四亿元，9月底增至十二点零二亿元，10月底增至十八点五亿元，11月底增至三十三点九五亿元，三个月内已超过预定限额，金圆券膨胀五倍，物价也随之飞腾，限价政策完全失败。国民党政府自知情况不妙，于同年11月11日公布"修正金圆券发行办法"，把发行限额取消，改为"金圆券总额另以命令定之"。这就等于说，可无止境地发行。同时还"修正人民所有金银外汇处理办法"，准许人民持有金银外币并把金银外币的兑换率提高五倍，而当时黑市已超过了五倍。这样一出一入之间就使老百姓的积蓄化为乌有。尤其骗人的是还将金圆券的含金量减为纯金四点四四三四公毫，简直是形同儿戏。国民党政权之所以降低金圆券的含金量和改换其兑换比率，用意在于趁此最后机会再捞一把金银外币。然而人民刚刚受过欺骗，后悔不及，岂肯再次上当？所以这次反动政权的搜刮企图一无所获，完全失败了。

随着金圆券无止境地印发，千元、万元、十万元、五十万元的大面额票也相继出现。1948年12月金圆券的发行额已达二百余亿元。这时人民解放军已解放东北，旋即克复平津，南京国民党政权已日落西山，奄奄一息。各地都发生抢购物品的风潮，商店货架上空空如也，暗地则以银元交易。至1949年5月4日上海宣告解放时，金圆券发行总额已达二十九万四千七百二十二亿元。仅九个月就几乎变成废纸，在世界货币史上是最短命的货币了（不算后来的银元兑换券）。

现将这一期间上海和重庆金钞价格上涨的情况列表于下：（见表十六）

国民党政权逃往广东后，全部金圆券的灾难都落到广州、重庆、福州、贵阳等地的人民身上。当时西南各地已普遍使用银元，故银元市价比黄金涨得更猛，例如1949年6月国民党四川省政府宣布银元一枚等于金圆券七亿五千万元，而重庆银元黑市每元兑换金圆券二十五亿元，金圆券比废纸还不如。法币在金圆券发行前夕还只要六百万元换银元一元，比起后来金圆券的崩溃情形，也只能算小巫见大巫了。西北西南各省这时已拒用金圆券，这个被蒋介石用来作为最后一次搜刮工具的金圆券，终于随着蒋政权的覆灭而完全崩溃。

马克思在分析纸币流通规律时指出：过去国家"制造铸币只是把自己的印记加在金上，现在国家似乎用自己的印记的魔术点纸成金"。"可是，国家的这种权力纯粹是假象。国家固然可以把印有任意的铸币名称的任意数量的纸票投入流通，可是

（表十六）

美钞与黄金的黑市价格（1948.8—1949.5）

日期	上海 一美元值金圆券数	指数	一两黄金值金圆券数	指数	重庆 一美元值金圆券数	指数	一两黄金值金圆券数	指数
1948.8	3.70	1.11	179.9	1.54	—	—	146	1.25
9	4.00	1.20	200.0	1.72	—	—	216	1.85
10	11.69	3.51	591.9	5.08	—	—	479	4.11
11	38.54	11.56	2,054.3	17.62	—	—	1,281	10.99
12	75.69	22.71	3,835.4	32.90	—	—	3,788	32.49
1949.1	289.00	86.70	15,959.1	136.9	—	—	15,238	130.70
2	1,854.00	556.20	96,750.0	829.8	—	—	94,250	808.39
3	8,697.00	2,669	439,769.2	3,772	—	—	477,115	4,092.25
4	734,873	220,462	35,383,960.0	303,490	—	—	15,710,400	134,749.12
5（第一周）	4,833,333	1,450,000	243,333,333.3	2,087,086	—	—	203,750,000	1,747,576.90

它的控制同这个机械动作一起结束。价值符号或纸币一经为流通所掌握，就受流通的内在规律的支配。"[①] 法币和金圆券开始是依靠国民党政府的强制力量投入流通，然后它们就受纸币流通的内在规律支配不断而且迅速地贬值，最后同这个政权的强制力量一齐宣告结束。

最后还要附带一提，即国民党逃到广州的小朝廷为了苟延残喘，竟异想天开地恢复银本位制，于1949年7月发行"银元兑换券"，声明十足准备，无限制兑现，并规定各色银元（龙洋、袁头、中山币、墨币、澳币等）一律等价流通行使。这时人民早已看穿这个骗局，不愿意接受银元券，即使被迫接受，也是过手不留，立即向中央银行兑现，使该行银元券朝发夕回。人民解放军宣布不收兑银元券的声明，又给它当头一棒，于是西南各地纷纷拒绝使用银元券，连国民党军队也拒用了。不久，垂死挣扎的银元券就与国民党政权一齐在大陆上崩溃了。

第五节 通货膨胀对国民经济的影响

一、损害劳动人民的国民收入再分配

列宁曾经指出："滥发纸币是一种最坏的强迫性公债，它使工人和贫民的生活状况急剧恶化"[②]。在通货膨胀的情况下，工人阶级工资的提高大大落后于物价上涨的速度，因此造成实际工资的下降和工人阶级的日益贫困化。根据中央银行各项主要物价上涨统计资料和名义工资提高的情况来分析，1943年前后，重庆工人的实际工资只及战前的69％。到1945年后，很多地区

---

① 马克思：《政治经济学批判》，《马克思恩格斯全集》第13卷，第109--110页。
② 列宁：《大难临头，出路何在？》《列宁全集》第25卷，第343页。

按官方公布的生活费指数发放工资，但这种指数的编制方法含有故意压低的因素，它远远落后于生活物品价格的实际上涨程度。例如，1948年7月上海批发物价指数（零售指数缺）已涨到二百六十万倍，而当时公布据以发放工资的生活费指数只有一百六十二万倍，相差甚大。而且当时物价一日数涨，工人领到工资后转瞬之间就遭受货币进一步贬值的损失。据一般估计，1948年工人阶级的实际生活水平尚不及战前的30％。

除去工人阶级之外，凡是依靠固定工资或薪金生活的广大阶层，如职员、公务人员、教员等等，也都同样遭受通货贬值的灾害。

农民在通货膨胀中也遭受极大的剥夺，因为在物价上涨中工农产品交换价格的剪刀差迅速扩大。据中央银行统计，在通货膨胀期间，原料品即农产品的价格上涨慢于制成品即工业品价格的上涨。例如按1945年8月重庆物价指数，农产品中食物上涨一千五百八十五倍，而工业品的纤维上涨三千一百五十一倍，燃料上涨四千八百六十四倍，金属上涨二千七百七十四倍。由于农产品价格上涨落后于一般工业品价格上涨的程度，所以农民的实际收入也必然下降。如以1937年为准，农民实际收入1939年下降到64％，到1943年则下降到58％。

当工人、农民和其他劳动人民因通货膨胀而更为贫困化的时候，剥削阶级却从中混水摸鱼，发财致富，当时称为"发国难财"。最明显的是商业资本家，他们靠囤积居奇，投机倒把，并在商品、黄金的买卖中大发横财。工业资本家在工业产品价格上涨而工人实际工资降低中，提高了他们对工人阶级的剥削率。加以他们通过囤积大量工业原料，亦工亦商，使利润倍增。此外，大的工商业资本家当时也能在外汇方面取得利益。

至于银行资本家都把大部分资金用于商业投机，从中获得高额利润，而且它们在黑市外汇和黄金的投机买卖方面也处于有利地位。

总之，法币和金圆券膨胀的后果是使国民收入实现再分配，这种再分配有利于剥削阶级而严重地危害了工农和其他劳动人民。

二、官僚资本在通货膨胀中搜刮巨大财富

以四大家族为代表的官僚资本工商企业，利用其政治、经济、军事上的特殊权力，在抗日战争时期，实行经济统制，得到大规模全面的发展，在通货膨胀的狂澜中混水摸鱼，大搞各种投机活动，利用政府垄断，囤积大量商品，哄抬物价。他们成立了许多"专卖公司"，以国营为名，暗地化公为私，营私肥己。这些专卖公司包括粮食、棉花、纱布、燃料、香烟、火柴、食糖、食盐及各种工业器材数十种，以"官价"收购各种产品，甚至以低于成本的价格强制收购，但各种专卖公司出售产品时却并无"限价"，而且比非专卖品的价格上涨更快，起着带头提高物价的作用。这些专卖公司转手之间获利数倍。

国民党政府经济部所属的资源委员会管辖的厂矿企业在抗战时期有很大发展，胜利后又接收了许多敌伪经营的煤矿、钢铁、电机、水泥、稀有金属等重工业，成为官僚资本主义工业企业的大本营，在全国工矿企业中形成垄断地位。此外国民党政府在此期间还成立了复兴公司、中纺公司、中茶公司等，也大量攫取垄断利润。这些官僚资本的公司厂矿利用"四行二局"的优惠贷款，以日益膨胀的法币换取国内主要出口物资，如钨、锑、大锡、桐油、茶叶等，剥削生产者，然后输出国外换取外汇。这些都成为它们的专利。

323

四大家族还把大量外汇低价供应他们自己经营的企业，如杨子公司、孚中公司等等，用来大量进口美国货。特别是在抗战胜利以后，美国各种商品占据了国内市场，从而使他们获得巨额的买办利润。

黄金买卖也是四大家族经营活动的主要目标，他们是黄金的垄断者，又是金价的决定者，无论抛出或买进，总是他们得利。1945年和1947年在重庆和上海发生过巨大的黄金案，引起社会上轩然大波，当时迫于舆论，国民党政府不得不惩办几个走卒，而其上层人物，却早把巨量黄金运出国境或变成外汇，并在国外治产了。

国民党反动派及其爪牙们除在抗战时借美金储蓄券和美金公债捞了一把之外，战后又以整理公债为名乘机再次发财，1946年宋氏家族在上海放出风声说战前公债优惠还本，一时公债黑市（当时交易所已停止公债买卖）价格上涨，超出票面达八十倍，四大家族及其他有关人员乘机大量抛出空头，然后宋子文发表谈话，仍按票面价值偿还。当时竟有十余家行庄因此而倒闭。投机事业本来就是大鱼吃小鱼，而四大家族连大鱼都是要吞掉的。

总之，中国的四大家族掠夺中国人民二百亿美元的财富，实为中国历代帝王所莫及，然而他们穷凶极恶的面貌也彻底暴露在中国人民面前，使人们认识到，要停止通货膨胀的残酷剥削，必须推翻国民党反动派的统治，历史的发展也终于证明了这一点。

三、正当民族工商业濒临破产

中国民族工商企业的基础极其薄弱，不仅受到帝国主义和官僚资本主义的欺压与打击，而且遇到长达十二年之久的通货

324

膨胀，使它们经常处于风雨飘摇之中。当时各种物价的波动已不能用简单的供求规律来解释，其中搀杂着许多影响因素：如投机倒把、囤积居奇、交通运输、战争形势、人口流动以及人们消费心理的变化等等，都使在不同时间和地区的各种物价上涨极不平衡，而且此伏彼起诡谲难测。例如1942年12月重庆各类主要物价指数与1937年比较，食物上涨五十倍，纤维上涨七十六倍，燃料上涨一百三十九倍，金属上涨二百八十二倍，建材上涨一百零三倍；而同一时期的上海物价指数的上涨就缓慢得多，计食物上涨五十一倍，纤维上涨二十一倍，燃料上涨七十一倍，金属上涨九十三倍，建材上涨四十七倍，可见不同地区各种物价上涨程度的差别很大。但到1947年12月，物价上涨又出现另一种差异。当时重庆物价指数上涨情况（基期不变）是：食物上涨三万五千一百倍，纤维上涨十万一千二百倍，燃料上涨七万三千五百倍，金属上涨十九万六千九百倍，建材上涨二万六千一百倍；而同一时期上海各种物价的上涨情况则剧烈得多，计食物上涨七万八千四百倍，纤维上涨二万九千七百倍，燃料上涨十八万六千五百倍，金属上涨二十二万四千七百倍，建材上涨十万八千四百倍，可见不同时期各地区物价上涨程度也大为悬殊。抗日战争期间重庆是全国经济中心，胜利后全国经济中心又移回上海，故以这两个地区为例。至于其他地区在不同时期的物价上涨情况，也各有很大差异。从整个物价来看可说是逐月上涨的，但有的物品在飞涨之后继之出现短暂的回落，这种情况就更为复杂了。

在这种错综复杂而又瞬息万变的市场物价的情况下，工商企业的命运是极难掌握的，获利者固多而赔累者亦复不少，这决定于资本家是否能抓住时机。一般讲来，从事于工业者因从

325

购料到制出产品所用的时间较长，耗资较巨，因而风险也较大，有时制品销售的所得，尚不足以弥补其所耗用的而已涨价的原料，所以那时很多制造业都兼营商业，或转为商业资本。因商业经营比较灵活，可随时适应市场的变化情况。然而经营商业也不是稳操胜算的。由于在通货膨胀中各种货物上涨的程度不平衡，也常发生赔本买卖。总之，当时工商企业在年终结算时，往往帐面上的货币盈余很多，而实存原料货物却在减少，即所谓"虚盈实亏"。在这样情况下，工商业多趋于投机之途，故当时有"工不如商，商不如囤，囤不如金，金不如汇"的说法，这虽是一般资本家感叹之词，但也确为当时事实的写照。

抗日战争胜利后的二三年内大量美国货物充斥国内市场，民族工商业被压得喘不出气。民族资本家们原抱有战后重振家业，恢复繁荣之希望，这时已全成泡影。在国民党政府进行反人民的内战的同时，继续实行通货膨胀政策的情况下，厂商纷纷倒闭，呈现一片萧条景象。

四、民族金融资本的衰落

法币和金圆券的恶性膨胀使正常的金融业务经营越加困难，这主要表现在银行存款来源的缩小，帐面上存款数字尽管亿万倍地增长，但其实值却猛烈下降。私营金融业还同时遭受"四行二局"的侵夺，在存款总额中所占的比例也大幅度下降。1936年全国私营银行的存款约有十五亿元，占全国银行存款的30％以上，而战后的1946年，全国私营银行存款已不到同期"四行二局"存款的十分之一，即全国90％以上的存款都集中到官僚资本银行帐上了。在私营银行中以金城、上海两家收揽的存款最多，但它们也和别的银行同样遭受到很大挫折。例

326

如金城银行1936年的存款总额约占同期"四行二局"存款的6.5%，到1948年上半年则只占0.6%，存款绝对数虽然高达一万一千七百六十八亿元，但折合黄金仅值一万多两，不及战前存款的1%。上海银行对"四行二局"的存款比例也由1936年的7%，大幅度下降到1946年的0.8%。在通货膨胀期间银行存款的构成也发生变化，战前一般银行的定期存款约占存款总额的70%左右，抗战爆发后，随着通货膨胀的加剧，定期存款比重逐渐缩小，而活期存款的比重却越来越大。以金城银行为例，1946年活期存款比重已达71.2%，1948年更增至93.1%。当时各行庄的存款构成大致都有类似的变化，那时的活期存款实质上是工商业必须保留的过夜资金，流动性极大，行庄很难加以运用。

存款来源减少，可资运用的定期存款下降和货币实值的贬低，必然使银行放款能力大为削弱，对工商业的放款日益减少。当时放款利率由于物价飞腾的影响，虽高到为正当工商业难以承担的程度（1948年赔息有高达月息50%者），但也常抵不上货币贬值所带来的损失。于是银行往往把资金贷给它们自营的企业，更多的是进行商业投机和金钞买卖。这样，银行不但不能促进工商业的发展，反而对国民经济起着破坏性作用。正当的工商企业既然奄奄一息，则金融行业必然随之衰落，纵使少数行庄从投机事业中一时得利，然而"皮之不存，毛将焉附"！最后仍不免陷于没落境地。

仍以放款业务最多的金城银行为例，该行在1937年6月各项放款总额为一亿一千零八十三万元，约为其存款总额的70%，折合黄金为九十七万一千三百四十一两。1941年放款总额为一亿七千五百四十四万元，约为其存款总额的58%，折合黄金为

327

十三万二千四百一十八两。此时通货膨胀尚未到恶性程度，而其存款的运用率已有降低，放款的黄金价值大幅度减少。到1945年6月该行放款额为十五亿一千三百六十七万元，约为其存款总额的36％，折合黄金仅有四百八十三两，只有1937年的放款额折合黄金数量的4.8％。素称经营最得法的金城银行，其情况尚且如此，其他行庄的业务就更等而下之了。

那时国民党当局把私营行庄看作扰乱金融物价的罪魁祸首，对它们施加种种限制和打击，但国人皆知，当时政治、经济和军事的反动政策才是造成恶性通货膨胀、物价飞涨、商业萧条、民不聊生的真正根源。私营行庄从中混水摸鱼，推波助澜，但比之四大家族和达官显贵们，不过是小巫见大巫而已。

在通货膨胀中整个民族资本金融行业的总趋势虽然是日渐衰落，但也有少数行庄在通货膨胀的第一阶段得到畸形发展和暂时的"繁荣"，例如"北四行"中的金城银行，"南三行"中的上海银行。它们都以资金的主要部分自设商业公司从事投机活动，暗中吸收金钞存款，大力经营外汇买卖，曾从中获得暴利。上海银行特别重视对美国在沪企业的放款，并以大量外汇在国外进行投资，曾于1945年在美国设立了"中国投资公司"、"华懋保险公司"、"克莱斯公司"等等，企图与外国资本家合作，借以保存并扩大其外逃资金。然而国民党政权的迅速崩溃，使其美梦随之化为泡影，最后上海银行只是以一百万美元增加了香港分行的资本。金城银行在通货膨胀的第二阶段已急剧衰落，最后也将仅存的部分外汇资产转移香港经营。

另外还要补充的一点，是随着通货膨胀的发展，无论是曾为沦陷区的上海或蒋管区的重庆，投机事业都极狂热，银行钱庄经营货币资本，更具备有利条件，因而新设的银行钱庄不断

328

增加，1947年间仅上海一地就有银行一百九十五家（战前七十三家），钱庄二百二十六家（战前四十八家），信托公司二十家（战前六家）。重庆一地战前银行钱庄总共不过二十余家，而抗战结束时，银行竟达九十四家，钱庄、信托公司等有二十四家。这些行庄设立的目的，完全是为了经营金银、外汇和从事商业投机，不能算作真正的金融事业。随着解放战争的进展，绝大部分新设的行庄也都纷纷倒闭了。

第十三章　革命根据地的金融业

在帝国主义和国内反动派统治中国的漫长岁月中，全国笼罩着一片可怕的黑暗，然而这时却有一股星星之火逐渐扩大成燎原之势，终于燃遍全国，冲破黑暗势力，照亮了中国大地。中国社会经济的变化也正是这样，当半殖民地半封建经济束缚中国的时候，却有一种独立自主和进步的经济力量，由小变大，由弱转强，随着革命形势的胜利发展，日趋壮大。

第二次国内革命战争时期，随着革命根据地红色政权的诞生，革命根据地银行建立了，这是中国共产党领导的新民主主义性质的金融事业。革命根据地的银行，作为财政经济方面的重要组成部分，在漫长曲折的战争年代里走着一条曲折艰险的道路。但新的金融事业和革命进程一样，从小到大，由分散到集中，在最后取得全国胜利后，终于建立了统一的、独立的、稳定的金融事业。

革命根据地银行的历史，大体上可以分为以下三个阶段：土地革命战争时期的产生和成长；抗日战争时期的扩大和发展；解放战争时期的进一步发展壮大，直至取得全国胜利。下面分节叙述三个阶段的基本情况。

第一节　革命根据地银行的建立

一、革命根据地政权的诞生和银行的建立

在第二次国内革命战争时期，中国共产党领导的革命根据

330

地先后建立起来。革命根据地政权建立之后，为着保障军队的给养和供给，改善人民的生活，必须进行各项必要的和可能的经济建设事业。其中一项重要的措施，就是建立银行，发行货币。根据中国人民银行金融研究所的调查统计，在土地革命战争期间，海陆丰、湘赣、中央、闽浙赣、湘鄂赣、湘鄂西——湘鄂川黔、鄂豫皖、川陕、陕甘等九个根据地先后建立的银行及其他信用机构共有五十七个，发行纸币、布币、银币、铜币、兑换券、流通券、信用券、存款券、信用条、股票等共二百一十七种①。

革命根据地最早建立的银行是海陆丰的劳动银行。1927年广东省东部海陆丰一带农民，在共产党的领导下，举行武装起义，建立了红军和革命政权，开辟了海陆丰革命根据地。1928年2月，海陆丰苏维埃人民委员会为调剂金融，发展社会经济，建立了这所银行。

毛泽东于1929年2月率红四军到达赣西南东固，和当地地方武装胜利会师，建立了政权。8月，成立了东固平民银行，并发行纸币。银行开办时，由红军二四两团捐助四千元，并向当地党员干部借了一部分作为基金。1930年赣西南政府把平民银行扩充为赣西南政府的银行，并在兴国、永新设立分行。随着根据地的日益扩大，纸币流通也不断扩大，银行对促进赣西南的经济发展，发挥了显著的作用。

1929年毛泽东、朱德率红四军解放了长汀、龙岩、永定后，开辟了闽西革命根据地，1930年3月建立了闽西工农兵政府。同年9月闽西政府决定设立工农银行，发行货币。工农银行总

---

① 见刘鸿儒《社会主义货币与银行问题》，第15页。

行设立在龙岩，各县设分行，各区乡附设代理机构。闽西工农银行是由群众自己集资建立的。

1930年10月红军攻下吉安后，成立了江西省工农民主政府。由于根据地的扩大，需要扩大货币流通，加强金融管理，原有的东固银行已不适应新形势的需要，于是，同年11月建立了江西工农银行，并立即发行货币。该行开办时，由江西省苏维埃政府拨给基金计银洋四万元，同时筹集了部分股金。

由1928年7月平江起义建立起来的湘鄂赣革命根据地，发展很快，辖有平江、浏阳、万载、修水、崇阳等二十余县。1931年9月召开工农兵代表大会，在长寿市成立湘鄂赣省工农民主政府，11月建立了湘鄂赣省工农银行，并发行货币。

1929年冬方志敏等在江西东北部建立根据地时，曾设立一个赣东北特区贫民银行。1930年7月赣东北根据地同闽北根据地合并组成闽浙赣革命根据地，并建立政权。1932年设立闽浙赣工农银行。

1931年夏赣西和湘东南特区合并组成湘赣革命根据地，同年10月建立湘赣工农民主政府。经工农民主政府批准，于1932年1月设立湘赣省工农银行。该行以永新、莲花、宁冈等县为其活动的中心区域。

1931年秋，第三次反"围剿"战争取得胜利以后，赣南、闽西连成一片，中央根据地已拥有二十一座县城、二百五十万人口的广大地区。在这种形势下，中央苏维埃政府宣告成立。1931年11月7日在瑞金召开的中华苏维埃第一次代表大会通过决议，成立苏维埃共和国国家银行，任命毛泽民为行长。1932年3月银行正式营业，总行设在江西瑞金城北的叶坪，(后迁沙洲坝，1934年又迁下坡子)。总行下设业务、总务两处，处以下设营业、会计、出纳、管理、文书、券务、金库会计等科。国家银行成立以后，以瑞金为中心的中央苏区所辖各地，在原有银行机构的基础上，分别设立了分行和支行，同时，各个革命根据地在这以前或以后设立的工农银行，也都归并于国家银行，而成为其组成部分。1934年10月国家银行随红军长征转移，到达陕北以后，于1937年改组为陕甘宁边区银行。

各个革命根据地在建立银行的同时，都十分注意发展信用合作社。有的地方是先成立信用合作社，然后在信用社的基础上建立银行。根据地经过废债运动以后，广大农民从地主、富农的高利贷重压下解脱出来，迫切需要新的信贷机构来代替过去的高利贷，于是信用社便应运而生。1934年4月，永定县已建立了九个信用合作社，基金共一万零五百二十八元，瑞金县、兴国县信用合作社亦在同年成立。信用合作社在调剂农村金融、支援农副业生产、打击高利贷等方面，都发挥了重要作用，成为国家银行的得力助手。

革命根据地的银行，属于新民主主义性质，与旧中国的银行，特别是与国民党反动派直接掌握的银行有着本质上的不同。根据地银行是属于全体劳动人民的，而不象旧中国的银行是属于大官僚、大买办、大地主和大资本家的；根据地银行是为革命政权和全体劳动人民的生产事业服务，而旧中国的银行只为少数官僚、买办、地主、资本家及其帝国主义主子服务；根据地银行的组织是民主平等的，而不象旧中国的银行由少数大股东所操纵的；根据地银行受到广大劳动人民群众的爱戴和拥护，而不象旧中国的银行为劳动人民所漠视。革命根据地银行的上述性质，从银行各方面的活动中都明显地表现了出来。

333

二、根据地银行的货币发行与货币流通

革命根据地最初都是建立在边远的贫瘠山区，又处在白色政权的四面包围之中，经济困难很大。因此，根据地建立之后，都要设立自己的银行，发行货币，借以调剂金融，保障军需民用，巩固革命政权。银行建立之初，市面上流通的货币相当复杂，除国民党统治区的中国银行、交通银行、中南银行等所发行的钞票外，还有各种土杂钞和地方军阀发行的不兑现纸币①，以及各种银元、银角和铜元。这种混乱的货币流通，不利于商品的交换，阻碍着经济的发展。在根据地银行发行货币之前，革命政权曾采取暂时的过渡办法，除允许时洋、杂洋一体流通外，还利用旧纸币，加盖革命政府的图记，流通市面，直到工农银行发行钞票以后，这些"暂借券"才陆续收回。

毛泽东率领队伍上井冈山以后，于1928年5月用打土豪缴获的金银在井冈山的上井村办起了"花边厂"，即造币厂，仿墨西哥鹰洋铸造银元。当时根据地留下来的形形色色的假银元很多，为了与他们的银元相区别，造币厂在铸好的银元上戳一个"工"字，表示"工农苏维埃"的意思。"工"字银元比当时通用银元的成色好，品质纯，信用高，受到群众的喜欢。井冈山根据地铸造货币的时间尽管不长（只有半年），铸造数量也不多，但它却标志着根据地自有铸币的开始。

东固平民银行开始发行纸币时（1929年），印发了一元、五角、二百文、一百文四种，后随着业务的扩大，又增发二元一张的纸币。这些纸币是油印的，字迹花纹不够明显，形状、格

---

① 如江西各地都有"裕民银行"（朱培德时代）的钞票、吉安商会的钞票和江西省反动政府主席鲁涤平后来的"兑换券"，还有各县商会的票币。这些货币信用都很差。

式也不美观，但信誉很好，群众很愿意接受。在闽西根据地，到1931年，"闽西工农银行"纸票，除极少部分乡村外，均通行，且信用日益提高；在赣南根据地，江西工农银行的纸币到处通用无阻。

苏维埃共和国国家银行于1932年7月发行统一使用的纸币，分为一元、五角、二角、一角、五分五种。国家银行的纸币发行以后，各地区以前的纸币均陆续收回，兑换新币。在国家银行发行纸币之先，1932年春建立的中央造币厂，曾铸造过相当数量的银元，还有两角毫子，五分的铜板。

根据地银行发行货币以后，为了保证根据地在经济上的独立自主，稳定金融市场，防止现金外溢和敌人套购根据地的物资，禁止土杂钞等劣币在根据地市场流通，并规定严格的办法，限制金银出口。这些办法的实施，保证了根据地金融的相对稳定。

根据地银行发行的纸币，能够币值稳定，流通正常，信誉较高，主要是因为正确地贯彻执行了纸币发行的原则。毛泽东同志在第二次全国工农代表大会的总结报告中曾经指出："这里必须充分注意：国家银行发行纸币，基本上应该根据国民经济发展的需要，单纯财政的需要只能放在次要的地位。"[1] 根据地银行的货币发行，基本上是符合毛泽东同志总结的发行原则的。各银行建行开始即备有相当数量的基金作保障，这些基金的来源，一是群众集股，二是政府或军队拨款。如前述东固平民银行、闽西工农银行和湘赣工农银行等均于建行时筹集了股本或基金。为了保证货币流通的正常，银行资金的运用，主要是用

---

① 毛泽东：《我们的经济政策》，《毛泽东选集》合订本，第120页。

于支持工农业生产和组织商品流通。再有，工农银行备有充分的银元，保证纸币的随时兑现。同时也向持票人宣传，以提高他们对根据地银行纸币的认识和信赖。由于纸币价值稳定，携带方便，群众多愿意用银元兑换成纸币。当时苏区出的刊物《斗争报》第66期上一篇关于川陕根据地纸币流通情况的报道说："苏维埃钞票，境内畅行无阻，且信用极高，群众多自愿以银元存入银行，以其兑现充足故也。"1933年以后，由于王明"左"倾冒险主义的破坏，根据地财政来源十分困难，以致不能维持兑现。但红军长征到达陕北后，根据地货币的流通状况仍然很好。1936年第一个报道我根据地情况的外国记者斯诺曾赞扬说："在稳定的苏区，苏币几乎是到处都被接受的，而且有十足的购买力，物价一般比白区略低。"[1]（当时国民党政府已实行法币改革，全国不再以白银为货币，故根据地也没有兑换银元的问题了。）

各革命根据地到1934年红军北上抗日止，共发行约二十九种纸币，铸造过十几种苏维埃银元和可以流通到白区的银元，还有铜板和毫子，基本上占领了根据地的金融市场。

三、根据地银行的业务

革命根据地银行的业务，除上述发行货币满足根据地市场需要外，还有下述四项业务。

1. 调剂金融，发展社会经济

根据地银行通过吸收存款，发放贷款等业务，调剂根据地的金融，促进了社会经济的发展。

吸收存款是银行活动的基础，根据地银行也不例外。各银行设立以后，便都积极吸收存款，为根据地建设筹集资金。国

---

① 斯诺《西行漫记》，第204页。

336

家银行成立后的头一件工作，就是接受财政部的全部库存，作为往来存款。这部分财政存款在银行的全部存款中占有重要的地位。财政存款（亦即金库存款）的来源，主要是向剥削阶级没收和征发的款项（大约占40％～50％），其次是红军战士、机关工作人员和群众的捐献（包括从白区拥护者那里募来的款项），再次是来自经济建设、贸易等的收入和各项税款收入。除财政存款外，还有机关、企业、部队的存款和个人储蓄。国家银行成立后，党政军各机关和国营企业，必须在银行开设往来存款帐户，借款按透支手续办理。至于对个人储蓄，银行也特别重视。当时的储蓄种类，有定期储蓄、活期储蓄和零存整取储蓄三种。

根据地银行发放贷款的方针，是为发展农业生产、工业生产和对外贸易及发展合作社服务的。当时发放的贷款主要有以下几种：第一，优先对合作社发放无息贷款，促进合作事业。各种合作事业的发展，对于活跃苏区经济作用很大。江西省工农民主政府规定，合作社可按股本三分之一向银行借钱，必要时可将"二期公债"向银行抵押借款。第二，支持农业生产发展的贷款。当时苏区的生产事业，主要是农业生产。银行发放农业贷款，主要用于支持农民购买耕牛、农具、种子、肥料等。第三，支援粮食调剂局的贷款。粮食调剂局是为了调剂米价，提高贫苦农民的购买力，缩小工农业产品剪刀差而成立的。为了支持该局的工作，银行曾为之提供了大量的贷款。第四，支持工业生产发展的放款。当时苏区工业，主要有纸张、刨烟、农具、石灰、药材、樟脑、夏布、钨矿等业。银行对其提供贷款，促进其发展。此外，为了活跃苏区经济，冲破敌人的经济封锁，银行也发放贷款支持根据地的对外贸易，当时主要输出

337

根据地的农副土特产品，输入工业品及其他生活必需品。这里所说的"对外贸易"，是指对根据地以外的国民党统治地区的贸易，在抗日战争时期则指对国统区和沦陷区的贸易，直到解放战争时期大反攻以后，随着口岸城市的相继解放，对外贸易才成了一般意义上所指的对外国的贸易。为支持生产事业的发展，苏区银行均实行低利借贷的原则。第一次苏维埃代表大会通过的借贷条例规定，短期借贷利率每月不得超过一分二厘，长期周年不得超过一分。1930年3月闽西第一次工农兵代表大会曾决定，"往来利息 最高不得超过一分五厘以上"，同年9月又改为最高年利"不得超过一分"。闽西工农银行作如下规定，"放款月利0.6%，定期存款半年以上者，月利0.45%，活期存款月利0.3%，每一周年复利一次"。除上述种种放款外，苏区银行也对政府提供垫款，亦即财政透支，但数量不大。这种垫款在战争环境中是不能绝对避免的。此外，银行和信用社还曾发放少量的生活贷款。

2. 代理国库，代理收税和代理发行公债

为了保证财政统一，1932年下半年开始建立金库，责成国家银行代理总金库，分支行代理分支金库。为了作好金库管理工作，1932年临时中央政府人民委员会颁布了《国库暂行条例》。规定国库之一切收支，均由人民委员部国库管理局来管理，其金库则委托国家银行来代理。总金库、分金库、支金库的主任，由国家银行的总行、分行、支行的行长兼任。国家的税收及所有的现金收入，都应当缴纳给国库的支金库、分金库；各种经费的支出，按照所编预算，经审查批准后，由各金库支出现金。国家银行执行了临时中央政府的规定，设立了相应的组织机构，承担了代理国库的任务。

根据地银行还代政府收纳税款和办理公债的发行及还本付息事宜。中央根据地在1932年到1933年期间，曾发行三期公债。第一、二期是为保证第四次反"围剿"的战争经费而发行的"革命战争"短期公债，发行额分别为六十万元和一百二十万元。由于群众积极认购，两次实发数额均超过了预计数额。第三期为经济建设公债，总额为三百万元。这些公债的发行事宜虽由银行代理，却不象国民党政权那样，全部由银行承销，然后再由银行在证券市场上进行投机买卖。中央工农政府的公债是直接依靠群众和党的政治动员工作而发行的。毛泽东同志在《长冈乡调查》一文中，介绍了该乡推销公债的经验，"长冈乡五千余元公债的推销，全是在会场认购，全不按家去销，全是宣传鼓动，全不强迫摊派，经过四次个别宣传，四次全村大会，而从开始至销完共只有十五天"，而且"群众完全满意"。此外，为适应根据地经济建设和革命战争的需要，在另外一些根据地亦曾发行过一些公债，如湘赣省曾发行二十万元的经济建设公债，闽浙赣省发行过十万元的"粉碎敌人五次'围剿'的决战公债"等，这些公债也都是由银行代理发行的。

3. 打破敌人的经济封锁，解决现金缺乏问题

根据地现金缺乏，是工农民主政府面临的重大经济问题，也是银行要解决的一个重要任务。现金缺乏的主要原因，是敌人的经济封锁和对外贸易的入超。当时根据地需要由白区输入盐、布、煤油、糖、火柴、药品等工业品和日用必需品，输入的价值相当巨大。但出口的物品如米、纸、木柴、樟油、夏布、钨砂等，却因敌人的经济封锁而不能货畅其流，因而入超数额相当大，引起大量现金外流，致使现金日益减少。为解决这个问题，就要打破敌人的经济封锁，扩大对外贸易，防止现

339

金外流。中央工农政府还曾颁布《现金出口登记条例》，以防现金外流。根据地银行除积极参与用行政办法阻止现金外流外，还积极利用信贷，集中社会余资，大力发展经济和对外贸易，冲破敌人的经济封锁，解决根据地现金缺乏的问题。此外，银行也负责收集人民兑换的银器银饰，改铸成银币，以增加市面的现金流通。

4．领导信用合作社，实行低利借贷，消灭高利贷盘剥

在改变封建土地所有制，废除债务，消灭高利贷以后，信用合作社成为调剂农村金融的枢纽。工农民主政府十分重视信用社的发展，于1933年9月颁布了合作社标准章程，并从三百万元公债中拨出二十万元发展信用合作社。国家银行为了扶助信用合作事业的发展，曾对信用社实行低利借贷，帮助与发展信用合作社组织。信用社把部分股金缴存银行入股（有的规定为10％）充实银行股金，还代理银行对私人发行贷款，以及负责兑现和宣传使用根据地银行发行的纸币等。信用合作社成了银行的得力助手。

第二节　革命根据地银行的扩大和发展

一、抗日根据地银行的建立和货币发行

抗日战争时期，由于我党执行了"统一战线中的独立自主"的正确方针，八路军和新四军开赴敌后，开辟和扩大抗日根据地，银行也随着扩大和发展起来。各根据地都设有自己的银行，发行自己的货币，其基本情况分述如下。

1．陕甘宁边区银行的建立和陕甘宁边币的发行

340

陕甘宁边区系原来的陕甘宁根据地。1935年10月中共中央和毛泽东同志率领的中国工农红军主力到达陕北后，成为革命的中心根据地，并为中共中央所在地。抗日统一战线建立后，陕甘宁根据地改称陕甘宁边区，辖有陕西、甘肃、宁夏三省毗邻地区的二十余县。首府设在延安。早在抗战以前，这里就设有中华苏维埃共和国国家银行西北分行。1937年边区政府成立后，改组成陕甘宁边区银行。边区银行总行设在延安，下设绥德、关中、三边、陇东四个分行以及一些支行、办事处等分支机构。

边区银行设立之初，没有发行货币。原中华苏维埃共和国国家银行发行的九十万元纸币也陆续收回，市场上全部使用国民党政府的法币。后来，由于辅币缺乏，1938年3月边区政府批准边区银行以"光华商店"的名义发行"光华商店代价券"，作为辅币使用。代价券面额分为二分、五分、一角、二角、五角五种，后来增发七角五分的一种，随时可兑换法币。1941年1月皖南事变以后，国民党反动派加强了对边区的封锁，边区财政发生了很大困难。于是边区政府决定发行自己的货币，禁止法币在边区境内流通。是年2月授权边区银行发行"边币"，作为边区境内流通的法定货币，同时规定"边币"对"法币"的兑换率为一比一。"边币"发行以后，"光华商店代价券"逐渐收回。1944年西北财经办事处和边区政府决定发行"陕甘宁边区贸易公司商业流通券"，规定"流通券"一元等于边币二十元。自1945年6月1日起，"流通券"成为陕甘宁边区的本位货币，此后边币被陆续收回。

2. 晋察冀边区银行的建立和晋察冀边币的发行

晋察冀边区位于同蒲路以东，津浦路以西，正太、德石路以北，张家口、承德以南的广大地区，包括山西、河北、察哈尔、热河、辽宁五省各一部分地区。1938年3月晋察冀边区银行成立，总行设在山西五台，下设冀中、冀晋、冀察三个分行及各专区办事处。晋察冀边区银行成立后，即发行"晋察冀边币"（边区老百姓也称边币为"抗日票"或"抗币"），并规定边币与法币的兑换率为一比一。1938年6月边区政府下令禁止法币和其他杂币在边区市面流通，边币成为晋察冀边区法定的货币。

3. 晋冀鲁豫边区银行（冀南银行）的建立和冀南币的发行

晋冀鲁豫边区位于同蒲路以东，津浦路以西，正太、德石路以南的广大地区，包括太行、太岳、冀南、冀鲁豫四个区。1939年10月，冀南行政主任公署设立冀南银行，并发行冀南币。1940年上党银行并入冀南银行。冀南银行成立之初，总行设在山西黎城一带，称路西总行，设在冀南区的冀南银行称路东总行。1940年8月，晋冀鲁豫各区集中统一成为晋冀鲁豫边区，冀南银行改由边区政府领导，同时鲁西银行又并入该行。由于冀南银行及其所发行的冀南币已深入人心，于是就以冀南银行作为晋冀鲁豫边区银行，以"冀南币"作为晋冀鲁豫边区的货币。1943年路东总行改为冀南区行，同时增设太行区行，这样路西的冀南银行总行就成为晋冀鲁豫边区银行的总行。

4. 山东抗日根据地银行（北海银行）的建立和北海币的发行

山东根据地包括津浦路以东的山东省大部分，河北、江苏两省的一部分，分为鲁中区、滨海区、鲁南区、胶东区和渤海区五个独立区域。1938年秋天，八路军山东纵队在胶东区的蓬

342

莱、黄县、掖县建立抗日民主政权，并于同年 8 月设立"北海银行"，发行钞票（简称"北海币"）。北海银行总行设在掖县，在蓬莱、黄县设立分行。该银行成立之初，属于公私合营性质，在它的二十五万元的资本总额中，私人股份占十分之七。1939 年以后，山东各县的抗日民主政权相继成立。北海银行总行于 1940 年春迁至鲁中区的临沂，并在渤海区、胶东区设立分行，同时发还私人股本，改为纯粹政府经营的银行。

5. 晋绥边区银行（西北农民银行）的建立和西农币的发行

晋绥边区包括山西西北部和绥远东南部广大地区，东起平绥、同蒲铁路，西到黄河，南迄汾（阳）离（石）公路，北达绥远的包头、百灵庙、武川、陶林一线。1940 年晋西北民主政权建立，5 月，在原兴县地方农民银行的基础上，建立晋绥边区的"西北农民银行"，同时发行西北农民银行钞票（简称"西农币"）。西农币发行之后，逐渐把国民党法币和山西省钞驱逐出根据地，而成为晋绥边区唯一合法的货币。但那里银币却一直在流通，直到全国解放以后。

6. 华中抗日根据地银行（华中银行）的建立和华中币的发行

华中根据地位于富饶的江淮河汉之间，包括江苏绝大部分，安徽、湖北的大部分，河南、浙江的一部分和湖南的一小部分。分为苏北、苏中、苏南、淮北、淮南、浙东、皖中、鄂豫皖八区。为支持抗战，对敌展开经济斗争，华中各根据地于 1941 年到 1945 年建立了"淮南银行"、"淮北地方银行"、"江淮银行"、"盐阜银行"、"大江银行"、"江南银行"等六家银行，且都发行钞票。随着抗日战争的胜利发展，1945 年 8 月六家银行合并组成"华中银行",作为华中抗日根据地的统一金融机构，同时发行华中银行钞票(简称"华中币")，原来六家银行发行的钞票被陆续收回。

二、抗日根据地货币发行的方针

抗日战争时期，各根据地的货币发行，对于发展本地区的经济，支援对敌斗争，发挥了重要作用。尽管在当时艰苦的战争环境中，根据地货币的币值却比较平稳，受到了根据地人民、甚至根据地周围敌占区人民的拥护。其所以如此，是因为在党的领导下，各根据地的货币发行坚持了正确的方针。这些方针，归纳起来主要有：

第一，"发展经济，保障供给"的总方针。1942年12月毛泽东同志指出："发展经济，保障供给，是我们的经济工作和财政工作的总方针。"① 货币发行作为整个财经工作的重要一环，认真地贯彻了这个总方针。这就是，通过货币发行，大力扶持农业和手工业的发展，解决革命军队和工作人员生活费和事业费的供给问题。

当时根据地的生产主要是农业，而发放低利贷款以促进农业生产的发展，是我党的一项重要政策。农业贷款主要用于购买耕牛、农具、肥料等方面。据华北、华中根据地的苏中、苏北、皖中、淮北、太岳、太行、冀鲁豫、晋察冀、鲁中、豫鄂湘赣皖、胶东、鲁南、渤海垦利县、晋西北等十四个地区的不完全统计，仅1944年发放的农业贷款就达二亿二千余万元，此外还发放农业贷粮十七万二千六百大石② 。农业贷款对促进农

---

① 毛泽东：《抗日时期的经济问题和财政问题》，《毛泽东选集》合订本，第846页。

② 1945年1月18日《解放日报》，转引自《历史教学》1980年第2期，第32页。

业生产的发展发挥了重要作用。1942年陕甘宁边区银行对延安等七县八千零二十五户农家发放了一百五十八万元耕牛和农具贷款，加上农民自筹资金一百零三万余元，共买耕牛二千六百七十二头，农具四千九百八十件，增开荒地十万余亩，估计可增产粮食二万六千余担。银行贷款对于促进根据地工业的发展以保障军民的需要，也发挥了重要作用。以陕甘宁边区为例，到1944年7月前后，短短几年时间，纺织、缝纫、造纸、印刷、制药、肥皂、皮革、炼铁、采煤等行业的公营厂矿发展到一百多个，工人一万二千余人。此外，银行发放贷款积极支持对外贸易，换回根据地缺少的物资和工业品。

根据地生产事业的发展，对于克服当时的经济困难，保障根据地军民的供给，发挥了很大的作用，使得银行货币发行中财政透支的比重不断降低，而生产性发行的比重不断上升。这个情况从晋冀鲁豫边区冀南银行历来发行的用途的变化，便可见其一斑。冀南银行历年军政费用透支和生产投资贷款比重如表十七①：

山东根据地的情况更好。在整个抗日战争时期，它的财政收支大体上能够平衡，投放于工商业的发行经常占到发行总额的60％以上。

第二，稳定通货的方针。根据地的货币发行，认真贯彻保持通货稳定的方针。首先，按照市场的需要，发行适当数目的货币。作为不兑现的纸币，它的价值主要决定于它的发行数量。

---

① 《中国近代经济史》下册，第262页。原编者注："其中1941年的数字加起来超过100，显然有错"。

345

（表十七）

年　　份	历年透支占发行的 %	历年生产投资贷款占发行的 %
1940	76.55	23.45
1941	65.48	35.51
1942	53.83	46.15
1943	33.70	66.30
1944		100.00
1945	41.30	58.70

如果货币的发行数量超过市场流通的需要，币值就要下降，物价就要上涨。因此，要保持通货的稳定，必须根据市场的需要，适当控制货币的发行数量。当然，这里所说的保持通货稳定，不能理解为货币毫不贬值（在当时进行战争和有财政发行的条件下，货币不贬值是不可能的）。各根据地在战争紧张的时候，增发货币以弥补财政的需要是正常的现象，这同国民党的通货膨胀有着本质的区别。国民党所实行的通货膨胀政策是反动派筹措反共反人民战争经费和掠夺人民财富的手段。而革命政权通过货币发行所动员的物资则是用于抗日救亡事业，它虽然也反映为人民负担的加重，但这种负担是人民为谋求自己根本利益而付出的代价。如果不顾战争需要而单纯强调通货的稳定，那实际上是不利于抗日战争的。第二次和第三次国内战争时期的情况也是如此。当时战争不断进行，根据地时常扩大或缩小，扩大时，增发货币，以满足流通的需要；缩小时，回笼货币，保持物价相对稳定。同时随着农业生产的季节性变化，秋后大量农副产品上市时，增发货币，防止物价下落；春荒时出售库存物资回笼货币，防止物价上升。其次，发行货币，要掌握一定数量的

346

重要物资（主要是粮食和棉布）作为发行的主要保证。掌握物资，调节供求，主要由公营贸易机构来进行，银行则积极支持这些机构的资金需要。当时山东根据地银行每发行一万元货币，至少有五千元用来购买粮食、棉花、花生等重要物资。如果物价上涨，就出售这些物资回笼货币，平抑物价。反之，如果物价下落，就增发货币，收购物资。实践证明，货币的物资保证是既直接又有效的，远远强过什么金银准备的。

第三，独立自主和独占的发行方针。各抗日根据地的货币发行，坚持独立自主的方针，不依靠任何外力的支持。起初，根据地发行的货币，以法币标价，规定自己货币一元等于法币一元，同法币发生了固定联系，后来由于法币的不断贬值，使根据地的经济和人民生活遭到很大的损失。所以当条件成熟的时候，便极力使自己货币脱离同法币的固定联系，成为真正独立自主的货币。其办法，就是根据地禁止法币流通，在法币不断贬值的情况下尽量保持根据地货币币值的稳定。例如，山东根据地于1943年以后在掌握了大量物资的情况下，限期停用法币。其他根据地货币的情况也大体如此。

根据地的货币实行独占的发行方针，就是只准流通根据地银行发行的货币（简称"本币"），其他一切土杂币、法币、伪联币、伪储币以及各种金属货币（主要是银币、铜币），都不准自由流通，也就是当时所说的"本币一元化"。各根据地货币实行独占发行方针的时间不完全一致。晋察冀边区在1938年6月，即在边区银行成立并发行晋察冀边币后不久，就明令边币为市面唯一交换媒介，禁止法币杂钞等在市面流通。陕甘宁边区在1941年1月28日决定发行边币之后，便明令禁止法币的行使。而山东根据地则较迟，在1941年12月太平洋战争爆发以前，根据地市场上法币仍占优势。因为当时法币币值还没有猛烈下降，允许法币和本币共同流通，还能保持固定比价。根据地政府还掌握一定数量的法币，用来保证本币币值的稳定。太平洋战争以后，由于日本开始排挤法币和法币迅速贬值，使保存法币的根据地人民受到损失。在这样的情况下，根据地政府采取断然措施，排挤法币，禁用伪币，实行本币独占的发行方针。

根据地货币实行独占的发行方针，对于扩大本币的发行，掌握发行数量以保持物价稳定，对于保护根据地生产事业和促进经济的发展，以及实现本币的完全独立自主，都有着重要的意义。

三、抗日根据地的对敌货币斗争

前面已经讲到，当抗日根据地银行开始发行货币之时，根据地市场上流通着各种土杂币、法币、伪联币、伪储币等货币。为了使根据地银行发行的货币迅速占领市场，扩大流通，巩固和提高信用，以达到稳定金融和物价，支持革命战争和改善根据地军民生活的目的，就必须对各种敌伪货币进行斗争，并战胜它们。

抗日根据地的对敌货币斗争主要是指对伪币（汉奸伪政权所发行的货币，在华北是伪"中国联合准备银行"发行的伪联币，在华东、华中是伪"中央储备银行"发行的伪储币）和法币的斗争。对伪币，一贯采取坚决排斥的政策；对法币，则比较复杂，不同时期实行不同的斗争政策。当然，所谓对敌货币斗争，不是抗日战争时期特有的现象，而是从土地革命战争时期根据地银行发行货币之时就有的，以后的解放战争时期仍然存在。这里，我们仅以抗日战争时期为例，把对敌货币斗争的情况作一概括的叙述。统观抗日根据地的对敌货币斗争，主要可以分为相互联系的三个方面，即：阵地斗争，比价斗争和反假票斗争。这些曾是解放区银行业务的一个主要部分。

第一，所谓阵地斗争，就是排挤敌伪货币，扩大本币流通范围，建立本币市场的斗争。这是对敌货币斗争中最重要的一环。根据地对于伪政权发行的伪联币、伪储币等，一贯实行排斥、打击的政策。根据地政权建立之时，就明令禁止一切伪币流通。抗战初期，根据地军民拒绝同这种"汉奸票"发生任何联系，对之实行禁止、没收等办法。后来发现这种办法对根据地不利，于是在原有的斗争方法之外，还通过经济办法进行排斥打击。对法币，由于实行抗日统一战线的政策，1941年以前一般允许法币在根据地流通。那时，法币贬值还不太猛烈，抗日民主政府掌握一定数量的法币，用来从蒋管区和沦陷区（当时沦陷区也允许法币流通）购买物资和保证根据地货币的稳定。太平洋战争和皖南事变以后，日寇从利用法币转为驱逐法币，而国民党反动派既对抗日根据地实行经济封锁，又利用法币向我根据地抢购物资，同时由于法币不断贬值，使根据地人民受到损失。例如山东根据地，1941、1942年，每年有几千万到几亿元法币流入根据地，同时导致同等价值的物资滚滚外流。在这种情况下，根据地采取排挤法币的措施，大量发行本币，建立独占的本币市场。1943年山东根据地把几亿元法币排挤出去，1945年又把几十亿元伪币从新解放区排挤出去，换回同等价值的敌区物资，对保障根据地军需民用的供应起了重大作用①。

货币阵地斗争的方针，在老区、新区和边沿游击区各不相同。在老区，是巩固本币阵地，禁止一切敌伪货币流通；在新

---

① 薛暮桥《山东抗日根据地的对敌货币斗争》，《财贸经济丛刊》，1980年第1期，第60页。

区，根据不同时期的军事、政治形势，对敌伪货币采取坚决肃清或限期流通、收兑和排挤等措施；在边沿游击区，则采取压缩敌伪币市场，扩大本币市场，逐步把敌伪币市场变为混合市场，进而变为本币市场。随着对敌军事、政治斗争的胜利，根据地货币流通范围不断扩大。

第二，所谓货币的比价斗争，就是根据当时军事、政治、经济斗争形势的需要，正确地确定或变动敌我两种货币的兑换率，以打击敌币，提高本币信用，扩大本币阵地，并保证根据地物价不受敌区物价波动的影响，同时配合对外贸易，有利于从敌区按合理价格购进必需品，输出农副产品，提高本币购买力。

当时敌我之间虽然存在着尖锐的军事、政治和经济斗争，但是并没有、也不可能完全割断经济上的联系，这就决定了敌我货币之间不能没有一个交换的比率。而这个比率的正确确定或变动，对于整个对敌货币斗争有着直接的、重要的意义。比价斗争不是简单地把敌币的比价压低。因为敌币比价过低，就会刺激货物输入，阻碍输出，使敌币供不应求，比价反趋回升。但在敌区物价高涨时，若不及时压低敌币比价，则根据地物价就会跟着波动。因此，这就要求根据不同的情况，正确确定或灵活变更敌我货币的比价。比如，在预见到我军事上将迅速取得胜利进展，敌区物价又剧烈上涨，敌人以高价吸收根据地物资时，则采取提高本币压低敌币的办法。在出口旺季前，主动降低本币比价，以利货物输出。出口淡季前及入口增加前，主动稳定比价。在敌区物价上涨较缓或暂不上涨时，或有对外贸易需要等情况，则采取稳定比价甚至适当降低比价的办法。

在对敌货币斗争取得胜利的情况下，本币对法币和伪币的

350

比价大大提高。以冀南币为例，1940年1月冀南币一元可换法币一元，以后逐渐下降，到1941年11月降到最低点，只换法币零点五元，此后逐渐回升，1942年7月换到一点零五元，1943年7月升到二点二元，1944年7月升到二点七七元，1945年8月日寇投降时更升到三点二元。山东北海币的价值更高，1943年夏，北海币一元换法币一元，到这年冬，北海币一元可换法币六元。对伪币的比价，1940年1月冀南币一元可换伪联币一点二元，8月达到二元。以后逐年下降，1944年3月降到最低的零点一一元。此后又逐渐回升，1944年11月升到一点五元，12月为一点六五元，1945年8月日寇投降时更升至十五元。北海币对伪币的比价更高，1945年8月北海币一元可换伪联币三十三点三三元。

第三，由于当时各抗日根据地处在敌人的分割包围之中，物质条件差，印刷技术低，敌人乘机大量制造假票，用来破坏我根据地的金融市场，掠夺我物资，破坏我币的信用。因此，反假票斗争就成为对敌货币斗争的重要一环。

1940年底，伴随着日寇对我华北抗日根据地军事"扫荡"和经济封锁的加强，冀南分区出现了大量五元冀南币的假票。第二年，假票更多地出现在平汉路以西的广大地区。太行分区也发现了五元、二元、一元的假票。到了1942年秋后，敌人在更多的地点制造和推行更多的假票，这时根据地市场上假票种类很多，数量也很大。例如，在冀南分区的大名县以南，假票竟达到市场货币流通量的70%以上[1]。

假票的流行对根据地的危害很大，反假票斗争成了根据地

---

① 陈玑《八年来的反假票工作》，冀南银行月刊，20期。

重要的和经常的任务。反假票斗争的方法主要有以下几种：
(1) 动员群众，使反假票斗争成为群众性的斗争，同时广泛建立"假票识别所"，帮助群众识别假票。根据地政府和银行对广大干部群众进行反假票的宣传教育和识别假票的训练，使反假票工作成为群众运动，造成"老鼠过街，人人喊打"的形势。(2) 在边沿区和游击区，甚至在敌后，组织群众查缉假票，严禁假票流入根据地。(3) 制定反假票的奖惩办法，奖励反假票有功人员，严惩印制和推行假票的罪犯。

由于实行上述各种积极的斗争方法，敌人妄图用假票破坏我根据地的阴谋遭到了可耻的失败。根据地货币稳定，信誉不断提高，有力地支援了对敌斗争和根据地建设。

第三节 中国人民银行的建立与人民币的发行

一、解放区的扩大和新银行的增设

抗日战争胜利之后，国民党反动派于1946年夏大举向解放区进攻，第三次国内战争爆发。一年以后，人民解放军转入战略反攻，并取得节节胜利。在抗日战争和解放战争的胜利反攻中，解放区迅速扩大，在新解放区又相继设了一批新的银行，并各自发行了货币。

1. 中原解放区银行（中州农民银行）的设立和中州币的发行

晋冀鲁豫解放区军民粉碎了国民党的进攻后，从1947年6月30日起，晋冀鲁豫野战军强渡黄河，取得了鲁西南战役的胜利，随即进军大别山，揭开了人民解放军战略进攻的序幕。8

月，晋冀鲁豫野战军太岳兵团由山西南部强渡黄河，进军豫西。此后，晋冀鲁豫野战军与华东野战军密切协同，纵横驰骋于江淮河汉之间，开辟了以河南省为中心，包括湖北、安徽一部分地区的中原解放区。解放区政权建立后，于1948年6月正式建立自己的银行，即"中州农民银行"，并发行自己的货币（简称"中州币"）。

中原解放区原为法币流通的市场。当解放军南下之时，曾携带大量冀南币和部分北海币、华中币前去行使。起初规定冀南币一元等于法币二十五元，随着法币不断贬值，其后逐渐提高到冀南币一元等于法币五十元、一百元。再后，法币贬值愈演愈烈，冀南币改为直接与银元联系，规定冀南币一千元等于银元一元。1948年1月25日，中共中原局决定发行自己的货币——中州币，确定中州币为中原局所属各区统一的本位币，同时确定中州币二百元等于银元一元，可以随时兑现。这种作法，只是暂时的策略，等到中州币已经占领流通市场之后，同年9月中停止兑现，不再维持原来与银元的固定比价。

2.内蒙银行的设立和内蒙币的发行

1945年8月抗日战争胜利后，人民政权接收了王爷庙的伪银行作为当时政府的财政金库，1946年1月，东蒙古自治区政府成立，同年3月，在王爷庙伪银行的基础上成立了东蒙银行。1947年5月1日，内蒙古自治区政府成立，同年6月1日，将东蒙银行改组为内蒙银行，并发行内蒙银行券（内蒙币）。1948年6月1日内蒙银行改称内蒙古人民银行。

3.关东银行的设立和关东券的发行

1945年8月旅顺和大连解放后，旅大人民民主政府在接收当地十六家敌伪银行的基础上，分别建立了工业、农业、商业三个银行。1946年7月1日，将三家银行合并为大连银行。1947年4月又将大连银行改组为关东银行，并发行关东银行券（关东券）。

4．东北银行的设立和东北银行券的发行

抗日战争胜利以后，东北解放区于1945年11月设立了东北银行，并发行东北银行券。此后，东北各地原有的一些地方银行，如合江银行、嫩江银行、吉林省银行等，逐渐统一于东北银行；这些银行所发行的各种流通券，则为东北银行券收回。1948年春关东银行并入东北银行。

5．长城银行的设立和长城银行券的发行

1947年秋，原来被分割的冀东、热河、冀察热三大战略区已连成片。过去分地区发行和管理货币的办法必须加以改变。1948年2月东北行政委员会冀察热辽办事处决定在冀察热辽解放区设立长城银行，并发行长城银行券。长城银行总行设在热河省承德市，下设冀东分行、冀热察分行和热河省分行。

6．华南解放区银行（南方人民银行）的设立和南方币的发行

华南解放区东江根据地政权为支援华南人民解放战争，驱逐港币，发展华南经济，于1949年7月在广东河婆（今揭西县）设立南方人民银行，并在潮汕、东江、梅州设立分行，同时发行南方币。在这之前，在潮汕地区设有"裕民银行"，发行"裕民券"，在东江地区设有"新陆银行"，发行"新陆券"。其币值均与港币联系，规定"裕民券"、"新陆券"二元等于港币一元。南方人民银行成立后，将裕民、新陆两行归并，同时以南方币陆续将上述两券收兑回来。1949年冬广东解放，南方人民银行改组为中国人民银行华南区分行，同时南方币也陆续为人

民币收回。

二、中国人民银行的建立和人民币的发行

1. 解放区的货币发行和流通趋向统一

随着解放区的不断扩大和对敌货币斗争的胜利，解放区的货币发行和流通逐步走向统一。

抗日战争时期，各个抗日根据地设立自己的银行，发行自己的货币，成为一个个相对独立的战略单位。由于敌人的包围封锁，各大根据地之间的货币不能相互流通，甚至在一个较大的根据地内，各个分区的货币也不能相互流通。当时各地都实行统筹自给、自力更生的方针，客观上并不要求也不可能建立统一的货币银行体系。相反，这种分散的货币和银行，却有利于对敌斗争。比如当一个地区暂时被敌人侵占时，敌人就不能用在该地区夺取的货币到其他地区去套购物资。

到日寇投降前后，特别是解放战争转入战略反攻之后，解放区迅速扩大，敌人的包围封锁被打破，解放区内部各地和各解放区之间都逐渐连成一片，这就为解放区货币发行和流通的统一创造了条件。

解放区货币发行和流通的统一，有一个逐步过渡的过程。先是在本区内部统一，进而在相邻的解放区之间统一。山东解放区于1944年7月以后，就在滨海、鲁中、鲁南三区实行统一发行，统一流通。到抗战胜利之时，整个山东解放区的货币发行和流通就完全统一了。晋冀鲁豫解放区自1946年初起，做到本区内各种版样的货币（包括太行版、太岳版、平原版及鲁西票）一律互相等价流通。同时，冀南银行总行对已发行的各色各样货币开始进行整理，逐渐减少货币版样。华中解放区这时也以华中币把各地区的货币统一起来。

355

1948年以后，各解放区逐渐连成一片，有些邻近的解放区开始统一行政区划，统一财政。这些解放区的货币实行固定比价、混合流通，把各区间货币流通的统一向前推进了一步。例如，1948年1月，陕甘宁解放区同它邻近的晋绥解放区在财政、金融、贸易等方面统一成为一个整体，两区的货币以同等价值混合流通。1948年4月，晋察冀解放区同晋冀鲁豫解放区按冀南币一元等于晋察冀边币十元的固定比价混合流通。1948年5月，晋察冀解放区和晋冀鲁豫解放区正式合并为华北解放区，冀南银行和晋察冀边区银行合并为华北银行。同年10月，山东解放区的北海币与华北解放区冀南币按相等的比价（对晋察冀边币是一比十）实行混合流通。同月，晋绥解放区的西农币与华北解放区的冀南币，按西农币二十元等于冀南币一元的比价（对晋察冀边币是二比一），实行混合流通。在东北解放区，长城银行券、关东银行券与东北银行券也实行了固定比价混合流通。

在实行固定比价混合流通时，为了逐步减少流通中货币的种类，便于统一货币，曾决定在相关的解放区只发行一种货币，其他货币停止发行。例如，西北区只发行西农币，停发陕甘宁边区贸易流通券；华北区只发行冀南币，停发晋察冀边币；华东区只发行北海币，停发华中币；东北区只发行东北银行券，停发长城银行券和关东银行券；等等。各解放区货币固定比价混合流通，并逐步减少通货种类，为全国货币的发行和流通的统一铺平了道路。

2．中国人民银行的成立和人民币的发行

自从1947年秋人民解放军转入反攻以后，晋绥、晋察冀、晋冀鲁豫和山东解放区逐渐连成一片。为了适应解放战争胜利

356

发展的需要，在党中央的领导下，1948年11月22日，华北区人民政府经与陕甘宁边区政府、晋绥边区政府和山东省政府协商后发布命令，决定把华北银行、北海银行，西北农民银行合并为中国人民银行。同年12月1日，中国人民银行在石家庄正式宣告成立，并发行人民币。

中国人民银行成立之后，就逐步把各解放区的银行改组为其一部分。陕甘宁边区银行和晋西北农民银行合并成立的西北农民银行为基础，成立中国人民银行西北区行，管辖陕西、甘肃、宁夏、青海、新疆等省分行。关东银行和内蒙古人民银行合并于东北银行之后，东北银行实际上成为中国人民银行东北区行，管辖东北区各省市分行。上海解放后，中国人民银行在上海设立华东区行，华中银行与其合并，管辖山东省、苏北行署、苏南行署、浙江省、皖北行署、皖南行署、福建省、上海市、南京市、青岛市等分行。1949年3月中州农民银行总行改组为中国人民银行中原区行。武汉解放后，中原区行迁至汉口，不久改为中国人民银行中南区行，并在广州设立华南区分行，作为中南区行的派出机构。中南区行管辖河南省、平原省、湖北省、湖南省、江西省、广东省、广西省、广州市、武汉市等分行。原华南解放区的南方银行归并于华南区分行。这样，在中华人民共和国成立之前，只有西南几省尚待解放，西南区行尚未设立。至此中国人民银行已辖有东北区行、华东区行、西北区行、中南区行和它们所属的省市行署分行及县支行，而成为全国的金融领导中心，全国统一的金融体系已基本形成。

中国人民银行成立伊始就发行自己的货币——"人民币"，作为华北、华东、西北三区的本位币。人民币首先在华北地区发行。1949年3月，人民币与中原解放区的中州币按一比三（人

357

民币一元等于中州币三元）的比价在中原解放区混合流通。1949年5月5日，中国人民银行发出"收兑旧币通令"说，"人民币发行以来，信用颇高，已渐成为全国统一的货币，而各区流通的旧钞，急待整理，逐步收回"。通令决定首先收兑晋察冀边区银行钞票及兑换券，鲁西银行残留的定额本票及流通券，冀南银行发行的定额本票及其五百元以下的小额钞票。同年5月14日，中国人民银行又发出"关于收回北海、西农、陕贸、冀热辽字边币等旧币办法的指示"，决定把上述各种货币全部收回。到同年8月底，已收回各种货币折合人民币二十七亿元，各城市及交通要道的旧币流通量大为减少，但偏远地区旧币还很多，于是中国人民银行于同年11月4日再发出"关于收兑旧币工作的指示"，进一步广泛地开展收兑工作。这样，到1949年底，旧币收兑工作基本完成，人民币基本上成为全国统一流通的货币。

人民币发行和流通的扩大，除在解放区内部逐渐统一外，同时还有个对外的问题，即进一步开展对敌货币斗争，肃清半殖民地半封建的残余金融势力的问题。

首先是肃清金圆券。国民党政府在法币失败后于1948年8月发行的金圆券，在1949年上半年解放的城市中还大量地流通着。这些金圆券，由于国民党反动政权的军事失败和财政破产，正在急剧地贬值。为了迅速恢复和发展新解放城市的经济秩序，减轻人民的损失，使人民币完全占领市场，必须迅速肃清金圆券。在新解放的地区，人民政府立即明令禁止金圆券流通，并用排挤和收兑的办法，来达到迅速肃清的目的。1949年初天津、北平解放时，采取了以驱逐为主、收兑为辅的方针，就是设法把金圆券排挤到敌区，换回物资，同时辅以收兑。当时为了照

358

顾基本群众的利益，还曾对工人、职员、学生等实行差价优待的措施。由于平津解放前夕已为解放区所包围，驱逐排挤的途径已很有限，所以实行排挤为主、收兑为辅方针的结果，差不多全部金圆券还是为人民银行所收兑。经过二十天，共兑入金圆券十四亿余元（北平九亿一千万元，天津五亿七千六百万元），基本上达到了迅速肃清的目的。到同年 5 月上海解放时，金圆券已无处可排挤，采取了迅速的、全面的、无差价的收兑方针。只用了七天时间就收兑完毕，共兑入金圆券三十六万亿。经过这样的收兑，新解放城市的金圆券很快就被完全肃清。

其次是禁止一切外国货币在市场上流通。在旧中国，帝国主义国家的货币横行无阻，解放前夕，美钞流通于各大城市，港币流通于华南各地。由于国民党货币急剧贬值，美钞港币在市场上计价流通，自由买卖，甚至在一些城市中取代了金圆券的主币地位。当时在中国流通的外币数量很大，据献可的《近百年来帝国主义在华银行发行纸币概况》一书估计，截至1949年全国解放前夕为止，在中国流通的港币约等于抗战前中国银币五亿八千七百余万元，美钞约等于十二亿元。帝国主义货币在中国流通，不仅掠夺了中国人民的大量财富，更严重的是控制了中国市场，侵犯了中国主权。这种状况是站起来的中国人民绝对不能容许的。因此，在新解放的地区，严禁外币在市场上流通和自由买卖，并采取了其他一些措施，很快就肃清了外币，使帝国主义的货币永远地退出了中国的市场。

再次是严禁金银计价流通和私相买卖。由于国民党政府的法币和金圆券急剧贬值，失去了人民的信任，于是银元又重新加入流通，黄金也在流通中计价行使，市场上普遍存在着金银买卖与金银投机。这对于人民币占领市场，稳定金融物价，都是不利的。因此，各地解放后，人民政府对金银采取了严禁计价流通、准许私人持有、适当进行收兑的措施，把金银排出流通领域，为人民币占领市场创造了条件。

前面我们说到1949年底人民币基本上成为全国统一流通的货币，是指当时还没有完全实现统一，还存在着若干特殊情况。为了照顾少数民族地区的习惯，仍准暂时流通它们原来的货币。对于东北地区，为了保证这一地区能够迅速地进行和平建设，恢复生产，以支援尚在进行的解放战争，也仍准其照旧流通东北银行券，暂不收兑。进入1950年后，华南解放区的华南银行改组为中国人民银行华南区分行的时候，南方币才陆续用人民币收回。1951年4月1日，中央人民政府政务院颁布收兑东北和内蒙古地方流通券的命令，此后，中国人民银行按人民币一元等于东北币九元五角的比价，把东北币全部收回。同年11月1日，政务院又决定在新疆发行印有维吾尔文的人民币，并限期收回新疆省银行发行的银元券。至此，除台湾尚待回归祖国，西藏因情况特殊仍允许银元、藏币和人民币混合流通外，全国都一律流通着统一的、独立自主的、稳定的人民币。

三、金融行政管理工作的加强

在抗日战争和解放战争的胜利反攻中，一些大中城市陆续回到人民的手中。随着城市金融业的发展，金融行政管理工作日益繁重起来。中国人民银行成立并发行人民币以后，天津、北平、武汉、上海等大城市相继解放，金融行政管理工作又有了进一步的发展和加强。中国人民银行在没收和接管了作为国民党政府垄断中国金融工具的"四行二局一库"，以及其他官僚资本银行，并派员监理官僚资本与私人资本的合营银行的基础上，加强了对外汇、金银、私营银钱业和外商银行的管理工

360

作。

1. 对外汇的管理

"外汇"一词，在革命根据地的金融史上，不同时期所包含的内容是不一样的。土地革命战争和抗日战争时期，把敌伪货币称作"外汇"。解放战争时期，随着解放区的扩大和口岸城市的解放，人民政权开始与外国发生经济往来，这时的"外汇"才成为一般意义上的外汇，即指在国内外收付的一切外币款项及各种外国票据。

对外汇进行管理，一直是解放区对敌货币斗争的手段。1949年4月7日，华北人民政府公布了"华北区外汇管理办法"。同年5月下旬，华东军管会又公布了"华东区外汇管理办法"。这些"管理办法"的主要内容是：（1）无论中外银行，必须经确认为"指定银行"，才能代客买卖外汇；"指定银行"本身不得买卖外汇。（2）所有"指定银行"对外汇的买卖，只能集中在指定管理外汇的中国银行或外汇交易所办理，绝不允许在市面上投机买卖；外汇买卖的价格一律以中国人民银行核定的牌价为准。（3）所有本区境内中外人士持有的外币，如不及时向中国人民银行或其指定的兑换机构兑换人民币，就应存入中国银行作为外汇存款，绝不允许在市面上计价行使。（4）所有一切外汇收入，都必须存入中国银行作为外汇存款；进口所需外汇，必须持有进口许可证，委托"指定银行"向中国银行或交易所购买。

上述措施实施的结果，堵塞了外商银行垄断外汇业务的途径，杜绝了一切外汇投机买卖，使得外商银行不能操纵外汇汇价，从而使中国人民银行能集中掌握一切外汇收支。

2. 对金银的管理

解放区对金银一向采取管理的政策，但不同时期管理的内容也有变化。抗日战争时期，在严禁金银自由流通的同时，允许私人持有，严禁流入敌占区，指定银行按一定价格收兑金银。抗战胜利之初，在新解放的城市中，由于当时金银的自由买卖事实上已经相当盛行，于是解放区对金银流通的禁令有所放松。从1945年下半年到1946年下半年，还一度允许金银自由买卖。不过这些买卖只能集中在银行或货币交易所内进行，其他地方仍不准买卖金银，违者以黑市买卖论处，金银没收。从1946年下半年起，又严禁金银的私相买卖。1948年上半年，对于黄金仍严禁自由买卖流通，但对白银和银元的流通，因适应解放军南下作战的需要，则不再禁止。当时为适合当地人民的需要，解放军还曾携带银元到新解放区行使。同时，中原解放区发行中州币的时候，又规定中州币直接与银元联系，并且可以随时兑换银元。于是，银元又自由流通起来。到了1948年底金圆券贬值日甚，人民已不愿意使用的时候，国民党统治地区对银元流通已无法干涉，并企图以此破坏解放区货币的信用，于是，解放区对银元的流通又严加禁止。进入1949年以后，随着津平沪汉等大城市的相继解放，人民政权对金银的管理更为加强。1949年4月27日，华北人民政府公布"华北区金银管理暂行办法"，同年6月，华东军区公布"华东区金银管理办法"，这些办法规定：(1)严禁一切金银带出解放区；(2)在解放区内允许人民储存金银和以金银向人民银行按牌价兑换人民币；(3)金银不得用于计价、行使、流通与私相买卖；(4)金银饰品业除出售制成品外，不得私相买卖金银，不得收兑金银饰品。

这些办法在于执行对金银的"低价冻结政策"，即在严禁金银自由流通和私相买卖的同时，又有意识地把金银的牌价定得很低，使金银持有者宁愿暂时保存金银也不愿以金银兑换人民币。这是因为，当时的金银持有者主要是地主和资产阶级，如果人民银行要把他们的金银全部都按市价收兑起来，这就会增加他们从事投机倒把的资金力量，对市场的稳定不利；而且当时解放战争还在进行，物资供应正感缺乏，物价也尚未稳定，这时如果大量增发人民币收兑金银，增加市场货币流通量，就会更加刺激物价上涨。采取上述办法，把金银低价冻结起来，金银既不能携运到国外，又不能干扰市场物价，作为财富的金银仍然保存在国内，对国家没有损失。后来，随着新解放区开展减租、退押和土地改革运动，农村的金银大部分转到了农民手中，他们迫切要求政府以较高价格收兑金银以支持农业生产。城市资产阶级在物价稳定后也有兑换金银的要求。同时，人民政权在货币稳定后已有力量收兑金银。于是，人民银行及时调整牌价，积极进行收兑。人民银行掌握了大量金银，充实了国家的外汇后备力量。

3. 对私营银钱业和外商银行的管理

抗日战争胜利后，解放区政权对城市私营银钱业曾采取鼓励和扶植的政策。这是因为，私营银钱业有一定的资金力量，可以调剂市场上的资金供需；它们同私营工商业一向有密切的联系，对繁荣市场有一定的作用。特别是私营银钱业与区外有往来关系，而解放区的银行则没有，因而解放区银行对区外的业务，还需要借助私营银钱业为之沟通。但是以赚取利润为目标的私营银钱业，又利用战时的物资缺乏和物价不稳，投机倒把，扰乱市场。因此，在利用它们积极一面的同时，必须限制和管理它们消极破坏的一面。晋冀鲁豫边区于1946年6月公布"管理银行银号暂行办法"，对私营银钱业进行登记，加以管理。1947年又公布"晋冀鲁豫边区私营银钱业管理暂行办法"，加强对私营银钱业的管理。

尽管对私营银钱业进行了一些限制和管理，但由于解放区银行当时把主要力量放在对敌货币斗争上，而把城市金融业务放在次要地位，城市工商业的资金周转，还要靠私营银钱业来调剂供应，有些地方，甚至公家性质的资金也分存于私营银号钱庄。这对于解放区的经济发展是很不利的。因此，进入1948年以后，解放区政权和银行就决定加强对私营银钱业的管理和限制。1948年5月在晋冀鲁豫边区冀南银行和晋察冀边区银行联合召开的扩大行务会议上，分析了私营银钱业的性质和业务情况，决定：（1）保证私营银钱业的合法经营；（2）加强对私营银钱业的管理，维持和稳定金融市场，制止信用膨胀和投机；（3）对于私营银钱业一般不再给予透支通融；（4）大力开展解放区银行的城市金融业务，同私营银钱业进行业务竞争，以压缩私营银钱业的活动力量和活动范围。1948年7月，晋冀鲁豫边区政府和晋察冀边区行政委员会又会同发出通令，限令公家款项一律存入华北银行，以削弱私营银钱业的资金力量。经过这样的管理和限制，私营银钱业的活动力量和活动范围大为压缩，而解放区银行的城市金融业务则大大增加起来。

进入1949年以后，天津、北平、武汉、上海等大城市相继解放。在这些大城市中，有着为数众多的私营银行和钱庄。这些私营银行和钱庄，正如本书前章论述的那样，虽然它们曾对旧中国工商业的发展发挥过一些促进作用，但在解放前的十多年间，它们脱离调剂社会金融扶助工商业发展的正当业务，而从事金融投机和其他投机活动。特别是在战争的情况下，许多私营银行钱庄吸收社会闲散资金，用以从事囤积居奇，严重地

364

妨害着生产事业的发展。这样，华北政府于1949年4月27日公布"华北区私营银钱业管理暂行办法"，华东军区也于同年8月21日公布"华东区管理私营银钱业暂行办法"，对私营银钱业进一步加强管理。这些"管理办法"的主要内容是：（1）规定私营银钱业的资本额及其构成，以维持信用，防止滥设行庄，并淘汰进行投机活动及信用低劣的行庄；（2）规定银钱业的业务范围和不得经营的业务，以杜绝投机行为；（3）规定银钱业应缴存款准备金和付现准备金数额，以保证信用和存款人的合法权益；（4）强令它们限期依法重新登记，发给执照，方得营业；（5）规定它们应按期造送各种营业报表，呈送当地中国人民银行核查，中国人民银行认为有必要时，随时可派员检查其营业情况及帐簿等。此外，还规定对私营行庄不可建立往来透支关系，一般地不给予任何方式的支持。经过这样的管理和限制，逐渐改变了私营行庄的半殖民地半封建的性质，为以后的社会主义改造奠定了基础。

人民政府对已解放的城市中的外商银行也进行了严格的管理和限制。但由于当时解放区银行在国外没有设立机构，在进出口贸易上还有利用外商银行之处，所以对外商银行采取了利用、限制和管理相结合的方针。这就是：利用它们作外汇代理行，外汇指定行，垫付外汇头寸，以支持对外贸易；限制它们的营业范围，不许买卖商品、金银，不许办理储蓄和区内外汇兑等业务，只准他们作为外汇指定银行经营打包放款、出口押汇等业务，并且必须将所得外汇卖给中国人民银行。对外商银行的管理，除适用对私营银钱业的管理办法和外汇管理办法外，均由各地军管会以行政手段进行管理。

根据上述方针，在有外商银行的新解放区的大城市中，人

365

民政府和人民银行经常对外商银行进行检查，限令它们造送各种书表（如营业状况书、资产负债表、库存表、国籍说明和职员名单等。），非经指定，不许它们经营外汇业务。这样一来，外商银行百年来在中国横行霸道的时代不复返了。

根据本章所述内容，可以得出下列几点总结性的认识：

第一，建立和巩固革命政权，必须紧紧抓住金融这一环节。世界上第一个无产阶级专政的政权——巴黎公社失败的主要原因之一，就是公社没有接管巴黎城内的法兰西银行。恩格斯曾经指出："最令人难解的，自然是公社对法兰西银行所表示的那种不敢触犯的敬畏心情。这也是一个严重的政治错误。银行掌握在公社手中，这会比扣留一万个人质还有更大的意义。"① 列宁领导的伟大的十月社会主义革命，在成立苏维埃政权的第一天，就占领了沙俄的国家银行，对巩固革命的胜利发挥了重要作用。我们党在领导中国革命的进程中，总结了历史上的经验教训，在革命根据地政权建立后，立即着手建立银行，并把根据地银行作为革命政权的一部分，用来为无产阶级的政治、经济、军事服务。适应革命形势发展的客观需要，根据地银行逐步发展壮大，由分散过渡到集中统一，最后取得了全国范围的胜利。

第二，解放区对于私营银钱业不采取没收的办法，而是利用、限制和改造，这和全国解放后对资本主义工商业的政策是一致的。因为金融业是国民经济的神经中枢，所以解放以后政府对私营金融业的社会主义改造先行一步。

---

① 恩格斯：《法兰西内战》，《马克思恩格斯选集》第 2 卷，第333页。

366

第三，解放区银行的货币发行，遵循毛泽东同志的指示，是根据经济发展的需要，尽可能地减少财政发行，基本上做到与物资供应相适合。在当时情况下，不能避免货币膨胀和物价上涨的主要原因是国民党通货膨胀的影响和对解放区的经济封锁。尽管如此，解放区的通货膨胀程度比国民党统治地区平稳得多。例如晋冀鲁豫解放区在1940—1945年物价上涨二十六倍，而同期国民党统治的重庆上涨四百六十倍，沦陷区的上海上涨七千多倍。1945—1948年晋冀鲁豫解放区物价上涨二十三倍，而国民党统治地区的物价上涨了几十万倍。

第四，全国解放前的二十多年间，解放区利用货币金融进行阶级斗争、民族斗争和进行可能的经济建设，发展生产事业，取得了丰富的经验和巨大的成就，同时也培养和锻炼了一大批财政金融干部，这些都为解放后迅速胜任金融战线上的各项艰巨工作创造了条件。

全国解放和中华人民共和国成立后，我们党和政府采取一系列有效措施，制止了金银外币流通，消除了国民党反动统治所遗留下来的通货膨胀，实现了金融稳定。新中国的金融事业，大力支持了国营经济的发展，实现了对私营银钱业的社会主义改造，普遍建立了农村信用合作组织。所有这些辉煌成就已为全国人民所共睹。

后　记

　　《中国货币金融史略》是我的老师——石毓符教授的最后一部著作。石教授以七十多岁的高龄，致力于本书的著述，历时三个春秋。正值本书定稿之时，石老却因病猝然去世了。

　　石教授早年毕业于南开大学商学院银行学系，并长期从事金融专业的教学和科研工作，学识渊博，造诣很深。粉碎"四人帮"之后，石老和广大老年知识分子一样，心情格外振奋。在古稀之年，在担任天津财经学院副院长及多项社会职务，且患有数种疾病的情况下，从事货币金融史的写作，不管酷暑严寒，从未间断，一写就是几个小时，开会前后的一些零碎时间也从不放过。人们劝他休息，他总是以"乐此不疲"来回答。石老本来是满怀信心地要看到本书出版的，然而却先于这本书问世而故去了。

　　这部书稿的最后整理工作只能由我来继续完成；然而我本人才疏学浅，虽尽力而为，疏漏、不当之处一定尚多。所有这些地方的问题，自然应由我负责。

　　本书初稿写成后，曾请天津财经学院经济研究所和金融系的老师审阅，他们提出了许多很好的意见，在此一并表示感谢。

　　石教授没能亲见本书的出版，诚为憾事，然而当这本书送到广大读者手中之时，他当会含笑于九泉之下。

刘凤林

1983年5月